Dr. med. Franziska Stengel
Dr. med. Sabine Ladner-Merz

Mit CD!

Gedächtnis spielend trainieren

33 Spielarten mit 333 Spielen

memo verlag

Umschlaggestaltung: Maja Iris Merz
Grafik: Ulrike Eisenbraun,
Bildnachweis: Horst Schmidgall, Grabenstetten, S. 161, 162, 164, 165, 167, 172, 173

Hörübungen zu diesem Werk auf der CD (letzte Umschlagseite)

Bibliografische Information Der Deutschen Bibliothek
Die Deutsche Bibliothek verzeichnet diese Publikation in der Deutschen National-bibliografie; detaillierte bibliografische Daten sind im Internet über http://dnb.ddb.de abrufbar

Stengel, Franziska; Ladner-Merz, Sabine:
Gedächtnis spielend trainieren
ISBN 978-3-929317-06-0

© memo verlag Stuttgart
www.memoverlag.de

Alle Rechte vorbehalten. 4. Auflage 2021
Dieses Buch ist mit allen seinen Teilen urheberrechtlich geschützt.
Jegliche Verwertung ohne Zustimmung des Verlages ist unzulässig und wird zivil- und strafrechtlich verfolgt. Dazu gehören z. B. Vervielfältigungen in jeder Form, Übersetzungen, Nachdruck, Entnahme von Abbildungen und Tabellen, Mikroverfilmungen oder Einspeicherung und Weiterverarbeitung in datenverarbeitenden Medien, Einstellen in Netzwerke, auch die auszugsweise Verwertung außerhalb der engen Grenzen des Urheberrechtsgesetzes. Dies gilt auch für Intranets von Schulen oder Bildungseinrichtungen. Fotomechanische oder andere Wiedergabeverfahren nur mit Genehmigung des Verlags
Printed in Germany
Gedruckt und gebunden von printsystem, Heimsheim

ISBN 978-3-929317-06-0

Inhalt

Gedächtnistraining – wozu?	9
Ein Leben lang	10
Die Fülle dieser Welt entdecken	10
Die höchste Tugend der alten Griechen	12
Gedächtnistraining mit allen Sinnen	12
Fünf Ansätze des Gedächtnistrainings	13
Konzentration	14
Wortfindung	15
Merkfähigkeit	16
Reproduktion	17
Formulierung	17
Üben: Wie, wann, wo?	19
Übungsteil	21
Spiele I	*21*
Überlegensfragen - Wissen sammeln und wiedererkennen	22
Combi - Begriffe mit gleichen Anfangsbuchstaben	36
Stecker - Spurensuche durch Assoziation	45
Zweierauswahl - Beurteilen und Entscheiden	87
Dreierauswahl - Denkbeweglichkeit	95
Spiele II	*103*
Logika - Nachdenken, Überlegen, einen Schluss ziehen	104
Unter- und Überordnung - Das Denken ordnen	113
Unterschiede - Begriffe klären	118
Gegensätze - Begriffe klären	120
Außenseiter - Innenseiter - Hirntraining im Schlussfolgern	121
Proportionen - Logik und Entscheiden	125
Spiele III	*128*
Summenrätsel - Begriffe unter einer Bedingung suchen	129
Zuordnen - Zusammenhangsdenken und Kombination	131
Wortpaare, Sprichwörter und Redensarten ergänzen	137
Dreieck - Verhältnis dreier Begriffe klarstellen	139
Anagramm - Wortbilder entflechten und aufbauen	141
Pseudoanagramm - Variation des Anagramms	143
Katagramm - Umkehrung des Anagramms	145

Homonym - Ein Wort für mehrere Begriffe 147
Homophthong - Ein gleiches Wortgerüst 152
Wortakrobatik mit sprachlich-sachlichen Assoziationen 154

Spiele IV 157
Das Sinneskonzert 159
Sehen - das visuelle Gedächtnis - Schauen lernen und benennen 160
Hören - das auditive Gedächtnis - Melodien und Geräusche erkennen .. 180
Tasten - das Tastgedächtnis 183
Riechen - das Geruchsgedächtnis 184
Schmecken - das Geschmacksgedächtnis 186

Spiele V 187
Aufträge - Heitere Spiele mit Wörtern 188
Mach's richtig - Sich lösen von fixen Assoziationen 194
Sprichwörter und Redensarten richtig stellen 197
Sprichwörter- und Phrasensalat 198
Allzuwörtlich - Denkgymnastik 202

Spiele VI 209
Mnemotechnik - Erinnerungshilfen 210
Einwortdefinition 212

Nachwort 213

Stecker-Index 215

Anhang mit Lösungen zu allen Übungen 217
  Lösungen Spiele I 218
  Lösungen Spiele II 273
  Lösungen Spiele III 286
  Lösungen Spiele IV 299
  Lösungen Spiele V 311
  Lösungen Spiele VI 318

Die Autorinnen 319

Alphabetisches Spieleverzeichnis

Allzuwörtlich - Denkgymnastik 202
Anagramm - Wortbilder entflechten und aufbauen 141
Aufträge - Heitere Spiele mit Wörtern 188
Außenseiter - Innenseiter - Hirntraining im Schlussfolgern 121
Combi - Begriffe mit gleichen Anfangsbuchstaben 36
Dreieck - Verhältnis dreier Begriffe klarstellen 139
Dreierauswahl - Denkbeweglichkeit 95
Einwortdefinition 212
Gegensätze - Begriffe klären 120
Hören - das auditive Gedächtnis 180
Homonym - Ein Wort für mehrere Begriffe 147
Homophthong - Ein gleiches Wortgerüst 152
Innenseiter - Hirntraining im Schlussfolgern 121
Katagramm - Umkehrung des Anagramms 145
Logika - Nachdenken, Überlegen, einen Schluss ziehen 104
Mach's richtig - Sich lösen von fixen Assoziationen 194
Mnemotechnik 210
Proportionen - Logik und Entscheiden 125
Pseudoanagramm - Variation des Anagramms 143
Riechen - das Geruchsgedächtnis 184
Schmecken - das Geschmacksgedächtnis 186
Sehen - das visuelle Gedächtnis - Schauen lernen und benennen 160
Sprichwörter und Redensarten richtig stellen 197
Sprichwörter- und Phrasensalat 198
Stecker - Spurensuche durch Assoziation 45
Summenrätsel - Begriffe unter einer Bedingung suchen 129
Tasten - das Tastgedächtnis 183
Überlegensfragen - Wissen sammeln und wiedererkennen 22
Überordnung - Das Denken ordnen 113
Unter- und Überordnung - Das Denken ordnen 113
Unterschiede - Begriffe klären 118
Wortakrobatik mit sprachlich-sachlichen Assoziationen 154
Wortpaare, Sprichwörter und Redensarten ergänzen 137
Zuordnen - Zusammenhangsdenken und Kombination 131
Zweierauswahl - Beurteilen und Entscheiden 87

Gedächtnistraining - wozu?

Das menschliche Gehirn ist der Sitz des Gedächtnisses, und gerade jenes, aus Nervenzellen, Gefäßen, Nervenbahnen samt Stützgeweben bestehende Organ ist das höchst entwickelte, universell leistungsfähigste aller Organismen der Erde. Die Beherrschung der Lebensbedürfnisse, das Übereinstimmen mit der Umwelt, die Kommunikation mit der Gesellschaft, der Umgang mit der Technik sowie Kreativität und Fortschritt in Forschung und Wissenschaft - das alles hängt ab von der Arbeitsfähigkeit dieses nur rund fünfzehnhundert Gramm wiegenden Körperteils. Dabei bildet jede der mehr als 100 Milliarden Nervenzellen bis zu 10 000 Synapsen, also Verbindungsstellen zu anderen Nervenzellen aus.

Das Gehirn dirigiert, reguliert, steuert alle Lebensvorgänge und benützt dazu jene einzigartige Fähigkeit, etwas auffassen, lernen, sich merken, behalten und bei Bedarf wieder erinnern zu können. Mit einem Wort: eben das, was in seiner Gesamtheit mit „Gedächtnis" bezeichnet wird. Jedes Training des Gedächtnisses ist demnach immer *Gehirntraining*.

Weshalb wollen wir nun denkerische, also kognitive Funktionen erhalten oder ausbilden, warum empfinden wir ein schlechtes Gedächtnis als Mangel oder als Behinderung? Gedächtnisschwäche gilt zwar noch als „gesellschaftsfähig" (manche kokettieren sogar damit als einer Art liebenswerter Schwäche), die meisten aber ängstigen oder ärgern sich darüber als Zeichen fortschreitender Abnahme geistiger Kraft oder des Nicht-Schritt-halten-Könnens mit den Anforderungen des Tages, des Berufs, der sozialen Geltung.

Der Wunsch, über ein gut funktionierendes Gedächtnis zu verfügen, macht daher willig, es zu trainieren: Man will nicht abgebaut sein, man will - nach heutiger Sicht - länger jung bleiben, will seiner selbst sicher sein und möchte nicht gern durch Zerstreutheit Zeit verlieren. Man kann durch ökonomisch geordnetes Denken schneller und zielsicherer seine Handlungen ausführen und sich an seine Umwelt anpassen.

Darüber hinaus zeigen neue Forschungsergebnisse, dass geistige Aktivität bewirkt, dass neue Nervenzellen im Gehirn entstehen, was den Geist bis ins hohe Alter flexibel hält und sogar Demenzerkrankungen vorbeugt. Es ist möglich, durch Gedächtnistraining einen schleichenden Verlust an

Merk- und Erinnerungsfähigkeit aufzuhalten, ja das Gedächtnis zu verbessern.

Die geistige Aktivität eines Menschen entscheidet also darüber, ob das Gehirn neue Nervenzellen bildet oder nicht. Davon hängt auch wiederum ab, ob und wann eine Hirnerkrankung wie beispielsweise die Alzheimer Demenz in Erscheinung tritt.

Zusammenfassend könnte man salopp sagen: Durch Denken und Gedächtnistraining entsteht neue Denkkraft durch neue Zellen.

Ein Leben lang

Wie lange braucht man nun, um das Gedächtnis anzuregen und zu stärken? Wenn man spitzfindig und doch ehrlich antworten wollte: ein Leben lang. *Und dies ist das Tröstliche: Das menschliche Gehirn ist plastisch, d.h. es können sich ein Leben lang neue Nervenzellen bilden. Die Synapsen oder Schaltstellen können sich unvermindert vermehren und verstärken, wenn - ja wenn man sie durch Training fordert.*

Das Gehirn braucht zu seiner Leistung Sauerstoff und Glukose (eine Zuckerart). Nun glaube man aber nicht, dass man durch tiefes Atmen, kombiniert mit Trinken von Zuckerwasser oder auch nur durch die Einnahme irgend welcher hirnleistungsstärkender Mittel gescheit werden könnte! Nur das Denken selbst, also die Inanspruchnahme der Nervenzellen, fördert die Bildung von neuen Nervenbahnen und neuer Nervenzellen, fördert also die Gedankengänge und Gefühlsabläufe.

Die Fülle dieser Welt entdecken

Jeder Mensch kann seine Nervenzellen unbeschränkt wachsen lassen, allerdings muss man dazu Wille, Ausdauer und Geduld mitbringen, um systematisch alle Teile der Gedächtniskunst zu üben und die eigene geistige Welt bereichern zu können, wie es in diesem Buch anhand von Spielen und Übungen gezeigt und vorgeschlagen wird.

Nach wenigen Übungen, oft schon nach Tagen, denkt man anders, man betrachtet die Umwelt mit ihrer Reizzufuhr anders als bisher, man sieht anders - man „schaut" eben, bemerkt bisher Unbeobachtetes und entdeckt bald mit Lust und Staunen die Fülle dieser Welt. So mancher entdeckt dabei sich selbst, sein geistiges Wachsenkönnen, seine Lernfähigkeit, seine Neugier im positiven Sinn, seine Erfahrungslust.

Hier könnte man einwenden, dass der Mensch ohnehin mit Reizen überflutet wird. Das ist richtig, dies geschieht jedoch passiv, noch dazu gewöhnlich in einer störenden, nicht erkenntnisträchtigen Form wie durch vielfältigen Lärm, Bilderflut im Fernsehen, Musikgeriesel, verbale Werbung, Straßen- und Luftverkehr. Fernsehen als passive Tätigkeit erhöht sogar die Gefahr, an einer so gefürchteten Demenz zu erkranken.

Bei den Reizen dagegen, die hier während der Spiele angesprochen werden, handelt es sich um Denkanstöße, Aufzeigen von Zusammenhängen, Einsicht in logische Ordnungen, Zusammenschau von Systemen, Ausblicke auf die Sprache und ihre soziale Aufgabe.

Als Instrument, auf dem wir diese Trainingsmethode spielerisch üben wollen, gebrauchen wir vor allem die Sprache in Form von Darstellen von Tatsachen, Überlegen und Fragen. Dass dabei auch „Wissen" vorhanden sein oder gefordert werden muss, darf nicht darüber hinweg täuschen, dass es nicht Sache dieses Buches ist, Wissen zu vermitteln, geschweige denn ein solches speichern zu lassen!

Wer Klavierspielen lernen will, braucht dazu vor allem ein Klavier, dann muss er die Technik der Fingerübungen bis zur Virtuosität beherrschen lernen. Das ist das „Wie". Die Musikelemente selbst sind der Stoff der späteren Darbietung. Das Können, also die Kunst, muss er selbst beisteuern, sie stammt aus seinem Gehirn. Die Analogie zu unserer Methodik liegt auf der Hand: Der Wissensinhalt ist das Instrument für unsere Fragen und Aufgaben, Antworten, Formulieren, Urteilen sind die Taktik unserer Übungen. Die Spielformen selbst sind die Etüden, also Studienbehelfe. Das Gedächtnis als Leistung unseres Gehirns, stammt vom Lernenden, dem späteren Könner.

Wir werden durch das Üben oft „gescheiter", aber - vor allem - menschlicher. Nicht selten wird durch das Üben die Gabe der Klarsicht geweckt: Zusammenhänge werden dann - dem lateinischen Wortgehalt gemäß - „intuitiv" ohne langes Nachdenken durch „innere Übersicht" erkannt.

Die höchste Tugend der alten Griechen

Um in der Welt bestehen zu können, muss schon das kindliche Gehirn lernen. Dabei sind die frühen Eindrücke bekanntlich besonders stark prägend für das Verhalten und die Persönlichkeit. Dennoch kann mit Sicherheit behauptet werden, dass auch die Eindrücke späterer Jahre die Erlebnisse nicht minder tief modeln, wenn sie auch nicht immer Verhaltensweisen programmieren. Vielmehr addieren sich neue und frische Erlebnisse zur Summe der Erinnerungen und beide Seelenschätze beeinflussen einander: Es entsteht dabei eine Art neuer Erfahrungs- und Erlebniskategorie und damit eine Bereicherung des Seelenlebens. Die Reflexion auf diese innere Wandlung, meist unbedacht und unbewußt vor sich gehend, führt dann zur „Besinnlichkeit" - der höchsten Tugend der alten Griechen.

Gedächtnistraining mit allen Sinnen!

Einsicht in Zusammenhänge ist nicht angeboren, sondern wird von Kindheit an erlernt. Dieses Lernen darf nie aufhören, dafür sorgt die Wachsamkeit der auffassenden Sinnesorgane, die die einströmenden Reize aus der Umwelt übernehmen. Dass diese richtig registriert werden, ist ein weiteres wichtiges Ziel unseres Gehirntrainings, damit das Gehirn nicht in den „Ruhe-Stand" gerate. Denn solch erstarrtes, untätiges Gehirn atrophiert auch stofflich: Was nicht gefordert wird, schwindet!

Die spielerische Förderung von Wahrnehmung, Denken, Gedächtnis und Sprache, ein im besten Sinne ganzheitliches Gedächtnistraining mit allen Sinnen macht Freude und fördert die Gesundheit von Körper und Geist. Dies ist das Ziel des vorliegenden Trainingsprogramms.

Fünf Ansätze des Gedächtnistrainings

Der Abruf aus dem Langzeitgedächtnis geschieht durch Erinnern in mannigfacher Ausformung. Um unser Gedächtnis - und damit unser Gehirn - zu trainieren, setzen wir an fünf wichtigen Hirnleistungen an:

> Konzentration
> Wortfindung
> Merkfähigkeit
> Reproduktion
> Formulierung

Wir benützen hierzu noch weitere Kategorien des Denkens, zum Beispiel Assoziieren, also das Wachrufen von Ideen und Begriffen, Lernen, Begreifen, Wiedererkennen. Wenn wir diese Hirnleistungen üben, so geschieht das vor allem im Zusammenhang mit Merkfähigkeit und Konzentration. Hierher gehören auch die Ordnung und Anordnung der Gedanken, das Schlussfolgern, das Beurteilen und Systemisieren. Eine Klärung der Begriffe finden wir meist im Zusammenhang mit der wörtlichen Darstellung, der Formulierung.

Nun gibt es infolge der Komplexität der Gehirnarbeit praktisch keine Spiele, die nur einer dieser Funktionen gerecht werden. Wir geben daher bei den einzelnen Spielen nur jeweils jene Fähigkeiten an, die hauptsächlich damit geübt werden können.

Jahrelange Erfahrung hat gezeigt, welche Bereiche des Gehirns in Tätigkeit gesetzt werden müssen, damit ein Zuwachs an Hirnleistung im Ganzen zustande kommt. Die hier ausgewählten Spiele sollen also nicht nur unterhalten, sie dienen vorrangig diesem Zweck des Hirnleistungstrainings.

Konzentration

Unter Konzentration verstehen wir hier sowohl das Denken auf ein bestimmtes Ziel hin, als auch das gezielte Suchen von Assoziationen, unter Berücksichtigung von Dauer und Intensität.

Die Assoziationsbereitschaft kann dabei pendelnd, frei oder auf einen bestimmten Punkt hin gerichtet sein.

Pendelnd ist sie u. a. bei den „Steckern" (Spiele 31 ff.). Mehrere Hinweise werden rund um einen gesuchten Begriff gegeben und der Denkende muss nun zwischen diesen hin und her pendeln, Verbindungen schaffen, verwerfen oder wählen und Wahrscheinlichkeiten abwägen.

Frei ist die Assoziationsbereitschaft, wenn wir z. B. Personen suchen, deren Namen mit dem Buchstaben „S" beginnen (Seite 129 „Summenrätsel"). Wir konzentrieren uns auf den Buchstaben „S", kramen in unserem Gedächtnis und Wissen und suchen unbeschränkt, was uns dazu einfällt.

Man kann das Bewußtsein aber auch auf einen bestimmten Punkt, oder eingeengt auf eine bestimmte Stelle richten. Dabei wird die Kurz-Konzentration eingesetzt, beispielsweise beim Lösen kurzer „Logika" (Denkaufgaben), also dem Lösen einer logischen Kurzerzählung (z. B. „Der Nachtwächter", Spiel 135).

Die Dauer-Konzentration ist vor allem bei Spielen gefragt, bei denen man für die Dauer eines ganzen Spieles bei der Sache bleiben muss, etwa bei den „Combi" (Spiele 23 ff.), bei denen eine Reihe von Fragen gelöst werden sollen, deren Antworten durch einen gleichen Anfangsbuchstaben verbunden sind.

Auf unsere Spiele bezogen gibt es Übungen für alle Arten von Konzentration und das Anspannen der Aufmerksamkeit: freie, pendelnde, Kurz- und Dauerkonzentration.

Die jeweils nötige Dauer der Konzentration wechselt von Spiel zu Spiel. Bei den „Steckern" sind es z. B. mehrere Minuten, bei den logischen Aufgaben nur wenige Sekunden, verbunden mit einer blitzartigen Erkenntnis, einem Aha-Erlebnis, bei Überlegensfragen wenige Sekunden bis Minuten.

Die Wortfindung

Erschwerte Wortfindung - das Wort liegt auf der Zunge, aber es ist nicht abrufbar. Wer kennt das nicht?

Viele Dreißigjährige klagen bereits über mangelnde Wortfindung. Auch Schulkindern ist sie wohlbekannt: Spannung und Aufregung führen zu Gedankensperren bei Prüfungen und damit zu Wortfindungsproblemen. Diese betreffen oft Namen oder Wörter, die man dem Sinn nach völlig richtig erklären könnte, die vom Wortlaut her jedoch im Moment nicht abrufbar sind. Etwas später taucht der gesuchte Wortlaut dann plötzlich wieder auf.

Dies ist meist kein Zeichen für eine Hirnleistungsschwäche und hat weder mit dem Alter noch mit Intelligenz oder Vergesslichkeit zu tun. Wortfindung ist nämlich nicht, wie man vielleicht meinen könnte, ein rein geistiger Vorgang. Sie steht auch mit der Funktionsfähigkeit der Muskulatur unserer Sprechwerkzeuge in Verbindung. Erhalten diese nicht die richtigen Impulse vom Sprechzentrum im Gehirn, so kennt man zwar den Begriff, man „weiß" ihn wohl, aber der Wortlaut kann im Augenblick nicht artikuliert werden.

Gegen diese „Sprechlücken" gibt es ein einfaches Rezept: Pausen einschalten! Starres Wortsuchen nützt wenig. Wenn man jedoch eine Pause einschält, bis sich die zuständigen Hirnteile sozusagen wieder erholt haben oder die falsche Weichenstellung, die einem ein nicht passendes Wort aufdrängen will, behoben ist, wird der Abruf des gesuchten Begriffs möglich. Fällt einem das Gesuchte dann plötzlich ein, denkt man: „Wie konnte ich dieses Wort nur vergessen?!" Man hatte es jedoch nicht vergessen, sondern das Wort nur nicht zur Verfügung, der Wortabruf war gestört.

Weiß man das, so entfallen sowohl quälendes Suchen als auch falsche Schlussfolgerungen bezüglich befürchteter Hirnleistungsstörungen.

Eine weitere Möglichkeit, etwas gegen Wortfindungsprobleme zu tun, besteht darin, regelmäßig, möglichst täglich, aus diesem Buch Übungen mit sprachlichen Inhalten durchzuführen, denn mit Hilfe von Übungen, die das Artikulationszentrum betreffen, kann man eine erschwerte Wortfindung verbessern. Speziell das Durchführen von Formulierungsübungen, wie sie zahlreich im Spieleteil angeboten werden, sind hierfür besonders geeignet.

Auch der Einsatz von Mnemotechniken (siehe Seite 210, Mnemotechnik) kann zur Minderung von Wortfindungsproblemen beitragen.

Merkfähigkeit

Merkfähigkeit ist bei unseren Übungen verwandt mit Lernfähigkeit. Ohne Merkfähigkeit gibt es keine Lernfähigkeit. Merkfähigkeit bedeutet, Inhalte so lange im Geist aktiv zu halten, solange man sich geistig mit den Inhalten beschäftigt. Eng damit verbunden ist das Abspeichern des Gedachten.

Der Mensch kann unbegrenzt bis ins höchste Alter hinein lernen, das heißt, einen Zuwachs von Neuem - Situationen, Gefühlen, Wissen - erfahren. Je mehr man übt, desto lernfähiger wird man. Die Merkfähigkeit des Gehirns hört nie auf, wenn sie geübt wird.

Die Hilfe bei Merkfähigkeitsproblemen heißt: wiederholen! Immer wieder, natürlich in Abständen. Da die Einpressbarkeit von Hirneindrücken mit zunehmendem Alter flacher wird, muss hier öfter sozusagen „nachgelegt" werden. Ein älterer Mensch braucht für das Wissensgut, das der Jüngere in zehn- bis zwölfmaliger Wiederholung bewältigt, zirka zwanzig Mal, also ungefähr das Doppelte. Die gefürchtete Merkfähigkeitsschwäche ist also durchaus überwindbar. Dabei ist zu beachten, dass reines dressurartiges Wiederholen nicht zum gewünschten Behalten führt, die Informationen wollen in Zusammenhängen betrachtet und abgespeichert werden. Das Klären von Begriffen ist für dauerhaftes Abspeichern unabdingbar, da unklares Wissen nicht abgespeichert werden kann. Daher sind Nachschlagewerke für nachhaltiges Lernen und Behalten so wichtig. Dieses Buch lädt deshalb dazu ein, Nachschlagewerke zur Vertiefung des Gelesenen und damit zur Verbesserung der Merk- und Lernfähigkeit zu nutzen.

Eine weitere im Alltag häufig anzutreffende Situation ist die, dass man manchmal bereits nach einer Sekunde vergisst, was man aus dem Nebenzimmer holen wollte. Dies ist jedoch keine Merkfähigkeits-, sondern eine Konzentrationsschwäche.

Vergisst man beim Einkaufen schon nach zwei Dingen, was man kaufen wollte, bleibt immer das obligatorische Notizbuch oder der Einkaufszettel. Sagt man sich die zu besorgenden Dinge zusätzlich noch laut vor, werden gleich drei getrennte Gehirnteile in Bewegung gesetzt - Hören, Sehen und Schreiben. Das Nutzen mehrerer Sinne verbessert die Merkfähigkeit.

Beim reifen Gehirn steht jedoch nicht das Merken, sondern das Mitgehen mit zusammenhängenden Gedankengängen, der Erlebnischarakter des Erfahrens im Vordergrund.

Bei unseren Übungen wird Merkfähigkeit in Verbindung mit anderen Hirnleistungen geübt, aber auch besonders beim Wiederholen der Übungen oder Betrachten der Inhalte in anderem Zusammenhang.

Reproduktion

Reproduzieren heißt, das inhaltlich Wesentliche von etwas Gehörtem, Gesehenem oder Gewusstem wiedergeben zu können. Damit ist Reproduktion wichtig für die Wiedergabe von Erlebnissen, Eindrücken und Zusammenhängen, nicht von Einzelheiten. Ein Mangel an Reproduktionsfähigkeit drückt sich im Unvermögen aus, einen Inhalt auf Wunsch jederzeit aus dem Schatz des Gedächtnisses herausholen zu können.

Reproduktion sollte auch nicht mit Merkfähigkeit verwechselt werden. Merkfähigkeit trainieren wir im Sinn kurzfristigen Behaltens.

Will man Reproduzieren üben, so ruft man sich Erinnerungen wach und erzählt sie, kristallisiert das Wesentliche eines Sachverhaltes heraus und gibt diese wieder.

Bei der Reproduktion von Inhalten in unseren Übungen, beispielsweise auch bei der Reproduktion von Logika, wirken Merkfähigkeit, Formulierung und Reproduktion zusammen.

Formulierung

Die Sprache ist die höchste, differenzierteste, komplizierteste aber auch abstrakteste Möglichkeit menschlichen Mitteilungsvermögens.

Formulieren bedeutet, mit Hilfe der logischen Möglichkeiten der Sprache (einer grammatikalischen Rasterbildung) einen Satz, eine Aussage, eine Frage oder ein Urteil zu bilden.

Nun sind wir meist weder gewohnt zu formulieren, noch üben wir uns darin und vernachlässigen damit einen bestimmten Teil des Sprachwerkzeuges „Gehirn" - nämlich das Sprachzentrum. Schon in der Schule lassen wir zu oft Nachlässigkeiten durchgehen. „Was heißt stehlen?" - „Das ist, wenn man etwas wegnimmt." - ein typischer Fehler. Richtig müsste es heißen: „Stehlen bedeutet, fremdes Eigentum unbemerkt in seinen Besitz zu bringen". Grammatikalisch falsche, missglückte, malträtierte Sätze sollten schon von früher Jugend an vermieden werden. Wir verschütten sonst die Fähigkeit des Menschen, Sätze zu bilden, die genau das ausdrücken, was wir unserem menschlichen Gegenüber sagen wollen.

Formulieren ist zunächst eine nicht leicht einsehbare Funktion. „Wozu brauche ich das?" wird immer wieder gefragt. „Man versteht mich auch so." Richtig! Aber es geht, wie wir gehört haben, um mehr. Wir müssen hier Vertrauen in die medizinische Forschung haben. Wenn wir nicht formulieren, üben wir unser Sprachgehirn nicht. Diese Artikulationswerkzeuge im Großhirn sind wie jeder Hirnrindenanteil trainierbar. Wenn wir Reden, Sprechen, Definieren, Formulieren üben, gelingt dies immer leichter. Dies ist kein Wortschatzphänomen, denn den Inhalt muss man wir ja vorher wissen. Es geht um die logische Ordnung im Gehirn, die die Schienung, die Assoziation ermöglicht. Schienungen, die es uns ermöglichen, Urteile zu bilden, etwas zu sagen und dabei zu bleiben, eine Stellungnahme, einen Standpunkt zu beziehen und diesen zu verteidigen. Lehrer, die formulieren können, werden leichter verstanden. Das Formulieren dient aber nicht nur dazu, sich verständlich auszudrücken, es bewirkt auch, dass der Formulierende selbst sich über etwas klar wird. Ein treffendes Wort oder Urteil ergibt sofort einen besseren Kontakt. Auch längere Inhalte müssen nicht wörtlich auswendig gelernt werden, wenn man formulieren kann.

Zum Glück lässt sich die Formulierungsgabe problemlos fördern. Fordern wir also innerhalb unseres Trainings immer wieder: „Sagen wir es in einem ordentlichen Satz!", so ist das keine Schikane, damit wir bloß einen grammatikalisch schönen Satz formulieren. Wer formulieren kann, gewinnt nicht nur seine Grammatik zurück, sondern entwickelt damit eine neue Fähigkeit: die Formulierungsgabe, die Fähigkeit, genau das mitteilen zu können, was man denkt.

Wie schwierig das ist, kann bei vielen Debatten nachvollzogen werden. Sie sind oft voller Phrasen und Schlagwörter, hinter denen nichts steckt als die Reproduktion von etwas Gehörtem oder die Merkfähigkeit von etwas Gelesenem. Es fehlt die eigene Aussage. Um dem zu begegnen und eine Klärung bei seinen Schülern zu erreichen, verwendete Sokrates seine klassisch gewordene Methode: er ließ die Schüler formulieren. Er begnügte sich nicht mit einer Ja-Nein-Antwort. Er wollte Genaueres wissen: „Warum, aus welchem Grund war jener Mann schuldig? Was meinst du?" Diese Art von Hebammenkunst, im Griechischen „Majeutik" genannt, ist wichtig als didaktische Technik des Fragens, um eine Formulierung zu provozieren.

Formulieren wird besonders dann während des Trainings geübt, wenn man sich mit Fragen beschäftigt, die einen ganzen Satz als Antwort erfordern. Daneben gibt es eine Reihe von Spielen, die speziell die Formulierung üben (z. B. Logika, Dreieck, Proportionen, Wortakrobatik). Man kann die eigene Formulierungsfähigkeit bei allen Übungen durch die Fragen „Was ist das eigentlich genau? Warum ist das so?" ganz gezielt anregen.

Üben: Wie, wann, wo?

Wir möchten Sie mit diesem Buch zu einem geistigen Spaziergang einladen!
Schlagen Sie den Spieleteil des Buches einfach irgendwo auf und beginnen Sie mit einigen Fragen. Fällt Ihnen die Lösung nicht gleich ein, schlagen Sie ruhig nach und überdenken Sie Frage und Antwort.
Beginnen Sie zu schmökern, spielen Sie einmal das eine Spiel durch, einmal das andere, bis Sie sehen, was Sie am meisten anspricht und Ihnen Freude bereitet. Bei dem einen, dessen Stärke im Zusammenhangsdenken oder der Zusammenschau liegt, wird es vielleicht ein „Stecker" oder eine „Proportion" sein, bei anderen mit visueller Wortbildvorstellung ein „Anagramm" oder ein „Homophthong". Einer, der gerne abwägt und sich entscheidet, greift vielleicht zu den „Außenseitern", zu einer „Zweierauswahl" oder einer „Dreierauswahl". Dabei wird empfohlen, nicht allzu viele Spiele der gleichen Art hintereinander durchzunehmen. Günstiger ist es, unterschiedliche Spiele zu wählen, da sie verschiedene Hirnabschnitte in Tätigkeit setzen und unterschiedliche Hirnleistungen trainieren. Um die Merkfähigkeit zu üben, ist es günstig, nach einiger Zeit für sich selbst Fragen oder Fragenkomplexe zu wiederholen.
Wichtig ist jedoch immer, dass Sie sich ganz entspannt und spielerisch mit den Fragen beschäftigen ohne sich selbst unter Druck zu setzen. Ziel ist es nicht in erster Linie, die Antwort zu wissen, sondern zu überlegen, zu hinterfragen, Zusammenhänge zu erkennen und neue Erkenntnisse zu gewinnen. Um die Wichtigkeit einer spielerischen und stressfreien Herangehensweise zu unterstreichen, werden die Übungen und Fragen in diesem Buch auch als „Spiele" bezeichnet. Neurobiologisch kommt es im Hippocampus, einer für das Gedächtnis sehr wichtigen Hirnstruktur, zur Hirnzellteilung, wenn geistige Anregung in entspannter Atmosphäre stattfindet. Unter Stress und Leistungsdruck kann dies nicht beobachtet werden.
Vielleicht lösen Sie die eine oder andere Aufgabe dieses Buches gemeinsam mit anderen Menschen und stellen dabei fest, dass Sie Freude an der Diskussion haben. Dabei trainieren Sie ganz besonders Ihre Konzentration, Merkfähigkeit, Wortfindung, Formulierungsgabe, Reproduktion und noch weitere Hirnleistungen wie Denkflexibilität, Geduld und Toleranz und Einfühlungsvermögen. Daraus folgt, dass ein Training mit ande-

ren, beispielsweise auch in Gruppen, noch anregender wirkt, als Einzeltraining zu Hause. Es ist daher nicht verwunderlich, wenn Forschungen zeigen, dass nicht nur geistige Aktivität, sondern auch soziale Kontakte das Gehirn leistungsfähig erhalten.

Wenn Sie dies zum Anlass nehmen, sich ergänzend zu Ihrem Einzel- oder Partnertraining zu Hause noch eine Gelegenheit zum Training in einer Gruppe Gleichgesinnter zu suchen (vielerorts angeboten an Volkshochschulen, in Praxen oder Vereinen), aktivieren Sie Ihr Gehirn gleich doppelt: durch geistiges Training und soziale Kontakte.

Viel Spaß bei Ihrer ganz persönlichen und individuellen geistigen Reise durch dieses Buch!

Spiele I

Besonders geeignet für das Training von Konzentration, Merkfähigkeit, Überlegen, Reproduktion und Zusammenhangsdenken.

Überlegensfragen (Spiel 1 bis 22)

Combi (Spiel 23 bis 30)

„Stecker" - Such- und Steckbriefe (Spiel 31 bis 87)

Zweierauswahl / Alternative (Spiel 88 bis 103)

Dreierauswahl (Spiel 104 bis 116)

Überlegensfragen
Wissen sammeln und wiedererkennen

Bei diesem Spiel werden Fragen gestellt, die aus möglichst vielen Fächern oder Sparten stammen und keinen Zusammenhang aufweisen, der etwa für die Lösung eine Erleichterung böte. Sowohl die Frage als auch die Antwort sollen Interesse wecken. Das heißt, sie sind nicht banal oder bieten bloß Wissen an, sondern stellen vielmehr Zusammenhänge oder Verbindungen zwischen mehreren Wissensgebieten her. Es geht dabei nicht so sehr darum, dass die Antwort gewusst wird. Wesentlich ist, dass man gespannt ist und etwas Staunenswertes erlebt oder Neues erfährt. Hierzu eignen sich besonders solche Fragenkomplexe, die auch das Gemüt berühren. Emotionales haftet besser als rein Intellektuelles, selbst wenn es sich um Wissensvermehrung handelt.

Eine Diskussion oder eine Erweiterung der Fragestellung im Gespräch, die sich ergibt, wenn man z. B. mit anderen über eine Frage spricht, ist besonders anregend.

Dem aufgeschlossenen Leser geben die Erläuterungen und Erklärungen bei den Antworten die Möglichkeit, angeschnittene Fragegebiete auszuweiten und zu bereichern. Dabei ist das Verwenden von Lexika und Nachschlagewerken sehr erwünscht, da der Trainingseffekt durch die damit verbundene vertiefte Informationsverarbeitung stark erhöht wird.

Die Lösungen zu den Aufgaben dieser Spielart finden Sie im Anhang ab Seite 218.

1. Überlegensfragen

a) Woraus besteht die Kartoffelschale?

b) Warum soll man beim Abstauben von glatten Flächen wie Holz, Glas, Porzellan oder Stein sogenannte antistatische Staubtücher verwenden?

c) Warum geht ein Mensch im Wasser nicht unter, es sei denn, er beschwert sich mit etwas Gewichtigem?

d) Überall auf der Welt werden mehr Knaben geboren als Mädchen. Ab welchem Alter ungefähr ist dieser Männerüberschuss ausgeglichen?

e) Warum schneidet der Diamant Glas?

2. Überlegensfragen

a) Eine Eisenbahnschiene wird abgenützt und verrostet.
Wie viele Kilogramm verlieren zehn Meter Schienen etwa pro Jahr?

b) Wo kann man höher springen:
In der Höhe des Meeresspiegels oder in Mexico City?

c) Warum heißt der ägyptische Skarabäuskäfer Pillendreher oder Mistkäfer?

d) Warum steigt ein Laubfrosch bei einer beginnenden Schönwetterlage auf die Leiter?

e) Was geschieht beim Bähen von Brot oder Brötchen?

Lösungen im Anhang

3. Überlegensfragen

a) Wie viele Kilogramm Speise müsste ein 70 kg wiegender Mensch zu sich nehmen, wenn er so viel äße wie eine Spitzmaus im Verhältnis zu ihrem Gewicht?

b) Volkstümlich hat man verschiedenen Gefühlen Farben zugeordnet. Z. B. Rot der Liebe, Blau der Treue.
Welche Farbe gab man dem Neid?

c) Welches ist der erste Mitlaut, den ein Baby hervorbringt?

d) In früheren Jahrhunderten gab es keine alltäglich brauchbaren Taschenuhren, geschweige denn Sekundenzähler.
Womit maß man damals als Arzt den Pulsschlag?

e) Wie bereiteten die alten Römer Speiseeis?

4. Überlegensfragen

a) Welcher Eierstock der Frau liefert die Eizellen? Der rechte oder der linke?

b) Wie heißt der Fuchs in der Fabel?

c) Wenn man den Quecksilber- oder Alkoholfaden eines Fieberthermometers nach Gebrauch wieder in seine alte Lage bringen will, schüttelt man das Thermometer.
Welche Kraft treibt den Quecksilber- oder Alkoholfaden wieder zurück?

d) Auf welche Weise werden Kaffeebohnen in Kaffeemühlen zerkleinert?

e) Welches Schreibmaterial verwendeten die Griechen und Römer?

5. Überlegensfragen

a) Von welchem Tier stammt der Persianerpelz?

b) Die alten Griechen kannten keine exotischen Gewürze des Fernen Ostens (Pfeffer, Ingwer) oder aus Übersee (Paprika, Chili).
Womit würzten sie ihre Getränke und Speisen?

c) Warum blühen im tiefen, dichten Wald vorwiegend weiße oder gelbe Blumen?

d) Ab welchem Lebenstag hört ein Küken?

e) Warum bezeichnet man grünes Gemüse im Volksmund als „gesund"?

6. Überlegensfragen

a) Wie viele anerkannte Sprachen werden in der Schweiz gesprochen?

b) Was wurde in Ritterburgen als Fensterscheibe verwendet?

c) Der Ausdruck „Türkischer Halbmond" ist eigentlich falsch. Warum?

d) Welche Tiere dienten Josef in Ägypten bei Pharaos Traumdeutung als Symbole für die kommenden Jahre?

e) Wie viele Glühwürmchen müsste man fangen und in einen Behälter geben, damit sie so hell leuchten wie eine einfache Kerze?

Lösungen im Anhang

7. Überlegensfragen

a) Auf welchem Arm trägt die Madonna auf Bildern das Jesuskind?

b) Was bedeutet in der Sprache der Kochkünstler „blanchieren"?

c) Wie nennt man den Vorgang, bei dem einem Hund die lockeren oder leicht verfilzten, gekrausten Haare ausgekämmt werden?

d) Wie nennt man jene Menschen, deren Blut die Gerinnungsfaktoren fehlen?

e) Wie lange braucht ein Schmetterling, um seine volle Größe zu erreichen?

8. Überlegensfragen

a) In Vergnügungsparks findet man oft Schaukeln, die einen ganzen Kreis in der Luft beschreiben. Der Insasse steht dann am Scheitelpunkt kopfabwärts. Wieso stürzt er nicht ab?

b) Wie nennt man einen Behälter für Pfeile?

c) Seit wann bezeichnen wir ein Datum mit „post Christum natum"?

d) Wie heißt ein junges Wildschwein?

e) Bei Frauen sind bodenlange Kleider seit Jahrtausenden modern. In der römischen Kaiserzeit trug man bodenlange Kleider, die dann als Sinnbild der Würde in eine Berufskleidung übergingen. Wie bezeichnet man diese Kleider?

Wie nennt man die Blüten dieser Früchte?

Lösung im Anhang unter Bildspiel 224, Seite 303.

9. Überlegensfragen

a) Wie lautet das treffende Wort für Vogelkäfig?

b) Warum kann man brennendes Fett nicht mit Wasser löschen?

c) Warum gibt es rote, gelbe und blaue Sterne, aber keine grünen?

d) Was versteht man unter Wintersaat?

e) Welches chemische Element bildet gewichtsmässig den Hauptbestandteil des menschlichen Körpers?

10. Überlegensfragen

a) Warum muss man bei einer Himalaya-Expedition einen Druckkochtopf mitnehmen, wenn man gekochte Speisen essen will?

b) Seit wann kennen wir den Radiergummi?

c) Man hört oft von der günstigen Stoffwechselwirkung der Weizenkeime. Was unterscheidet die Keime vom reifen Korn?

d) Welche Rolle spielt die Zellulose für die menschliche Ernährung?

e) Weder die Antike noch der heutige Ferne Osten kennen Schwarz als Trauerfarbe. Wann ungefähr wurde diese eingeführt?

11. Überlegensfragen

a) Raben, Stare, Sittiche, Papageien und Dohlen haben eine gemeinsame Fähigkeit. Welche ist das?
b) Warum platzen Eier und Würstchen so leicht beim Sieden?
c) Welches sind die beiden schädlichsten Stoffe in der Zigarette?
d) Seit wann gibt es unseren Sonntag als Feiertag?
e) Was ist der Wesensunterschied zwischen einer Maske und einer Larve?

12. Überlegensfragen

a) Man spricht von „Großbritannien". Wo aber liegt „Kleinbritannien"?
b) Was geschieht beim Kühlschrank mit der Wärme, die beim Kühlen des Kühlgutes frei wird?
c) Was versteht man unter schlackenreicher Kost?
d) Segelflieger, die Aufwind zum Höhersteigen suchen, können einen solchen auch am Vogelflug erkennen. Wieso?
e) Warum wird es beim Schneien wärmer?

Lösungen im Anhang

13. Überlegensfragen

a) Wo hat das Tote Meer seinen Abfluss?

b) Welches Sinnesorgan bleibt beim Einschlafen am längsten wach?

c) Welche Landlebewesen hören bzw. empfinden nicht hörbaren Schall (Ultraschall)?

d) Der 2. Februar heißt bei den Katholiken Maria Lichtmess. Was bedeutet dieses Fest?

e) Wieso stoßen Fledermäuse auch im Dunkeln nirgendwo an, und wo befindet sich der Sitz dieser Fähigkeit?

14. Überlegensfragen

a) In der Antike kannte man weder Knöpfe, noch Druckknöpfe oder Reißverschlüsse. Was wurde damals zum Verschließen von Kleidungsstücken verwendet?

b) Nach welcher Ausbildung konnte ein Junge Ritter werden?

c) Ein bestimmtes Lebewesen durchläuft vier sehr verschiedene Lebensstadien, nur in einem davon wächst es. Welches Tier ist wohl gemeint?

d) Wie kommt es zu der Redensart „kerngesund"?

e) Wodurch wird im Körper Hungergefühl erzeugt?

15. Überlegensfragen

a) Wieso bleiben bei einem Raumflug im schwerelosen Zustand Speisen nicht im Magen liegen?

b) Horn ist eine sehr widerstandsfähige Substanz. Kennen Sie ein Tier, das Horn verdauen beziehungsweise aufschließen kann?

c) Wie lange braucht ein Fingernagel zum Wachsen vom Nagelfalz bis zum Rand?

d) Aus welchen Holzarten fertigt man Geigen?

e) Welche europäische Weltfirma führte bereits im Jahr 1900 den Achtstundentag, Krankenversicherung, bezahlten Urlaub, Bezahlung von Überstunden, Vollpension und Mitbeteiligung der Arbeitnehmer am Gewinn ein?

16. Überlegensfragen

a) Wie viele Sonnen müsste man aneinanderreihen, damit der Abstand zwischen Sonne und der Erde ausgefüllt wäre?

b) Warum soll Weißwein in Flaschen immer liegend aufbewahrt werden?

c) Baumwolle ist eine Malvenart. Wozu wird der Same verwendet?

d) Welche Aufgabe haben die weißen Blutkörperchen?

e) Woraus werden Geigensaiten gefertigt?

Lösungen im Anhang

17. Überlegensfragen

a) Was bedeutet das Wort „Schokolade" ursprünglich in seinem Mutterland?

b) Einige europäische Staaten werden im deutschen Sprachraum weiblich benannt. Kennen Sie einen solchen Staat?

c) Im Chinesischen ist das Prinzip des Lebens aufgeteilt in Yin und Yang. Was bedeutet das?

d) Welches bekannte Kinderbuch enthält den Vers: „Und die Mutter blicket stumm in dem ganzen Kreis herum"?

e) Hormone sind Stoffe, die trotz ihrer geringen Menge, ähnlich wie Spurenelemente und Vitamine, für den Körper lebenswichtig sind.
In welchen Organen werden sie erzeugt?

18. Überlegensfragen

a) Lange vor Kopernikus wurde bereits die Sonne als Mittelpunkt der Planetenbewegung erkannt. Wann war das?

b) Welches ist die tiefstgelegenste Stadt der Erde?

c) Heute noch eingesetzte Sportgeräte haben oft eine lange Geschichte. Welches Sportgerät stammt aber nachweislich nicht aus Europa, Asien oder Afrika, sondern vom amerikanischen Kontinent?

d) Penicillin-Ähnliches kannte man schon im alten Babylon. Was blies man damals bei Angina in den Mund von Patienten?

e) Seit wann gibt es Bauern auf der Erde?

Lösungen im Anhang

19. Überlegensfragen

a) Wodurch bekamen die Damen des Rokoko einen so weißen Teint, wie wir ihn heute noch auf vielen Gemälden bewundern können?

b) Woher bezieht der Mond sein Licht?

c) Was ist das Wesentliche am Verfahren der Haferflockenherstellung, damit diese leichter verdaulich werden?

d) Wer verwendete zuerst Treibhäuser zur Gurkenzucht im Winter?

e) In welchem Land wurde das Christentum zuerst staatlich anerkannt?

20. Überlegensfragen

a) Welche Himmelskörper - außer dem Mond - sieht man von der Erde aus ebenfalls nur dank des von ihnen reflektierten Sonnenlichtes?

b) Welches ist das energiereichste Nahrungsmittel?

c) Wie oft kann eine Biene stechen?

d) Welches ist die höchstgelegene Bergkette, die noch von einer Eisenbahn erreicht werden kann?

e) Was ist der Grund dafür, dass bei Zorn, Erregung oder Hitze die Wangen rot werden?

Lösungen im Anhang

21. Überlegensfragen

a) Wie lange kennt man in Ungarn den Paprika als Nationalgewürz?

b) Wie lange braucht Käse zur Reifung?

c) Wie unterscheidet man durch eine einfache Probe echte Seide von Kunstseide oder synthetischen Fasern?

d) Angenommen, man würde auf einem Balkon einen ausgewachsenen Laubbaum ziehen (z. B. eine Birke), wieviel Wasser müsste man täglich gießen?

e) Wie nennt man ein Vergrößerungsgerät, das aus einem Satz von Linsen besteht?

f) Welche Hormone erzeugt die Bauchspeicheldrüse (Pankreas)?

22. Überlegensfragen

a) Woher stammt das Wort „Pechvogel"?

b) Nennen Sie die drei wichtigsten aus Amerika nach Europa gebrachten Nachtschattengewächse.

c) Igel, Murmel, Fledermäuse und Schlafmäuse halten bei uns einen totalen Winterschlaf. Wie viele Herzschläge erzeugen diese Tiere wohl während des Winterschlafes in einer Minute?

d) Was ist ein Weisheitszahn?

e) Gegen wen wird ein Steckbrief erlassen?

f) Der junge Kabeljau (Seefisch) hat noch einen anderen Namen. Welchen?

Wie heißt bei einem Maßkrug der mit Pfeil versehene Deckelteil?
Wie nennt man einen solchen Maßkrug noch?

Lösung im Anhang unter Bildspiel 225, Seite 303.

Lösungen im Anhang

Combi

Wörter mit gleichen Anfangsbuchstaben

Dieses Spiel ist eine Variation der Überlegensfragen. Die Antworten sind hier durchweg Ein-Wort-Antworten, die alle mit dem gleichen Buchstaben beginnen. Wurde also innerhalb eines Spieles, das aus mehreren Fragen besteht, eine Frage richtig beantwortet, so ergibt sich aus dem Anfangsbuchstaben der gefundenen Antwort der Anfangsbuchstabe aller weiteren Antworten.

Beispiel:
Wie heißt der Schweizer Berg, dessen Nordwand viele Opfer gefordert hat? Eiger
Wie heißt das Jugendstadium des Maikäfers? Engerling

Die erste Frage ist relativ schwierig, die folgenden Fragen werden immer leichter, damit der Denkende im Verlauf eine Antwort findet und er sich anhand des nun gesicherten Buchstabens „zurückhangeln" kann.

Mit dieser Spielart werden besonders Konzentration, Wortfindung und Reproduktion trainiert.

Die Lösungen zu den Aufgaben dieser Spielart finden Sie im Anhang ab Seite 231.

23. Combi

Alle Lösungswörter der folgenden Fragen beginnen mit demselben Buchstaben.

a) Wie heißt die Schnecke, deren Gehäuse in zahlreichen afrikanischen Ländern als Zahlungsmittel, in asiatischen und afrikanischen Ländern aber auch als Schmuck verwendet wird?

b) Wie heißt das Gas, das sich in den Gärkellern des jungen Weines bildet, sich am Boden sammelt, weil es schwerer ist als Luft, und das auf diese Weise den Sauerstoff der Luft verdrängt?

c) Wie heißt die Vorrichtung, mit der man in Gebäuden und in Fahrzeugen die Temperatur- und Luftfeuchtigkeit reguliert?

d) Wie bezeichnet man das japanische Nationalgewand mit angeschnittenen Ärmeln und breitem Gürtel?

e) Wie nennt man den mittleren Kegel beim Kegelspiel mit neun Kegeln?

f) Wie nennt man jene Steine, die vom langen Hin- und Herrollen in fließendem Gewässer in Millionen von Jahren abgerundet und glattgeschliffen wurden?

g) Wie heißt der bekannte, oft nur ein Gramm wiegende kleinste überseeische Vogel?

Lösungen im Anhang

24. Combi

Alle Lösungswörter der folgenden Fragen beginnen mit demselben Buchstaben.

a) Wie heißt jenes zur Kamelfamilie gehörende Tier, das vorwiegend in den südamerikanischen Anden lebt, daher auch „Andenkamel" genannt wird und das bei Angriffen den Gegner anspuckt?

b) Wie heißt jener Nadelbaum, der als einziger im Herbst von Grün auf Goldbraun wechselt und der jährlich seine Nadeln abwirft?

c) Wie nennt man jenes Vergrößerungsgerät, das aus einer einzigen Glaslinse besteht und bei Benützung in der Hand gehalten wird?

d) Welches Organ erzeugt den Gallensaft?

e) Die Stadt Venedig selbst hat keinen Sandstrand. In nächster Nähe befindet sich jedoch eine flache Insel, die zu ihrem Strand gemacht wurde. Wie heißt diese Insel?

f) Die Flachsstaude trägt noch einen anderen Namen, wenn man an die gelieferte Faser denkt. Wie heißt dieser zweite Flachsname?

g) Wie heißt das Zwergenreich in Gullivers Reisen?

25. Combi

Alle Lösungswörter der folgenden Fragen beginnen mit demselben Buchstaben.

a) Wie bezeichnet man bei Pflanzen die Pollen wegen ihrer meist geringen Größe und Flugfähigkeit?

b) Zu welcher Gattung von Instrumenten gehört die Orgel?

c) Welches Harz, wenn auch nicht mehr klebrig, wird zu Schmuck verarbeitet?

d) Welche Bezeichnung wird in Indianergeschichten als hervorstechendes Merkmal für die Weißen gebraucht?

e) Welche Farbe zeigen Augen, wenn in der Regenbogenhaut nur wenig Farbstoff (Pigment) enthalten ist?

f) Die Rätselart „Rebus" lässt sich leicht verdeutschen. Wie heißt sie?

g) Wie heißt der einheimische Baum, der die Maien liefert, also junge grüne Frühlingszweige, und der eine rissige und weiße Rinde besitzt?

Lösungen im Anhang

26. Combi

Alle Lösungswörter der folgenden Fragen beginnen mit demselben Buchstaben.

a) Wie nennt man den weißen Saft, der aus den Stängeln der abgebrochenen Löwenzahnblüten herausquillt?

b) Wie nennt man die Regierungsform, bei der ein einziger Herrscher erblich oder nach Wahl regiert?

c) Wie nennt man jene Tonleiter, die weicher klingt im Gegensatz zum sogenannten harten Tongeschlecht?

d) Wie heißt der unvergorene, frisch gekelterte Obstsaft? Es ist dies ein meist für Traubensaft gebrauchtes Wort.

e) Wie nennt man jenen süßen Stoff, der durch Erhitzen von Gerstenkörnern aus dem Gerstenstärkeanteil entsteht und den man sowohl als Extrakt als auch als Bierwürze verwendet?

f) Wie nennt man im Gegensatz zum Vaterland die Sprache, die man in der Heimat als erste sprechen lernt?

Wofür ist dieses Tier ein Symbol?

Lösung im Anhang unter Bildspiel 226, Seite 303.

27. Combi

Alle Lösungswörter der folgenden Fragen beginnen mit demselben Buchstaben.

a) Welcher Zustand tritt ein, wenn ein Körper zwischen zwei anziehenden Massen jenen Punkt erreicht, an dem die beiden Anziehungskräfte einander aufheben?

b) Wie heißt jene Mangelkrankheit, bei der infolge des Fehlens von Vitamin C in der Nahrung Schleimhautblutungen, Zahnausfall und andere Krankheitssymptome auftreten?

c) Eichhörnchen, Hasen und andere Nager haben Zähne, die zeitlebens nachwachsen. Wie heißen diese Zähne beim Menschen, dem sie allerdings leider nach dem Abkauen nicht mehr nachwachsen?

d) Wie heißt jener Korbblütler, der wild wächst, aber oft auch in Gärten und Plantagen gezüchtet wird und dessen sogenannten Kerne ein beliebtes, gesundheitsförderndes Öl liefern?

e) Welche motorlosen Flugzeuge kommen in ihrer Art zu fliegen dem Vogelflug am nächsten, indem sie Aufwinde und Gleitflüge nutzen?

f) Wie nennt man jene Teile einer Leiter, die die Querverbindungen zwischen den Holmen bilden?

g) Wie bezeichnet man die kleine Heringsart, zu denen auch die Sardinen gehören, wenn sie nicht in Öl oder Soße eingelegt, sondern geräuchert werden?

Lösungen im Anhang

28. Combi

Alle Lösungswörter der folgenden Fragen beginnen mit demselben Buchstaben.

a) Wie heißt das Kinderspielzeug, das aus farbigen Glasstückchen in einer Röhre durch mehrfache Spiegelung im Innern beim Durchblicken sternartige Ornamente sehen lässt?

b) Wie nennt man ein Missgeschick oder Ungemach, an dem man unschuldig ist und das aus dem lateinischen Wort für „Hagelschaden" stammt?

c) Wie nennt man die Eingeweide von Schlachttieren?

d) Wie heißt ein Personenkraftwagen, dessen Deck aufklappbar oder gar nicht vorhanden ist?

e) Wie heißt der Wappenvogel Neuseelands?

f) Wie heißt der Längsfaden beim Weben, in den die Querfäden eingeschossen werden?

g) Wie nennt man die Laute, die der Storch hervorbringt?

29. Combi

Alle Lösungswörter der folgenden Fragen beginnen mit demselben Buchstaben.

a) Wie nennt man jene ziemlich ungenaue Mengenangabe für Salze, Gewürze oder Trockentee, die man zwischen zwei oder drei Fingern (Daumen, Zeigefinger und Mittelfinger) erfasst?

b) Welches Tier versinnbildlichte sowohl den Stolz wie die Eitelkeit, in früheren Zeiten auch die Unsterblichkeit der Seele?

c) Wie heißt die bekannte Stadt, die beim Ausbruch des Vesuvs 79 n. Chr. verschüttet wurde und seit Mitte des 18. Jahrhunderts wieder ausgegraben wird?

d) Wie nennt man mit einem gängigen Fremdwort eine Speise, die gewöhnlich nach dem Kochen gestampft oder durch ein Sieb gedrückt wird?

e) Wie nennt man eine Ware, einen Gegenstand oder ein Wertpapier, wenn es als Sicherstellung gegen Bargeld oder Kredit hinterlegt wird?

f) Zu welchem Staat gehört die Insel Madeira?

g) Welcher tiefrot-violette Farbstoff ist tierischen Ursprungs?

h) Unter welchem Namen kennen wir den Garten Eden noch?

30. Combi

Alle Lösungswörter der folgenden Fragen beginnen mit demselben Buchstaben.

a) Welches ist das Hauptmerkmal vieler Tiere des australischen Kontinents?

b) Wie heißt die linke Schiffsseite, die nachts ein rotes Licht trägt?

c) Wie heißt das Baumaterial, das aus unverputzten, gebrannten Ziegeln besteht?

d) Wie heißt die sichelförmige Wurfkeule der Aborigines Australiens, die, wenn sie geschleudert wird, infolge ihrer Konstruktion wieder zum Werfer zurückkommt?

e) Wie heißt die knorpelige Zwischenschicht zwischen je zwei Wirbelsäulenkörpern bei Menschen?

f) Wie heißt die Vergangenheitsform des Wortes „backen"?

Such- und Steckbriefe: „Stecker"
Spannende Umschreibung - Spurensuche durch Assoziation

Mit Such- und Steckbriefen werden vermisste oder gerichtlich verfolgte Personen oder auch verlorene Dinge oder Waren gesucht.

Um einen ausgleichenden gängigen Namen für die folgende Spielart zu finden, wird in diesem Buch die Kurzform „Stecker" gebraucht.

Eine Person oder Sache, bisweilen auch ein Geschehnis, wird gesucht, indem mehrere Hinweise gegeben werden, die verschiedene Facetten des Gesuchten beleuchten. Der erste Hinweis ist verhältnismäßig schwierig, weist aber bereits eindeutig auf das Gesuchte hin. Durch die weiteren Hinweise wird die Lösung immer klarer und leichter. Dabei ist zu beachten, dass Stecker immer nur eine eindeutige Lösung haben.

Wird ein Stecker nicht gleich erraten, ist dies sogar erwünscht, denn dies führt zu einer vertieften Informationsverarbeitung. Nach einiger Zeit des Nachdenkens und des wiederholten Lesens kann die Lösung nachgeschlagen werden. Das anschließende erneute Durchgehen der einzelnen Hinweise mit Kenntnis der Lösung löst die Spannung und führt zu Aha-Erlebnissen.

Buntheit des Denkens

Was bietet nun ein solcher Stecker für das Kognitive Training bzw. das Gedächtnistraining?

Das Durchdenken der Hinweise, die aus ganz verschiedenen Gebieten stammen können, beansprucht Konzentration, Assoziation und fördert die Wortfindung. Das Suchen in verschiedene Richtungen übt die Buntheit des Denkens und die Freiheit der Assoziationen. Assoziationen sollen „pendeln" können. Dabei wird die auf ein bestimmtes Ziel hin ausgerichtete Dauerkonzentration eingesetzt, im Gegensatz zur auf ein bestimmtes Ziel gerichteten Kurzkonzentration, wie sie z. B. bei den Überlegensfragen gefördert wird.

Stecker fördern die Denkflexibilität. Manche Menschen geraten in Gefahr, sich gegen weiteres Denken zu sperren, wenn ihnen nicht gleich etwas Passendes einfällt. Sie bleiben dann bei einer fixierten Assoziation („Das fällt mir ein und dabei bleibe ich!") und können sich nur schwer von diesem Verhaftetsein lösen. Die Notwendigkeit, sich bei den jeweils folgenden Hinweisen mit neuen Blickrichtungen zu befreunden, erleichtert das Loslösen von Fehldenken, falschen Assoziationen und fixen, festgefahrenen Gedankenverbindungen.

Wie Sie sehen werden, ist ein Stecker nichts Einfaches, sondern konzentrierte Kost. Es ist daher besser, nicht zu viele Stecker hintereinander zu bearbeiten. Haben Sie sich einmal zu einer Lösung durchgearbeitet und wollen jetzt die Bestätigung, können Sie nachschlagen. Dabei sollte man jedoch darauf achten, nicht gleich an weiteren Lösungen zu naschen. Sonst bleibt doch einiges im visuellen Gedächtnis haften und zerstört den Anreiz und die Würze bei weiteren Steckern. Denn der Gewinn für das Kognitive Training bzw. Gedächtnistraining liegt ja gerade auch in der Spannung während des Lösens und der nachfolgenden Entspannung. Nehmen Sie also die Überraschung nicht vorweg.

Bei späterer Wiederholung eines Steckers zur Prüfung der Merkfähigkeit kommt noch eine besondere Genugtuung hinzu: Die Wiedererkennungsfreude und die lustbetonte Feststellung, wie merkfähig man ist!

In noch höherem Maße werden Formulierungsgabe und Merkfähigkeit geübt, wenn man einen Stecker nach einiger Zeit (nach einigen Wochen oder sogar nach Monaten) frei wiederholt beziehungsweise versucht, ihn aus dem Gedächtnis wiederzugeben, ihn also zu reproduzieren.

Die Lösungen zu den Aufgaben dieser Spielart finden Sie im Anhang ab Seite 236.

31. Stecker

Wer oder was ist wohl gesucht?

a) Gesucht ist die Großmutter Moabs nach ihrer Erstarrung wegen Ungehorsams.

b) Im letzten Zeitabschnitt des Paläozoikums hätte das Gesuchte auch ein oberflächlicher Wissenschaftler oberflächlich finden müssen, meistens in Kristallen.

c) Vom Dürrnberg bei Hallein im Salzburgischen erstrecken sich unterirdische Wege bis ins Bayerische hinein, sie wurden um des Gesuchten willen angelegt.

d) Man zahlte früher mit dem Gesuchten deputatmäßig den gesamten Arbeitslohn aus. Dies wäre heute aus gewerkschaftlichen Gründen sicherlich nicht mehr erlaubt.

e) Weidevieh und Rotwild suchen das Gesuchte auf.

32. Stecker

Wer oder was ist wohl gesucht?

a) Gesucht ist ein Universalgenie in technischer und künstlerischer Hinsicht, das in der Kunstgeschichte nach seinem Geburtsort genannt wird.

b) Rom, Florenz und Mailand waren die Hauptorte seiner Tätigkeit.

c) Er erreichte eine Position, die man heute als Verteidigungsminister bezeichnen würde.

d) Sein berühmtestes Gemälde hängt nicht in seinem Heimatland, sondern im Louvre in Paris.

e) Ein von ihm gemaltes Wandbild in Freskomanier illustriert eine Stelle aus dem Neuen Testament mit dreizehn Personen zu Tisch.

Lösungen im Anhang

33. Stecker

Wer oder was ist wohl gesucht?

a) Sein Vater, ein Augsburger, nutzte die Kindheit des Gesuchten wacker aus für seinen eigenen beruflichen Erfolg.

b) „Lucia Silla", eines seiner Werke, wurde erst in unseren Tagen in seiner Heimatstadt aufgeführt.

c) Wie sein Zeitgenosse Goethe trat er einer Art weltlichen Ordens bei und zerstritt sich mit seinem Regenten.

d) In der Residenzstadt des Reiches angekommen, hatte er zwar Erfolg und große Einnahmen, war jedoch ständig in Geldnöten. Seine Frau trug dazu redlich ihren Teil bei.

e) Ein gewiefter Librettist steckte den Großteil des Ruhmes für ein Werk des Gesuchten ein, dessen Name im Programm winzig gedruckt neben dem seinen erschien.

f) Beiden ist in Wien eine Gasse gewidmet, dem einen zusätzlich ein Schlösschen, dem anderen ein Denkmal.

g) Seine Frau begrub ihn nicht einmal, da sie zum Zeitpunkt seines Todes wieder einmal zur Kur auswärts weilte. Beim Begräbnis flüchteten seine Freunde wegen des miserablen Wetters. Seine letzte Arbeit, übrigens eine Auftragsarbeit, wurde nicht fertig komponiert.

34. Stecker

Wer oder was ist wohl gesucht?

a) Als das Gesuchte von Milzbrand vernichtet wurde, ging das Mongolenreich zugrunde.

b) Weil Jesus auf einem Esel in Jerusalem eingezogen war, soll der byzantinische Kaiser Heraklios auf Engelsbefehl auf das Gesuchte verzichtet haben.

c) Als Mohammed darüber phantasierte, nannte er das Gesuchte windgeboren und alle Schätze der Welt lägen zwischen seinen Augen.

d) Trotz seiner zügellosen Haltung nahm es an des Präsidenten John F. Kennedys Begräbnis symbolhaft teil.

e) Die Azteken lernten es erst durch die Spanier kennen.

f) Den Griechen erschienen die Skythen deshalb so fürchterlich, weil jene darauf hockten.

g) Eine Wasserader für neun Damen trat zutage, als ein gefiedertes Exemplar des Gesuchten mit der gehörnten Mittelzehe auf den Boden schlug.

35. Stecker

Wer oder was ist wohl gesucht?

a) Ich bin arabischen Ursprungs und trage vorne eine Rosette.

b) Obgleich ich kein Vereinsmeier bin, halte ich doch den Bund für wesentlich. Auch Chöre habe ich am Hals.

c) Mitglieder meiner Familie trifft man bis heute überall, wo es klangvoll zugeht, bei Wandertagen genauso wie im Konzertsaal.

d) Ich gelte als romantisch, ja als sentimental, und das Sonderbare ist, dass mich die Menschen zuerst um den eigenen Hals nehmen und dann erst um den meinen.

e) Anatomisch gesehen bin ich seltsam gebaut, da mein Bauch nach hinten zeigt, ich keine Flanken besitze und mit allem Möglichen verbandelt bin.

f) Man muss mich schon tüchtig schlagen, bis ich meine Stimme hören lasse.

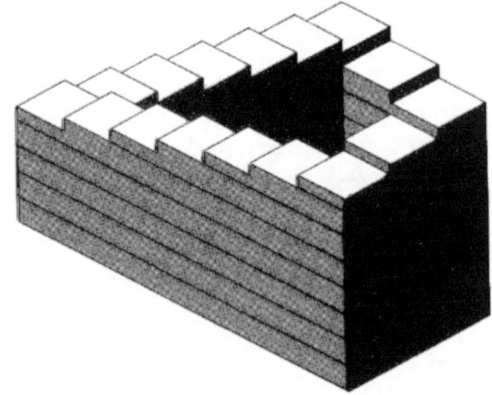

Diese Zeichnung soll eine Treppe darstellen.

Führen die Stufen hinauf, führen sie hinunter?

Wo ist der Anfang, wo ist das Ende?

Lösung im Anhang unter Bildspiel 227, Seite 303.

36. Stecker

Wer oder was ist wohl gesucht?

a) Ich war der Autor eines einzigen Theaterstückes: „Wie man die Wünsche am Schwanze packt".

b) Meine Gattin Jaqueline bekam zwei Kinder, einen Buben und ein Mädchen - hoffentlich von mir.

c) Ich wurde zwar ehelich von meiner Mutter geboren, trug aber trotzdem ihren Mädchennamen, sogar das „R", das den Namen meines Vaters charakterisierte, ließ ich entfallen.

d) Obgleich mich eine bestimmte Stilrichtung ihren Vater nennt (die übrigens Vauxcelles so benannte), überraschte ich doch meine Zeitgenossen immer wieder mit neuen Ideen und Stilen.

e) Ich hatte Zeiten, in denen ich ganz in Blau schwelgte, mit Recht die Baskenmütze trug und mich ganz schiefen Vasen widmete.

37. Stecker

Wer oder was ist wohl gesucht?

a) Gesucht werden zwei junge Menschen, offensichtlich nicht aus der Wohlstands-, wohl aber aus der Wegwerfgesellschaft, die einen Waldmarsch unternehmen müssen, weil es ihren Verwandten so passt.

b) Wegen des auf dem Weg ausgestreuten Brotes leiden sie großen Hunger, so dass sie sogar Baumaterial anknabbern.

c) Eine Hausbesitzerin, Reiterin und Kannibalin, lädt trotz falscher Auskünfte die Gesuchten zu sich ein.

d) Die junge Dame trägt von da an die Haushaltslast, der junge Herr wird eingesperrt zur Mast.

e) Nach Hexenverbrennungsprozess gilt für die zwei der Grundsatz: Nichts wie „heim zu Muttern"!

Lösungen im Anhang

38. Stecker

Wer oder was ist wohl gesucht?

a) Obwohl das Gesuchte zweimal das Gleiche kaut, besitzt es kein Horn oder Geweih.

b) Abraham erhielt das Gesuchte vom Pharao als Geschenk.

c) In Australien hat es sich eingewöhnt, es ist dort jedoch ursprünglich nicht heimisch.

d) Das Gesuchte besitzt längliche statt runde rote Blutkörperchen und die Paarung erfolgt, wie sonst nie bei Familienangehörigen, im Liegen.

e) Kennzeichen ist eine ausgebuchtete Oberlippe, die sonst kein Familienmitglied aufweist.

f) Gut beim Galopp, schaukelt es dabei wie ein Schiff.

g) Es besitzt eine aus Fettzellen bestehende Sparkasse für ein lebenswichtiges Element.

39. Stecker

Wer oder was ist wohl gesucht?

a) Gesucht werden essbare siamesische Zwillinge, die Kalorien in Hülle und Fülle bringen.

b) Meistens haben sie das gleiche Schicksal, obgleich sie nicht als eineiige Zwillinge zu bezeichnen sind.

c) Die Gesellschaft wirft gern die ganze Gesellschaft in einen Topf.

d) Auch untereinander herrscht dann oft ein munteres Kesseltreiben. Jedermann, der da im Trüben fischt, gibt seinen Senf dazu oder reißt zumindest den Mund weit auf.

e) Das Merkwürdige dabei ist, dass es Menschen gibt, die die Gesuchten verkaufen und gleichzeitig behaupten, ihr Name wäre gleich dem der Gesuchten.

40. Stecker

Wer oder was ist wohl gesucht?

a) Geboren auf einer Insel, verbannt auf eine Insel, gestorben auf einer Insel - auf drei verschiedenen -, hat der untersetzte Mann sein Geburtsdatum zurück verlegt, weil er - seiner Gattin zuliebe, die ebenfalls von einer Insel stammt - seine wahre Jugend nicht preisgeben wollte.

b) Dem kleinen Adel angehörend, wurde er, einer der größten Feldherren der Geschichte, erstmals in der Nähe Wiens besiegt, obwohl er zu dieser Zeit bereits der Schwiegersohn des regierenden österreichischen Kaisers war.

c) Da er stark an seiner Familie hing, setzte er seine zahlreichen Geschwister in ganz Europa in hohe Stellungen ein, und schließlich wurde er selbstgekrönter Kaiser seines Landes.

d) Wie viele große Menschen bewunderte er aufrichtig die Größe anderer, wobei im Falle des größten Dichters Deutschlands die Anerkennung gegenseitig war.

e) Sein einziger Sohn überlebte den Vater nur um zehn Jahre. Er liegt teilweise in Wien, teilweise in Paris begraben.

41. Stecker

Wer oder was ist wohl gesucht?

a) Sie wird oft geschüttelt und war einst bei einem bekannten Ritter aus Metall.

b) Liegt etwas auf der Gesuchten, ist alles sonnenklar.

c) Will man paarweise leben, muss man eine Frau darum bitten.

d) Die Gesuchte ist Inhaber eines Tellers, einer Wurzel, sowie eines Rückens.

Lösungen im Anhang

42. Stecker

Wer oder was ist wohl gesucht?

a) Gesucht ist der Entwicklungsgang eines Lebewesens, der mit einem proteinhaltigen Rotationskörper eines flatterhaften Rüsseltieres beginnt.

b) Im Verlauf der gesuchten Entwicklung entsteht ein später oft rauhhaariger, frisch überzogener Feinschmecker, der gegenüber seiner Umgebung nicht das geringste Rückgrat hat und weder Rechts- noch Linkshänder ist.

c) Darauf folgt ein versponnener Eremit, ähnlich dem Diogenes Nichtstuer, der sich häufig mit seinem Leibblatt als Unterstützung begnügt.

d) Aber siehe da, auf einmal heißt es, temperamentvoll mit dem Kopf durch die Wand und tüchtig pumpen, ehe man in die Luft geht.

e) Tagschichtler unter den nun voll entwickelten Lebewesen halten beim Sitzen die Segel hochkant, Nachtschichtler lassen sie flach auf sich liegen.

43. Stecker

Wer oder was ist wohl gesucht?

a) Gesucht ist eine Triebkraft, die gerne von Kochenden genutzt wird und die unter anderem auch Alkohol erzeugt.

b) Wenn man sie ein wenig erwärmt, fängt sie nicht zu schwitzen an, doch es geht aufwärts.

c) Zu große Hitze bedeutet ihren Tod.

d) Die Gesuchte produziert so lange sie lebt und gibt ununterbrochen Gas.

Wer benutzt diese Gegenstände und wofür? Wie nennt man sie?

Lösungen im Anhang unter Bildspiel 228, Seite 304.

44. Stecker

Wer oder was ist wohl gesucht?

a) Wir suchen den Mann, der sich von seinem millionenschweren Parteifreund soviel Geld auslieh, dass er die Währung seines Landes stabilisieren und zum Goldwert zurückführen konnte. Er erdachte Arbeitsämter zwecks Stellenvermittlung, setzte die Umsiedlung von Zehntausenden durch und überließ erstmals Veteranen Parzellen für „Schrebergärten".

b) Ein Tausendsassa muss er schon gewesen sein. Er hat nicht nur die erste Brücke über einen großen Grenzfluss gebaut, sondern sich auch als Schriftsteller einen Namen gemacht, mag auch das Altherrenkollegium seiner Zeit und die Jugend unserer Zeit von ihm nicht immer eingenommen sein.

c) Privat - nun ja! - mit seinem Schwiegervater hatte er sich zerstritten, im Ausland verliebte er sich in eine kleine Siebzehnjährige griechisch-mazedonischer Herkunft, und er war keineswegs erbaut, als ihm der Bruder seiner blonden Freundin im Übereifer der Gastfreundschaft den Kopf - den abgeschlagenen natürlich - des verflossenen Schwiegervaters präsentierte.

d) Vielleicht ist es auch ganz interessant zu wissen, dass er Frankreich und Belgien zu einer Verwaltungseinheit verband. Jedenfalls verstand er es, die Verwaltung und die Verfassung seines Landes derart umzukrempeln, dass er als einziger in der langen Kette seiner Nachfolger den Titel nicht trug, den sein Name dann später bedeutete.

e) Es gibt eine berühmte griechische Biographie über ihn, und als er starb, waren seine letzten Worte ebenfalls drei griechische, obwohl er selbst kein Grieche war. Freund und Feind sahen zu spät, was sie an ihm verloren hatten.

45. Stecker

Wer oder was ist wohl gesucht?

a) Der Gesuchte mochte keine Brillenträger. Sein Großvater trug den Akzent auf der letzten Namenssilbe, was in der Heimat des Gesuchten nicht der Brauch war.

b) Seine Auslandsreisen ließ er sich von Mäzenen bezahlen, obwohl er recht gut besoldet war und Jura studiert hatte.

c) Sein Vater, ein wohlhabender Rentner, züchtete zum Verdruss der Sprösslinge im Garten Tiere, die nur eine bestimmte Blattart fraßen.

d) Der Gesuchte liebte in seiner Jugend eine Elsässerin, später mußte er Sohn, Gattin und Enkelin begraben.

e) Er erfand eine Art Tantiemenbezugssicherung über den Tod hinaus, so dass seine Familie, obwohl das damals gar nicht üblich war, noch jahrzehntelang Einkünfte aus seinen Werken bezog.

46. Stecker

Wer oder was ist wohl gesucht?

a) Gemäß wissenschaftlicher Prognose wird die Gesuchte zunächst immer größer und rot werden, und dann ziemlich klein und weiß.

b) Ihre kleinsten Teilchen benötigen acht Minuten, bis sie bei uns ankommen.

c) Im Sommer befindet sie sich weiter weg von uns als im Winter.

d) Am Äquator steht sie immer um sechs Uhr auf.

e) Früher galt sie als unser Trabant, doch seit Hunderten von Jahren sind wir nicht mehr ihr Bahnmittelpunkt.

Lösungen im Anhang

47. Stecker

Wer oder was ist wohl gesucht?

a) Ein Mutterkuchen mit Alkohol veranlasste den Waldlauf der gesuchten Person.

b) Der Namensgeber der Gesuchten befindet sich auf dem Kopf.

c) Ein Besucher der alten Dame ging als Transvestit zu Bett, um den nächsten Besucher zu täuschen.

d) Ein Quiz am Bett, weil sich die Gesuchte über allzu große Körperteile wunderte, stillte den Wolfshunger.

e) Waidmannsheil brachte die gesuchte Person durch eine Art Kaiserschnitt zur Wiedergeburt plus Omama.

48. Stecker

Wer oder was ist wohl gesucht?

a) Als man den Ausschlag des Gesuchten immer mehr verkleinerte, traten allmählich Unruhen auf.

b) Obwohl es Takt, Beharrlichkeit und harmonische Bewegungen zeigt, meinen doch die meisten mit Recht, dass es aufgehängt gehört.

c) Die geradezu sture Beibehaltung der von ihm eingeschlagenen Richtung brachte einmal einen Franzosen dazu, an der Wand einer Kuppel empor zu klettern.

d) Je kleiner es ist, um so flinker ist es.

e) Manche versuchen, damit Goldadern, Wasseradern und kranke Schlagadern zu entdecken.

49. Stecker

Wer oder was ist wohl gesucht?

a) Seine Großmutter wurde Braut am Brunnen vor dem Tore.

b) Sein Onkel litt an Schwindel, sah etwas heruntergekommen aus und war gerichtsbekannt.

c) Seine Tante hatte seinen Vater früher geheiratet als seine Mutter, und dieser war ihr Vetter. Eh' der die Mutter des Gesuchten zur Frau erhielt, hatte er sich zweimal sagen müssen: „Sieben Jahr sind um".

d) Nun, der Gesuchte wanderte ins Ausland aus und wurde dort Wirtschaftsminister, nachdem er sich in der Heimat verraten und verkauft gefühlt hatte.

e) In eben diesem Ausland hatte er ein Techtelmechtel, das ihn zu einer Flucht ohne Kleider veranlasste.

f) Nun ließ er seine Familie nachkommen. Die Zusammenführung dauerte ganze vierhundert Jahre.

g) Der Gesuchte ist gewissermaßen „Mitautor" eines der meistgelesenen Werke der Weltliteratur. Er sagte nämlich seinem träumenden König die Depression nach der Konjunktur voraus.

Lösungen im Anhang

50. Stecker

Wer oder was ist wohl gesucht?

a) Die einzige erhaltene Großplastik der Antike steht in der Gesuchten, der sogenannten Meeresbraut.

b) Die griechische Insel Euböa nannte man in der Gesuchten Negroponte, als diese die Insel besaß.

c) Auf ihrem bekanntesten Platz wird jedermann von Tauben umschwirrt.

d) Ihr Strand ist eigentlich nicht ihr Strand, sondern liegt von ihr isoliert.

e) Charakteristisch für die Gesuchte sind asymmetrische Wasserfahrzeuge.

51. Stecker

Wer oder was ist wohl gesucht?

a) Ohne Vater nur aus der Mutter entstanden,
wird extra groß das Wiegenbett für sie gebaut.

b) Andere Schwestern nähren sie, sind aber selber nie getraut.

c) Sie sind für eine Fliegerlaufbahn wie geschaffen.

d) Nach einziger Benützung gibt's keine Unterstützung.

e) Sie tanzen nur einen Sommer lang und fallen dann in der Schlacht.

52. Stecker

Wer oder was ist wohl gesucht?

a) Die Heimat der gesuchten Vierlinge ist Chios, die griechische Insel. Sie waren jedoch später in Konstantinopel auf Rennstrecken stets zu Hause.

b) Ohne Raupe zu sein, hat das Gesuchte sechzehn Beine.

c) Bei einem Angriff auf die Stadt während des 4. Kreuzzuges wurden sie geraubt und auf eine Adriainsel gebracht. Angesichts ihrer Herkunft könnte man sie auch als „Raub"tiergruppe bezeichnen.

d) Hier gelangten sie zu hohem kirchlichem Rang und Stand, verloren aber dabei den Boden unter den Füßen.

e) Einer der Evangelisten, zugleich Patron der Adriainsel, gewährt ihnen Standrecht, mit der Aussicht zwar nicht auf Sieg, aber auf einen sehr berühmten Platz.

f) Ihr Raub war mit Ursache für Jahrhunderte langes Misstrauen großer christlicher Glaubensgemeinschaften untereinander.

Lösungen im Anhang

53. Stecker

Wer oder was ist wohl gesucht?

a) Der Freund des Gesuchten hatte den ersten „Erdapfel" in Europa bekannt gemacht, lebte in Lissabon - doch der Gesuchte hielt es mit Barcelona.

b) Der Gesuchte, ein Wollweber, wollte den Osmanen in den Rücken fallen, daraus wurde jedoch nichts.

c) Ausgesprochener Seefahrerfreund, guter Zechkumpan, aus einer Dogenstadt stammend, wurde er berühmter Pate eines Vogelproduktes.

d) Trotz vielfacher Reisen unterschätzte er die Entfernung nach Ostasien um ein gutes Drittel.

e) Schließlich ließ er sich ein paar Schiffe bezahlen, die für damalige Zeiten höchst modern, einen geringeren Tiefgang, jedoch größte Seefestigkeit hatten. Für seine Leistung verlangte er, recht geschäftstüchtig, zehn Prozent Provision mit Goldklausel und einen Großadmiralstitel - und erhielt das Gewünschte.

54. Stecker

Wer oder was ist wohl gesucht?

a) Im Gegensatz zum Wasser, welches ca. 70 % der Erdoberfläche einnimmt, bedeckt die Gesuchte nur fünfzig Prozent.

b) Am Äquator kommt sie immer um 6 Uhr abends an.

c) Sie ist eine Zwillingsmutter und die beiden Söhne sind rechte Tagediebe. Man muss bei beiden schon beide Augen zudrücken.

d) Von Beruf ist die Gesuchte Färberin, aber sie führt ihre Arbeit so stümperhaft aus, dass sie nur eine Farbe produziert, die noch dazu gar keine ist.

55. Stecker

Wer oder was ist wohl gesucht?

a) Nach dunklen Jugendjahren wurde die Gemeinschaft am Hof zugelassen.

b) Die Aufsässigen in Uniform hielten aber die Zügel des Regimes auch weiterhin fest in der Hand.

c) Die Gemeinschaft beging anfangs mancherlei Taktlosigkeiten, Falläpfel waren keine Seltenheit und so mancher Aufstand ging fehl.

d) Die Gemeinschaft war zwar nicht herren-, wohl aber damenlos.

e) Obwohl sie nie eine Mittelschule besucht haben, kommen sie ohne „Hohe Schule" nicht zu Ehren.

f) Trotz der strengen Schulung voller Kapriolen, wissen sie sich im Bedarfsfall auch auf die Hinterfüße zu stellen.

56. Stecker

Wer oder was ist wohl gesucht?

a) Gesucht ist eine Mexikanerin, die am Hofe Montezumas dem Kakaokränzchen erst die rechte Würze verlieh.

b) Obwohl sie bei uns gewöhnlich recht runzelig ankommt, war sie in ihrer Jugend recht prall. Ihr dunkler Teint ist nicht angeboren, sondern erst nach langem Schwitzen erworben. Tägliche Sonnenbäder über mehrere Stunden trocknen ihre Haut aus.

c) 1822 wurde sie von Franzosen nach Madagaskar verschleppt. Die Enttäuschung war groß, als sie keine Nachkommen zur Welt brachte. Erst später kam man darauf, dass die Bienen fehlten.

d) Ihr Aroma lässt sich heute auf chemischem Weg erzeugen. Wir klassifizieren sie als Orchidee.

Lösungen im Anhang

57. Stecker

Wer oder was ist wohl gesucht?

a) Gesucht wird ein zwei Meter langer Kerl, der mit einer Aluminiumkniescheibe und zwei Frontmedaillen aus dem Ersten Weltkrieg nach Hause kam.

b) Vom Vater hatte er die Statur, von der Mutter aus sollte er Musiker werden. Er war mit Hauskammermusik aufgewachsen, aber auch mit Schießgewehr und Angelrute, den Lieblingsgeräten seines Vaters. Bei diesen elterlichen Erwartungen ist es kein Wunder, wenn er ausriss und Boxer und Fußballer wurde.

c) Nicht genug damit, auch als Stierkämpfer trat er in Spanien auf, als Zeitungskorrespondent in Frankreich im Anschluss an eine Asienreise.

d) Das Leben trieb ihn umher: Tunis, italienische Front, Paris, Spanien - Erlebnisse, die in seinen Schöpfungen ihren Niederschlag fanden. Kriegsschauplätze schienen sein Abenteurerblut zu entflammen, denn im spanischen Bürgerkrieg war er Berichterstatter. 1941 stürzte er als Reporter in China mit dem Flugzeug ab. Aber dem Mutigen half das Glück. Seine vielen Unfälle waren geradezu sprichwörtlich - er überlebte sie alle: Beim Fischen in der Adria eine Augenverletzung und darauf eine Sepsis. Ebenso Flugzeugabstürze sowie Autounfälle in London. Er ging mehrere Ehen ein.

e) Dieser Tausendsassa nahm sich neben der Großwildjagd in Afrika Zeit für eine Safari und wurde Hochseefischer auf Kuba. In seinem Heim in Florida hielt er sich sehr selten auf. Sein abenteuerliches Leben verarbeitete er literarisch, seine Bücher brachten ihm schließlich den Nobelpreis ein.

58. Stecker

Wer oder was ist wohl gesucht?

a) Gesucht wird ein katholischer Ordensmann, der gleichzeitig Arzt war und mit Hilfe von drei Stäben eine revolutionäre Theorie aufstellte.

b) Er regulierte das Münzsystem seines Landes und baute für ein Ordenskapitel eine Wasserleitung - obgleich er weder Finanzmann noch Baumeister war.

c) Vielmehr erschien ihm sein bedeutendstes Werk selbst so kühn, dass er es dem Papst Paul III. widmete und sich in seiner Vorrede gewissermaßen für seinen Wagemut entschuldigte.

d) Um seine Zugehörigkeit zu ihrer Nation stritten und streiten sich zwei benachbarte Völker. Heute gehört seine Vaterstadt wieder zu dem Staat, dem sie auch zu seinen Lebzeiten angehört hatte, wiewohl sie in den seither vergangenen fünf Jahrhunderten ihre Zugehörigkeit wiederholt wechseln musste. Ein großes Denkmal ehrt den großen Sohn dieser Stadt.

e) Er war mit viel Glück als Anwalt seines Ordens gegen den Deutschen Ritterorden tätig. Er trat auch zeitlebens nicht aus seinem Orden aus. Kurz nach der Veröffentlichung seines umstürzlerischen Lehrsystems, das heute noch seinen Namen trägt, starb er.

Lösungen im Anhang

59. Stecker

Wer oder was ist wohl gesucht?

a) Gesucht sind die Erfinder jenes mehrfach verschobenen Feiertages, der unter Roosevelt am vierten und seit 1941 am dritten Novembersonntag gefeiert wird.

b) Es handelt sich um Emigranten aus religiösen Gründen, die aus einem damals und heute für sie ausländischen Hafen abfuhren.

c) Ihr Schiff wurde seeuntauglich. Deshalb stiegen die einhundertzwei Gesuchten auf ein anderes Schiff um. Sie segelten mit königlicher Erlaubnis nach Übersee.

d) Nach einem sehr schlechten ersten Winter begann die Kolonie sich zu erholen, und das zweite Jahr wurde ein Ernteerfolg.

e) Die Niederlassung in dem Land, das nach der jungfräulichen Königin benannt wurde, hatte gute Verbindungen zu den dort lebenden Indianern. Noch heute ist man stolz, von den Gesuchten abzustammen.

Wer hat dieses Material erfunden -

a) als Erster?
b) in Deutschland?

Lösungen im Anhang unter Bildspiel 229, Seite 304.

Lösungen im Anhang

60. Stecker

Wer oder was ist wohl gesucht?

a) Gesucht ist ein in einem Seewinkel geborener Handwerker, der zum hochgebildeten Briefeschreiber wurde.

b) Er war nicht eben auf die Ehe erpicht, sein Name, wenn man ihn ins Deutsche übersetzen wollte, bedeutet „Kleiner".

c) Asiate von Geburt, landete der Schiffbrüchige an der Küste einer heute noch jungen Republik.

d) Erst Verfolger, dann Verfolgter, flüchtete er aus dem Libanon.

e) Sein Gesinnungswechsel machte ihn zum Größten seiner Gruppe. Nicht wohlgelittener römischer Bürger, hat er wohl selbst gelitten.

f) Kleinasiatische Kitschsouvenirhändler in einer Küstenstadt fürchteten um ihr Geschäft und inszenierten Terrorakte gegen ihn.

61. Stecker

Wer oder was ist wohl gesucht?

a) Der Gesuchte steht hinten oben auf dem kleinen Wagen, allerdings nicht zu Zeiten des Pyramidenbaus in Ägypten.

b) Für die Schifffahrt und die Arktisforschung war er von richtunggebender Bedeutung.

c) Die Kapstadtbewohner und die Australier kennen ihn nur vom Hörensagen.

d) Tagsüber sehen und hören wir nichts von ihm, er führt ein ausgesprochenes Nachtleben.

e) Obwohl er nahezu der Mittelpunkt hochstehender Kreise ist, machen gerade deren Mitglieder einen mehr oder minder großen Bogen um ihn.

62. Stecker

Wer oder was ist wohl gesucht?

a) Gesucht ist ein Rosstauscher, der die Golddeckung aufgegeben hat und sich nunmehr eine vierfach sprudelnde Nahrungsquelle erschloss.

b) Das geschah, weil er zwar nicht den Stier, aber dessen Frau bei den Hörnern gepackt hatte.

c) Obgleich er nun bei seinen verschiedenen Transaktionen durchaus von Pech verfolgt war, hatte er auf seiner weiten Reise ausgesprochen „Schwein".

d) Denn statt des Pleitegeiers bekam er bald einen anderen Vogel.

e) Als er sich schließlich völlig vom Vieh trennte, wurde er steinreich.

f) Doch auch dieser Zustand war nicht von langer Dauer. Am Ende begrüßte er den Totalverlust seines Reichtums am Brunnen vor dem Tore und erreichte so - nunmehr völlig mittellos - den glücklichsten Zustand. Der Gesuchte kehrte endlich unbeschwert von seiner Reise nach Hause zurück.

63.   Stecker

Wer oder was ist wohl gesucht?

a) Der Gesuchte trieb den Feind bis zum Tigris - es war Mithridates.

b) Selber reich geworden, trieb er die Abgaben der Provinz so lax ein, dass man ihm einen Aufseher vorsetzte.

c) Er baute sich eine Privatbibliothek, deren eifrigster Besucher Tullius Cicero war.

d) Gekränkt, setzte er, nun pensioniert, Kummerspeck an in seiner römischen Villa und frisst und frisst.

e) Zu Unrecht macht man ihn zum Importeur einer längst bekannten Obstsorte, er machte diese bloß populär.

f) Aber er unterbrach die Hirntätigkeit der Flamingos und verpflanzte die Herzen von Nachtigallen sowie ihre Zungen in die Speiseröhre.

64.   Stecker

Wer oder was ist wohl gesucht?

a) Der Insektenfresser sticht und kriecht seit dreißig Millionen Jahren auf Erden.

b) Obwohl er sticht, fliegt er nicht.

c) Er tritt seit eh und je gegen Schaben auf.

d) Seine Waffen wechselt er einmal im Leben.

e) Das Auto ist derzeit sein Hauptfeind, weil dem Gesuchten hier auch die bestgekonnte Hauptrolle nichts nützt.

f) Dies allerdings nicht im Winter, da der Gesuchte dann untergetaucht ist.

Lösungen im Anhang

65. Stecker

Wer oder was ist wohl gesucht?

a) Irrtümlicherweise hielt man den gesuchten Flieger in Europa für einen Inder, obgleich er aus der Neuen Welt stammt.

b) Der Allesfresser kam als Emigrant aus Übersee nach Spanien.

c) Da alles, was aus dem Mittelmeerraum nach England kam, von den Engländern als islamisch angesehen wurde, hielt man ihn dort für einen Türken.

d) Wohl seines fächerförmigen Schwanzes wegen nannten die Italiener das fasanartige Federvieh einen indischen Pfau.

e) Der moderne Restaurator und Maler Malskat wurde durch ihn eines anachronistischen Fehlers überführt, da der Gesuchte auf einem mittelalterlichen Lübecker Fresko nach der Restaurierung durch Malskat zu sehen war. Ursprünglich war das Bild jedoch in einer Zeit entstanden, als es den Gesuchten in Europa noch gar nicht gab.

66. Stecker

Wer oder was ist wohl gesucht?

a) Gesucht sind Fenster mit einem benannten Mittelloch, wobei Hülsenfrucht und Gelee dunkle Hintergründe erkennen lassen.

b) Obgleich kein Handwerker, darf man bei dem Gesuchten Brauen und Backen nicht vergessen.

c) Die hier entspringende solehaltige Therme wird zum Erweichen von Herzen und Spülen der Scheiben verwendet.

d) Ohne das Gesuchte wird nichts Ordentliches ersichtlich, das Dasein aussichtslos, das Schaugeschäft ohne Profit.

Lösungen im Anhang

67. Stecker

Wer oder was ist wohl gesucht?

a) Wer ist der junge, hochgeborene Schweizer, der bald ins Ausland geht und sich dort durch enge Verhältnisse zur Freiheit durchkämpfen muss?

b) Er kehrt nie mehr in die Heimat zurück, in der er die Höhepunkte seines Daseins erlebt hatte.

c) Mag man ihn auch vorher einen grünen Jungen genannt haben, er bringt es im Ausland doch so weit, dass die Hauptstadt dieses Landes nach ihm benannt wird.

d) Mit einer blauen Schwarzwälderin zur Linken verbunden, behält diese nach offenbar archaischem Recht matriarchalisch ihren Namen und bringt in die Verbindung eine kleine Tochter mit ein.

e) Von diesem Augenblick an geht es weiter abwärts mit ihm.

f) Nur vorübergehend hält er sich in der Stadt eines Erzbischofs auf, an deren Ufern sich grünes, blaues und dunkles Wasser mischen.

g) Gemeinsam mit der Lebensgefährtin und den Kindern vollbringt er allerlei Leistungen in technischen Einrichtungen, bewegt sich weiter in die verschiedensten Länder und stürzt sich dort mit seiner ganzen Sippschaft nicht ganz freiwillig, sondern offenbar unter dem Einfluss der Gravitation, ins Schwarze Meer.

68. Stecker

Wer oder was ist wohl gesucht?

a) Der Gesuchte gab zeitlebens an, zwei oder drei Jahre vor seiner Geburt geboren worden zu sein, und zwar seiner älteren ersten Gattin gegenüber aus Höflichkeit. Sie stammte von einer überseeischen Insel.

b) Er schlug zahlreiche Schlachten, sich selten in die Büsche, aber auch eine Heirat mit der Mutter seines ungeborenen Sohnes vor, zwecks dessen Erlangung.

c) Seine Soldaten gingen für ihn durchs Feuer ins Feuer, er setzte seine Geschwister in gute Stellungen, den Adel Europas in Verlegenheit.

d) Er und Goethe bewunderten einander gegenseitig, was man beiden übel nahm. Beiden flocht die Nachwelt Kränze, wenngleich sie keine Mimen waren.

e) Beide waren Sitzriesen, beide verbrachten Zeit in Italien. Ein Stein spielte in beider Leben eine Rolle, beim einen der von Rosette, beim anderen der von Charlotte.

69. Stecker

Wer oder was ist wohl gesucht?

a) Eine Sache ist gesucht, die bei der Wahl der ersten Miss Universe als Siegesprämie ausgesetzt war.

b) Der erste Grundbesitzer wurde seinetwegen aus dem Paradies verwiesen.

c) Zeitweise wohnen Mädchen oder andere Jugendliche darinnen.

d) Es ist das einzige Obststück, das unmittelbar dem Deutschen Reich angehängt werden konnte.

e) Sein Fall ließ einem Engländer die Erde anziehend erscheinen.

Lösungen im Anhang

70. Stecker

Wer oder was ist wohl gesucht?

a) Gesucht ist ein seltener, bis dahin in unserer Gegend unbekannter Wiederkäuer, den der Langobardenkönig Agilulf um 600 n. Chr. von einem Awarenscheich aus Zentralasien als besondere Auszeichnung erhielt.

b) Sein Name bedeutet Gazelle, obwohl es sich bei ihm um keine Antilopenart handelt - viel eher müsste man ihn als plump und ungraziös bezeichnen.

c) Ein amerikanischer Berufsjäger, der im Wilden Westen allerdings keine Gazellen jagte, wurde fälschlicherweise nach diesem Geschöpf benannt.

d) Paracelsus verwendete als Erster den Namen dieses Tieres als Ausdruck.

e) Das gesuchte Tier wurde häufig zu harter Arbeit herangezogen, so dass die Studenten heute noch ihre allfällige Schwerarbeit danach benennen. Außerdem heißt das Synonym, also das Wort mit gleicher Bedeutung, für diese Studierarbeit „Ochsen".

71. Stecker

Wer oder was ist wohl gesucht?

a) Bei der Durchsicht des alten Verlieses sieht man Leichen.

b) Eine Straße - nie daraus gebaut -, hieß so in alten Reichen.

c) Die darin gefangen, heute noch an Hälsen hangen.

d) Zuerst botanisch, innen tierisch, heute fest, doch nicht mineralisch.

e) Goldsilbermischung in Hellas so genannt, heute als Elementarteilchen bekannt.

72. Stecker

Wer oder was ist wohl gesucht?

a) Ein einheimisches Männchen produziert in der Gesuchten ein Ei.

b) Vor ihm hatte ein Adam an dem gesuchten Ort zunftwidrig seine Eva angesungen.

c) Lange Zeit hatte man dort von Zelten gelebt, dementsprechend exportiert, bisweilen mit herzförmigen, bisweilen mit Zelten mit aus Nektar stammender Beimengung.

d) Die gesuchte Stadt ist übrigens sprichwörtlich dafür bekannt, dass man dort die Aktivität des Hirns mittels eingeführter Röhre zünftig förderte.

e) Nicht nur Paris, sondern auch die Gesuchte ist eine Messe wert, besonders wenn man Kinderfreund ist.

f) Hysterische Gesetze und historische Prozesse sind nach ihr benannt.

73. Stecker

Wer oder was ist wohl gesucht?

a) Ich bin ein Kirschkern, grün ungeschätzt.

b) Als „gebranntes Kind", braun durch Cholamin, binde ich Kränzchen und lasse Herzen höher schlagen.

c) Bei Türken bin ich reiner einfacher Satz und ein geriebener Muntermacher.

d) Ich trage Mittelscheitel und bin fast immer Zwilling.

e) Obwohl oft ins Meer geworfen, dennoch keine Leiche, oft abgebrüht, dennoch kein Gangster; obgleich in meiner weiteren Karriere als weiß, braun, schwarz und Mischling bekannt, kenne ich kein Rassenvorurteil und habe unter keinem zu leiden.

Lösungen im Anhang

74. Stecker

Wer oder was ist wohl gesucht?

a) Das Gesuchte glänzt silbrig, ist aber kein Silber.

b) Um ein Drittel leichter als Aluminium, ist es nicht Caesium.

c) Teile von Kraftfahrzeugen enthalten das Gesuchte.

d) Es wird heute aus dem Meer gewonnen. Ein Liter Meerwasser enthält etwa ein Gramm davon, aber es ist nicht Natrium.

e) Wenn es brennt, ist Sand das ideale Löschmittel, die Verwendung von Wasser führt zur Explosion.

f) Bei 200 Grad pressbar in jede Form, ist es weder Glas noch Kunststoff.

g) In der Medizin wird es bei Herzerkrankungen, Muskelkrämpfen und in der Schwangerschaft zur Wehenhemmung eingesetzt.

h) In geringen Mengen Aluminium zugesetzt, macht es dieses ziehbar.

i) Fehlt es Pflanzen, verwelken sie.

75. Stecker

Wer oder was ist wohl gesucht?

a) Ein Gegenstand wird gesucht, der einmal und nie wieder gebraucht, pflanzlicher Herkunft, meistens gesellig erworben, rund zweihundert Jahre alt und in vielen Ländern metallisch ersetzt worden ist.

b) Es ist mehr oder minder Geschmacks- und Erzeugungsangelegenheit, ob der Kopf des Gesuchten blond, brünett oder amaranthfarben ist.

c) Ein dänischer Dichter hat den Gegenstand im Titel eines Märchens genannt, wenngleich die darin genannte Chemie gegenüber heute veraltet ist.

d) Wo man sich des Gesuchten bedient, kommt es stets zu mehr oder minder heftigen Reibereien, die meistens zu einem hitzigen Ende führen.

e) Obwohl seltene Erden, Kohlenwasserstoff und Elektrizität mit unserem Gegenstand eifrig konkurrieren, kehrt doch so mancher in treuer Freundschaft reuig zu dem Gesuchten zurück, dessen Schutzpatron etwa Prometheus sein könnte.

Lösungen im Anhang

76. Stecker

Wer oder was ist wohl gesucht?

a) Das Gesuchte hat keine Gallenblase und geht auf vier Mittelzehen.

b) In Mittelamerika kannte man das Gesuchte vor Ende des 15. Jahrhunderts, ehe die Spanier Amerika entdeckten, überhaupt nicht.

c) Damit Wotan seine Ausflüge mit einem nimmermüden Begleiter durchführen konnte, hatte in der germanischen Sage das Gesuchte acht Beine.

d) Obwohl es nie in eine Volksschule geht, auch keine Handelsakademie besucht, müsste man weiße Exemplare davon als Hochschüler bezeichnen. Diese sehr berühmte Familie des Gesuchten hat eine dunkle Kindheit und helle Gegenwart.

e) Besonders Vornehme saßen hinter Vieren oder Achten des Gesuchten, während sich gewöhnliche Sterbliche höchstens auf eins zugleich setzen konnten.

Welche Funktion hat dieses Werkzeug und wie nennt man es?

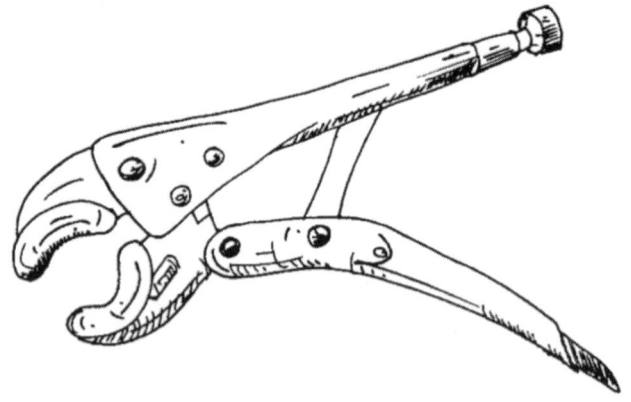

Lösung im Anhang unter Bildspiel 230 Seite 304.

77. Stecker

Wer oder was ist wohl gesucht?

a) Gesucht ist ein ehemaliges Wunderkind, aus dessen Einnahmen die engere Familie viele Vorteile zog. Obwohl er als Österreicher gilt, stammt er geschichtlich gesehen aus dem Ausland.

b) Er konzertierte vor der Gattin eines Kaisers und wurde von dessen Töchterchen geküsst.

c) Seine Gattin konnte ebenso wenig mit Geld umgehen wie er, so dass fast immer Schmalhans Küchenmeister war. Häufig hatte seine Schwester mit ihm konzertiert.

d) In Wien bekam er ein kleines Fixum als Lebensbasis, musste sich aber nach vielen Nebenerwerbsmöglichkeiten umsehen. Durch diese ungeheure Arbeitsbelastung wurde sein Körper so stark geschwächt, dass er mit 36 Jahren starb.

e) Seine Werke, nach Hunderten zählend und in einem sehr bekannten Verzeichnis aufgezählt, sind weltberühmt. Auf seinem Totenbett hat er noch, beinahe symbolisch, ein in Auftrag gegebenes Requiem komponiert.

Lösungen im Anhang

78. Stecker

Wer oder was ist wohl gesucht?

a) Gesucht ist das Material für einen neuen Säulenstil am Toten Meer, der seine Begründung in einer verbotenen Rückschau findet.

b) Als man in Schweden das Königsschiff Gustaf Adolfs barg, fand man es vom Gesuchten imprägniert und daher vom Bohrwurmbefall verschont geblieben.

c) Wenn man die Qualität von Krokodilhäuten verbessern möchte, legt man sie in eine Lösung des Gesuchten.

d) Eine Straße, wenn auch nur eine Handelsstraße, heißt nach dem Gesuchten.

e) Ein Sprichwort behauptet, dass das Gesuchte zusammen mit einem Nahrungsmittel Blut in die Wangen schießen lässt.

79. Stecker

Wer oder was ist wohl gesucht?

a) Der Gesuchte sieht meistens alles schwarz und will immer Essen!

b) Ist er ein Reptil, weil er meistens kriecht?

c) Paradoxerweise wird er abends heller.

d) So oft er auch den Bau verlässt, stets kehrt er wieder.

e) Er hat ein herablassendes Wesen und ist Meister im Kugelstoßen.

f) Oft hat er eine Leiterstellung inne und sieht die Leute sehr von oben herab an.

g) Abergläubische freuen sich, wenn sie den dunklen Ehrenmann erblicken.

80. Stecker

Wer oder was ist wohl gesucht?

a) Gesucht ist ein kleiner Prophet, doch weder aus dem Alten noch aus dem Neuen Testament.

b) Ohne eigenes Elternhaus aufgewachsen, einfach gekleidet, mit geringem Wortschatz, wendet er sich einem Beruf zu, und seine Ablösung ist dann in einem Beamtenstaat strafbar.

c) Im Zweiten Weltkrieg nutzte sein Ruf der Luftwaffe und berichtete, eher gefürchtet, von Himmelserscheinungen, wenn auch nicht vom Wetter.

d) Das allerdings brachte ihm, obwohl er über die Terz nicht hinauskommt, beim Publikum meistens einen Bombenerfolg ein.

e) In Zeitmessern aus dem Schwarzwald ist er zu Hause.

f) Haarige Schmetterlingsraupen lassen bei ihm als einzigem seiner Familie Haut und Haar.

81. Stecker

Wer oder was ist wohl gesucht?

a) Gesucht ist ein österreichischer Künstler, der bei einem französischen Künstler in Paris Privatsekretär war.

b) Er war Zögling der Wiener-Neustädter Militärakademie, fühlte sich aber dort unverstanden und unglücklich, sowohl wegen seiner zartbesaiteten Natur wie auch wegen seiner feinnervigen Konstitution.

c) Selbst Katholik der Konfession nach, gläubig von Natur, lehnte er in seinen Werken, Briefen und in seiner bewußten Lebensführung die Kirche ab.

d) Freunde und Gönner bewirkten, dass er im Ersten Weltkrieg nicht an die Front einrücken musste, was ihm um so mehr gegen Herz und Gewissen gegangen wäre, als er in Frankreich zahlreiche Freunde besaß, gegen die er als Österreicher hätte kämpfen müssen.

e) Obwohl er vieles in französischer Sprache schrieb und übersetzte, und auch meistens im Ausland lebte, gilt er doch als unerreichter Meister deutscher Zunge. Sein Grab liegt in der Schweiz und sein Grabspruch - er starb jung - stammt von ihm selber und lautet: „Rose, oh reiner Widerspruch / Lust, niemandes Schlaf zu sein / unter so viel Lidern".

82. Stecker

Wer oder was ist wohl gesucht?

a) Wir suchen jenen Mann, der sowohl als Feldherr wie als Wirtschaftsfachmann die zerrüttete Währung seines antiken Landes stabilisieren konnte und die Veteranenversorgung durch Zuweisung von Parzellen für Schrebergärten sicherte.

b) Einer seiner Feldzüge führte über den Rhein, über den er erstmals eine Brücke schlagen musste. Andere Feldzüge sicherten die Herrschaft seines Heimatlandes über heute Französisch sprechende Staaten.

c) Mit einer fremden jungen Königin verband ihn eine große Liebe. Diese Königin lebte zu der Zeit, als Alexandrias große Bibliothek abbrannte.

d) Bekannt ist, dass er nicht auf übliche Weise geboren wurde, sondern seine Mutter bei seiner Geburt operiert werden musste.

e) Obwohl er nach der Krone in seinem republikanischen Heimatland strebte, gelang es ihm nicht, diese zu erlangen, da ihn sein Adoptivsohn gemeinsam mit anderen Rebellen tötete.

Lösungen im Anhang

83. Stecker

Wer oder was ist wohl gesucht?

a) Das Gesuchte hat ein weiches Herz, kann aber hartherzig werden, wenn es in Hitze gerät.

b) Es ist ein Zukunftsversprechen, mit der Zeit vom Zahn angenagt.

c) Von sich selber sagt es: „Das punctum saliens, also „der springende Punkt", ist meine herzlichste Aufgabe".

d) Das meiste in ihm ist klar, und was nicht klar ist, wird doppelt aufgehängt.

e) Seine Mutter lässt es liegen und behütet es, so dass man sich nicht wundern darf, wenn es, schlüpfrig geworden und zerstört, die Jugend sofort flüchten lässt, wenn nicht strenge Kasteneinteilung sie daran hindert.

84. Stecker

Wer oder was ist wohl gesucht?

a) Sie rennt, er weicht, sie schlägt, er schleicht -

b) Sie attackiert recht gern, er zeigt ihr nie den Herrn.

c) Und springt er einmal, ist's ein Türmen - sie kann die Gegend ganz durchstürmen.

d) Sie ist nicht bloß Gemahlin, sie fordert die Rivalin!

e) Doch droht gar ein Malheur, gewarnt wird stets nur er.

f) Jedoch den ersten Schritt in Kampfessachen, lässt sie Agrarier oder Gäule machen.

85. Stecker

Wer oder was ist wohl gesucht?

a) Ein Hochbau mit vierundzwanzig Etagen ohne Licht und Lift.

b) Zahlreiche Leitungen und Zentralheizung sind vorhanden, auch ist die Gesuchte kanalisiert.

c) Ihre Einrichtung dauert nur 280 Tage - auch bei den Babyloniern -, Eisen und Kalk wird dabei verwendet.

d) Bei der Fundamentierung gab's seit eh und je ein Kreuz. Im obersten Geschoss gibt's eine Atlasbindung als Hauptgrund.

e) Darunter lebt ein „steiler Zahn" - wenn man es modern ausdrücken will.

f) Das Bauwerk senkt sich leider schon nach ein paar Jahrzehnten.

g) Sein oberstes Ziel ist ein Loch im Schädel.

h) Schwächlinge besitzen es nie.

Lösungen im Anhang

86. Vierfach-Homonym-Stecker

Wer oder was ist wohl gesucht?

a) Gesucht ist eine Heldenhülle als Folgeerscheinung eines Blutbades.

b) Jeder Mensch besitzt zwei Wölbungen, die ebenso heißen.

c) Während dieser zweite Begriff durchaus klar ist, zeigt der erste eine deutliche Bildungslücke gemäß der Sage.

d) Nur unter Druck kommt sie beim Menschen auf die Füße, wodurch er dann schlecht gehen kann.

e) Oberflächlich betrachtet ist der Mensch zeitlebens davon umgeben.

87. Fünffach-Homonym-Stecker

Wer oder was ist wohl gesucht?

Such mich fünfmal!

a) Wenn mich ein Mensch bekommt, so hat er nicht gefroren, wenn die Sonne der Grund für den Gesuchten war.

b) Bin ich aus Stahl, dann steht darunter „sculpsit" und ein Name.

c) Gelinge ich im Kartenspiel, trage ich bei zum Gewinn.

d) Von Hand ausgeführt verziere ich so manches schöne Textil.

e) Die Biene kostet er das Leben, beim Essen versüßt er es dem Menschen dagegen.

Zweierauswahl

Beurteilen und Entscheiden

Bei diesem Spiel wird eine Behauptung aufgestellt, ein Urteil ausgesprochen und die Frage lautet dann: Ist dieses Urteil, diese Behauptung richtig oder falsch?

Beispiel: *Das Eichhörnchen hält einen Winterschlaf.*
Ist dies richtig oder falsch?

Antwort: *Falsch,*
denn das Eichhörnchen hält Winterruhe und nicht Winterschlaf, weil es im Winter mehrmals aufwacht und sogar frisst.

In diesem Fall muss nun eine Berichtigung erfolgen, denn das Eichhörnchen hält Winterruhe und nicht Winterschlaf, weil es im Winter mehrmals aufwacht und sogar frisst.

Für dieses Spiel ist, wie bei fast allen Spielen, hohe Konzentration und Urteilskraft nötig und die Bereitwilligkeit, sich schnell zu entscheiden.

Um die Entscheidungsfähigkeit optimal zu trainieren empfiehlt es sich, immer eine Gruppe von Fragen auf einmal zu bearbeiten und erst dann anhand der Lösung nachzuprüfen, ob man sich richtig entschieden hat oder nicht.

Ein besonders hoher Trainingseffekt wird erzielt, wenn man versucht, für jede Entscheidung eine vollständige Erklärung aus zu formulieren und aufzuschreiben, bevor man die Lösung nachschlägt. Ein Blick ins Lexikon liefert wertvolle Zusatzinformationen.

Die Lösungen zu den Aufgaben dieser Spielart finden Sie im Anhang ab Seite 262.

88. Zweierauswahl

Sind die folgenden Behauptungen richtig oder falsch?

a) Zimt ist ein Gewürz, das aus einer Baumrinde gewonnen wird. richtig / falsch

b) Eisen ist das älteste Gebrauchsmetall des Menschen. richtig / falsch

c) In der Antike bezog man Diamanten meist aus Indien. richtig / falsch

89. Zweierauswahl

Sind die folgenden Behauptungen richtig oder falsch?

a) Engelshaar ist gebleichter Flachs. richtig / falsch

b) In jedem Eiweiß ist Stickstoff enthalten. richtig / falsch

c) „Rückwärts einsteigen" und „vorwärts aussteigen" ist falsch. richtig / falsch

90. Zweierauswahl

Sind die folgenden Behauptungen richtig oder falsch?

a) Das intelligenteste Haustier ist das Schwein. richtig / falsch

b) Die schwarz-rotbraune Textilfarbe, wie sie z. B. an alten Gobelins zu sehen ist, gewann man aus Ginster. richtig / falsch

c) Im Atlantik heißen die Wirbelstürme Taifun. richtig / falsch

91. Zweierauswahl

Sind die folgenden Behauptungen richtig oder falsch?

a) Der echte Seidenfaden besteht aus Chitin. richtig / falsch

b) Große Augen mit ebensolchen Pupillen sind charakteristisch für nachtjagende Tiere. richtig / falsch

c) Den hinterhältigen Ränkeschmied in Bühnenstücken nennt man Inspizient. richtig / falsch

92. Zweierauswahl

Sind die folgenden Behauptungen richtig oder falsch?

a) Thales von Milet behauptete als erster, dass die Erde rund sei. richtig / falsch

b) Wenn Cäsar sich heute in eine Wählerliste eintragen ließe, würde er sich unter dem Buchstaben C eintragen. richtig / falsch

c) Haschisch ist ein Rauschgift ursprünglich indischer Herkunft. richtig / falsch

93. Zweierauswahl

Sind die folgenden Behauptungen richtig oder falsch?

a) Misteln für Adventsschmuck werden von Fichten herunter geholt. richtig / falsch

b) Hunde haben keine Mahlzähne. richtig / falsch

c) Das beste Anregungsmittel für ein gelähmtes, z. B. narkotisiertes, Atemzentrum im Hirn ist Sauerstoff. richtig / falsch

Lösungen im Anhang

94. Zweierauswahl

Sind die folgenden Behauptungen richtig oder falsch?

a) Auf der Mondoberfläche befinden sich keine mineralischen Kristalle. richtig / falsch

b) Während manche Vitamine hitzeempfindlich sind, schadet den Fermenten (auch Enzyme genannt) das Kochen nichts. richtig / falsch

c) Das Katalonische, gesprochen in Katalonien rings um Barcelona, ist die spanische Hoch- und Schriftsprache. richtig / falsch

95. Zweierauswahl

Sind die folgenden Behauptungen richtig oder falsch?

a) Ostereier sind alte Kultobjekte und symbolisieren Fruchtbarkeit. richtig / falsch

b) Wenn beim Würfelspiel dreimal hintereinander ein Sechser fällt, ist die Wahrscheinlichkeit, dass als nächstes wieder ein Sechser gewürfelt wird, 1 : 6, also ein Sechstel. richtig / falsch

c) Der Stern Cassiopeia geht nachts nie unter. richtig / falsch

Aus dem Tieralphabet von Wilhelm Busch:

Die Namen der zwei Tiere auf jedem Bild beginnen mit dem gleichen Buchstaben. Ergänzen Sie diese Tiernamen in folgenden Versen:

a) Am ? wimmelt es,
   der ? frisst nichts Verschimmeltes.

b) Den ? man gern betrachtet,
   das ? man ohne weiteres schlachtet.

c) Der ? ist possierlich,
   der ? benimmt sich unmanierlich.

Lösungen im Anhang unter Bildspiel 231, Seite 304.

96. Zweierauswahl

Sind die folgenden Behauptungen richtig oder falsch?

a) Maghreb heißt das ägyptisch-arabische Obergewand.   richtig / falsch

b) Bernstein kann nicht mit Alkohol gewaschen werden, weil er als Harz löslich ist.   richtig / falsch

c) Eine Strontiumvergiftung lässt sich am Röntgenschirm nachweisen.   richtig / falsch

97. Zweierauswahl

Sind die folgenden Behauptungen richtig oder falsch?

a) Es gibt nur einen Edelstein, der aus einem einzigen Element besteht.   richtig / falsch

b) Zugvögel können pro Tag bis zu 450 km weit fliegen.   richtig / falsch

c) Der Geruchssinn ist der Sinn, der das Gedächtnis am treuesten unterstützt.   richtig / falsch

98. Zweierauswahl

Sind die folgenden Behauptungen richtig oder falsch?

a) Der Spiegel beim Rehwild zeigt an, dass es in Herden (Rudeln) lebt.   richtig / falsch

b) Coffeinfreier Kaffee wird durch eine mutative Kreuzung mit tropischen Kirschenarten gewonnen.   richtig / falsch

c) Zwischen der Entdeckung des Weges nach Ost- und nach Westindien lagen nur sechs Jahre.   richtig / falsch

99. Zweierauswahl

Sind die folgenden Behauptungen richtig oder falsch?

a) Galaktosen nennt man die Gesamtheit der Milchstraßen. richtig / falsch

b) Die Brauhefe enthält mehr Vitamine als die Bäckerhefe. richtig / falsch

c) Der Heilige, der Irland von der Otternplage befreite, heißt St. Patrick. richtig / falsch

100. Zweierauswahl

Sind die folgenden Behauptungen richtig oder falsch?

a) Es gibt auf der Erde nur zwei chemische Grundstoffe (Elemente), die unter normalen Bedingungen flüssig sind. richtig / falsch

b) Die Zisterzienser heißen nach ihrem Gründer St. Zisterzius. richtig / falsch

c) Das wichtigste Lehrbuch der Medizin vom 12. Jahrhundert bis nach dem Dreißigjährigen Krieg, also fast fünf Jahrhunderte lang, war das Buch „Kanun" des Persers Avicenna. richtig / falsch

101. Zweierauswahl

Sind die folgenden Behauptungen richtig oder falsch?

a) Geranienöl verwendet man als billigeren Ersatz für Rosenöl.   richtig / falsch

b) Das echte Frotteegewebe hat aufgeschnittene Schlingen.   richtig / falsch

c) Fässer fertigte man im alten Griechenland aus Pinienholz.   richtig / falsch

102. Zweierauswahl

Sind die folgenden Behauptungen richtig oder falsch?

a) Das Vogelauge ist wimpernlos.   richtig / falsch

b) Die Frucht des Maiglöckchens ist eine rote Beere.   richtig / falsch

c) Das Männchen des Falken heißt Terzel, weil es um eine Terz höher zwitschert als das Weibchen.   richtig / falsch

103. Zweierauswahl

Sind die folgenden Behauptungen richtig oder falsch?

a) Die meistbesungene Farbe in Japan ist das Rot des Ahornbaumes.   richtig / falsch

b) Das kleine Hölzchen in den griechischen Mausefallen, durch dessen Umstoßen die Maus sich fing, hieß Schamane.   richtig / falsch

c) Das Hobby von Goethes Vater war die Seidenraupenzucht.   richtig / falsch

Dreierauswahl

Denkbeweglichkeit

Bei diesem Spiel werden Fragen gestellt und für jede Frage drei Antwort-Vorschläge gegeben. Nur einer der drei Antwortvorschläge ist richtig.

Beispiel:
Frage: Was versteht man unter Reif? Ist das
           1) gefrorener Regen
           2) gefrorener Nebel
           3) gefrorener Tau
Antwort: 3) gefrorener Tau

Hier wird sowohl das Abschätzen von Wahrscheinlichkeiten, als auch beim Wiederholen die Merkfähigkeit und Assoziationsfülle gefördert. Natürlich kommt auch das Training von Reproduktion und Entscheidungsfähigkeit nicht zu kurz.

Die Lösungen zu den Aufgaben dieser Spielart finden Sie im Anhang ab Seite 267.

104. Dreierauswahl

Welche der Antworten 1), 2) oder 3) ist richtig.

a) Welches Gestirn gibt auf der nördlichen Halbkugel der Erde die Nordrichtung an?
   1) Kreuz des Nordens   2) Nordstern   3) Orion

b) Bestimmte Tierfamilien haben je sechs, acht oder zehn Beine. Welches der drei folgenden Tiere hat zehn Beine?
   1) Spinnen   2) Krebse   3) Insekten

c) Welches der drei Tiere ist blind?
   1) Maulwurf   2) Regenwurm   3) Hirschkäfer

Lösungen im Anhang

105. Dreierauswahl

Welche der Antworten 1), 2) oder 3) ist richtig.

a) Welches Holz ist am leichtesten?
   1) Balsa   2) Linde   3) Ebenholz
b) Wie entstehen siamesische Zwillinge?
   1) Wenn zwei Samenzellen ein einziges Ei befruchten?
   2) Wenn sich eineiige Zwillinge im Mutterleib nicht ganz voneinander trennen?
   3) Wenn Zwillinge im Mutterleib durch Fruchtwassermangel teilweise wieder zusammenwachsen?
c) Welches Bauwerk ist nicht aus Stein?
   1) Chinesische Mauer   2) Ägyptische Sphinx   3) Eiffelturm

106. Dreierauswahl

Welche der Antworten 1), 2) oder 3) ist richtig.

a) Die Haupttypen der Lokomotiven sind durch ihre Antriebsenergie gekennzeichnet.
   Welche der Genannten wird als Verbrennungskraftmaschine betrieben?
   1) Dampflok   2) Elektrolok   3) Diesellok
b) Woraus besteht die Kaaba in Mekka, das Hauptheiligtum des Islam?
   1) Marmorblock   2) Obsidianbauwerk 3) Meteorit
c) Was ist ein Guru?
   1) Eine türkische Taubenart
   2) Eine Hügelkette in der Walachei
   3) Ein Lehrer des Joga

107. Dreierauswahl

Welche der Antworten 1), 2) oder 3) ist richtig.

a) Woher stammt Ebenholz?
   1) Von einer Eichenart des Regenwaldes
   2) Von einer Dattelpflaumenart Indiens
   3) Von einer Abart der Mahagonibäume

b) Der Titel eines Buches heißt: „Die Serengeti darf nicht sterben". Ist Serengeti
   1) der Name eines zum Opfer ausersehenen siamesischen Tempelmädchens?
   2) Eine afrikanische Landschaft?
   3) Ein australischer Zungenbeutler, der vom Aussterben bedroht ist?

c) Wie hieß der Sultan, der während des dritten Kreuzzuges herrschte?
   1) Suleiman   2) Seldschuk   3) Saladin

108. Dreierauswahl

Welche der Antworten 1), 2) oder 3) ist richtig.

a) Es gibt verschiedene Abhandlungen über Gesellschaftsformen, z. B. Platons „Der Staat" oder „Utopia" von Thomas Morus. Wer schrieb „Zum ewigen Frieden"?
   1) Augustinus   2) Papst Gregor   3) Immanuel Kant

b) Wieviel wiegt eine gewöhnliche Stubenfliege?
   1) Rund ein Milligramm   2) Fünfzig Milligramm   3) Ein Gramm

c) Welche der drei Städte führt den Beinamen „Die goldene"?
   1) Aachen   2) Prag   3) Babylon

109. Dreierauswahl

Welche der Antworten 1), 2) oder 3) ist richtig.

a) Was waren die sogenannten Zöllner der Bibel?
   1) Mautner an Brücken
   2) Steuereinnehmer
   3) Unfreie Bauern, die ihrer Herrschaft Abgaben zollten

b) Sisal, aus dem Matten, Seile und anderes hergestellt wird, ist eine
   1) Agavenfaser   2) Hanffaser   3) Seggenstrohfaser

c) Der Verdauungstrakt des Menschen ist für eine gemischte Kost gebaut. Die Bestandteile Fett, Eiweiß und Kohlenhydrate sollen darin enthalten sein. Woher nehmen Eskimos den Hauptteil der Kohlenhydrate für ihre Nahrung?
   1) Fleisch der Beutetiere
   2) Rentierflechte
   3) Fett, Tran, Öl der Beutetiere

110. Dreierauswahl

Welche der Antworten 1), 2) oder 3) ist richtig.

a) Wie nennt man die Zurichtung von Edelsteinen zwecks Schmuckerzeugung, die bis ins Mittelalter hinein üblich war?
   1) Steinschneiden   2) Mugeln   3) Schleifen

b) Warum kann man im Allgemeinen in einem Mixer mit sehr großen Umdrehungszahlen keine Schlagsahne erzeugen?
   1) Weil bei schneller Umdrehung die Restmolke ausgetrieben wird.
   2) Weil die Sahne sauer wird.
   3) Weil das Eiweißhäutchen um jedes Fettkügelchen zerrissen wird und diese zu Butter zusammensintern.

c) Welches der drei Instrumente ist ein Blasinstrument?
   1) Xylophon   2) Schalmei   3) Kastagnette

111. Dreierauswahl

Welche der Antworten 1), 2) oder 3) ist richtig.

a) In welchem Staat ist der Kimono Nationaltracht?
   1) Japan   2) Altes Rom   3) Indien
b) Wer brachte die Birnen nach England?
   1) Lucullus   2) Cäsar   3) Drake
c) a) Welches der drei Gewürze besteht aus Staubgefäßen?
   1) Safran   2) Vanille   3) Zimt

112. Dreierauswahl

Welche der Antworten 1), 2) oder 3) ist richtig.

a) Wodurch werden Bewegungen in Pflanzen nicht gesteuert?
   1) Nerven   2) Flüssigkeitsstrom   3) Hormone
b) Mit welchem der drei Flüsse verbindet man volkstümlich keine Farbe?
   1) Rhein   2) Donau   3) Rhone
c) Was ist ein Monopol?
   1) Die Inanspruchnahme der Verwertung einer Ware oder eines Stoffes durch eine einzige Institution, sei es ein Staat oder ein Unternehmen?
   2) Ein Mineral, das in Kristallform vorkommt und Wasser nur an einem Pol anzieht?
   3) Der alte Name für Athen, das als wichtigste Stadt von Hellas gelten wollte und alle anderen Städtegründungen zu verbieten suchte? (Monopolis hieß: Die einzige Stadt)

Lösungen im Anhang

113. Dreierauswahl

Welche der Antworten 1), 2) oder 3) ist richtig.

a) Welche Farbe hat das Knochenmark des Rinderkälbchens?
   1) Rot
   2) Weiß
   3) Das Kälbchen hat kein Knochenmark
b) Was ist die Zwiebel botanisch gesehen?
   1) Unterirdische Blätter
   2) Wurzel
   3) Frucht der Zwiebelpflanze
c) Welcher der drei Brennstoffe liefert die meisten Wärmeeinheiten (Kalorien)?
   1) Anthrazit   2) Braunkohle   3) Torf

114. Dreierauswahl

Welche der Antworten 1), 2) oder 3) ist richtig.

a) Was nennt man die Pasterze?
   1) Eine italienische, frisch gebackene Mehlspeise.
   2) Einen Tanz, der auf einem Dreiklang beruht.
   3) Den Gletscher des Großglockners in den Hohen Tauern.
b) Welche der drei Frauen wartete auf einen Peer?
   1) Solveig   2) Penelope   3) Senta
c) Welcher der drei bei uns gebräuchlichen Namen wird von einem Tier abgeleitet?
   1) Agathe   2) Melitta   3) Irene

115. Dreierauswahl

Welche der Antworten 1), 2) oder 3) ist richtig.

a) Wo sitzt als Schädling die Reblaus?
 1) An den Wurzelstöcken des Weinstocks
 2) An den Blättern
 3) An den Trauben bzw. Blüten der Trauben

b) Welche Diamanten sind am kostbarsten?
 1) Weiße 2) Rosarote 3) Blaue

c) Was ist Bienenhonig?
 1) Blütensaft, der mit Bienensekreten versetzt, durch die Hinterleibsringe ausgeschwitzt wird.
 2) Blütennektar, der nach dem Aufsaugen durch die Bienen wieder ausgewürgt wird.
 3) Ein mit Körpersäften der Bienen durchmischter Saft, der durch den Darm entleert wird.

116. Dreierauswahl

Welche der Antworten 1), 2) oder 3) ist richtig.

a) Welches der drei Spiele wird vom Zufall gesteuert?
 1) Schach 2) Halma 3) Würfelspiel

b) Welches gilt als das höchste Fest der Christen?
 1) Weihnachten 2) Ostern 3) Pfingsten

c) Wie viele Ölbilder von Michelangelo sind heute noch erhalten?
 1) Drei 2) Eines 3) Keines

Wie lautet der engste gemeinsame Oberbegriff der abgebildeten Früchte?
Wie heißen sie?

a)

b)

Lösungen im Anhang unter Bildspiel 232, Seite 305.

Spiele II

Besonders für das Training von Wortfindung, Formulierung, Strukturieren und logischem Denken.

Logika (Spiel 117 bis 138)

Unter- und Überordnung (Spiel 139 bis 146)

Unterschiede (Spiel 147 bis 149)

Gegensätze (Spiel 150 bis 151)

Außenseiter - Innenseiter (Spiel 152 bis 155)

Proportionen (Spiel 156 bis 157)

Logika

Nachdenken - Überlegen - einen Schluss ziehen

Bei diesen Spielen in Form von Anekdoten und Kurzgeschichten geht es weniger um das Wissen von Sachverhalten, als vielmehr um Überlegen, Überdenken, Ordnen und Schlussfolgern. Es handelt sich also um spezielle logische Aufgaben, die praktisch ohne Wissen, allein mit Logik zu lösen sind. Hierbei wird außer der Logik selbst - besonders bei späterer Wiederholung - die Formulierungsfähigkeit geübt. Daneben werden Aufmerksamkeit und Ausdauer angeregt und nebenbei auch Merk- und Lernfähigkeit trainiert.

Haben Sie eine Übung nicht erraten, schauen Sie einfach in der Lösung nach und verfolgen Sie den skizzierten Lösungsweg. Das Suchen und Abwägen der vorgestellten Argumente bereitet Freude und sorgt für denkerische Abwechslung.

Die Lösungen zu den Aufgaben dieser Spielart finden Sie im Anhang ab Seite 273.

117. Logika

Der Würfelsechser

Angenommen, ich möchte meinem Glück ein wenig nachhelfen und bewirken, dass ich beim Würfelspiel möglichst oft Sechser werfe.
Was muss ich tun, damit das geschieht?

118. Logika

Die Pullover

Zwei Pulloverstrickerinnen stricken in zwei Tagen zusammen zwei Pullover.
Wie viele Pullover stricken drei Pulloverstrickerinnen in drei Tagen?

119. Logika

Großstadtproblem

Warum baut man in Europa in den größeren Städten Industrieanlagen gewöhnlich am Ostende der Stadt?
Es wird vorausgesetzt, dass die Umweltprobleme noch nicht völlig gelöst sind.

120. Logika

Dänemark

Eine kleine Gruppe will eine Bergtour auf den höchsten Berg Dänemarks machen. Um 100 Höhenmeter zu überwinden, benötigt die Gruppe eine Stunde.
Der Aufstieg dauert mehr als eineinhalb Stunden. Dann werden sechzig Minuten Rast eingelegt, der Abstieg dauert eine Stunde. Es handelt sich um einen 21. Juni, die Gruppe ist um vier Uhr früh aufgebrochen.
Wie hoch ist der höchste Berg Dänemarks?

121. Logika

Der Regenbogen

Zwei Wanderer sind nach einem Regen bei Sonnenschein unterwegs. Da sagt der eine: „Schau doch, welch ein herrlicher Regenbogen". Der andere antwortet: „Ich kann nicht gut hinschauen, die Sonne blendet mich!"
Was ist an der Geschichte falsch?
Ist ein Regenbogen ein Bogen oder ein Kreis?
Wo befindet sich bei einem Regenbogen die Farbe Lila, außen oder innen?

122. Logika

Hero

Die Priesterin Hero wartet am Hellespont schon lange im Dunkel der Nacht auf ihren Geliebten Leander, der die Meerenge jede Nacht durchschwimmt, um sich mit ihr zu treffen. Da ist Heros kleines Öllämpchen plötzlich am Erlöschen, denn der Docht kann das wenige Öl am Boden der Lampe nicht mehr erreichen. Ins Haus zurückzugehen, um Öl zu holen, wagt sie nicht, um das wegweisende Licht für den Schwimmer ja nicht einen Augenblick - vielleicht den entscheidenden - aussetzen zu lassen.

Was tut Hero?

123. Logika

Die Jagdgesellschaft

Zwei Väter und gleichzeitig zwei Söhne gehen auf die Jagd.
Wie viele Menschen sind das mindestens?

124. Logika

Die Schwerter

Ein Antiquitätenhändler verkauft zwei gleiche antike Eisenschwerter an zwei verschiedene Käufer. Das eine ist völlig vom Rost zerfressen, das andere blank. Der Lehrling packt beide getrennt in identische Verpackungen, vergisst jedoch, welches Schwert in welcher Verpackung steckt. Ganz zerknirscht gesteht er dies seinem Chef, gewärtig, nochmals auspacken zu müssen. Da meint der Händler, das sei doch nicht nötig, der Lehrbursche könne auch so feststellen, welches das blanke Schwert sei.

Wie ist dies wohl möglich?

125. Logika

Napoleon

Auf St. Helena sagt Napoleon an einem 25. Juli: „Gut, dass die Tage jetzt ...".
Was sagt er nun: „länger werden" oder „kürzer werden"?

126. Logika

Der Detektiv

Ein Mann wird vormittags in seinem Zimmer tot aufgefunden und man stellt Blausäuregeruch in der Luft fest. Da die Fenster geschlossen sind, sind alle Lebewesen inklusive der Katze, des Kanarienvogels und der Fliegen am Fenster tot. Obwohl noch kein Arzt dagewesen ist, der die Todesstunde anhand der Leichenstarre bestimmt hätte, behauptet einer der Nachbarn, ein Amateurdetektiv, dass der Tod des Mannes erst in den Morgenstunden erfolgt sein könne.
Woraus schließt er das?

127. Logika

Lüge und Wahrheit

A sagt: „Ich lüge immer". B sagt: „Ich sage stets die Wahrheit".
Wer von beiden hat recht?

128. Logika

Gibt es mehr Söhne oder mehr Väter auf der Welt?

Lösungen im Anhang

129. Logika

Tombola

In einer Gesellschaft wird eine Tombola ausgelost. 80 Lose sind vorhanden. Man sammelte so viele Tombolapreise, dass jedes vierte Los gewinnt.

Wie viele Lose müsste einer kaufen, damit er absolut sicher mindestens einen Gewinn erzielt?

130. Logika

Diagonale

Ein Würfel von einem Zentimeter Seitenlänge liegt vor uns. Es soll der kürzeste Weg gefunden werden, der auf der Oberfläche des Würfels von einer Ecke in die räumlich diagonal gegenüberliegende Ecke führt.
Wie lang ist der kürzeste Weg auf der Oberfläche des Würfels?
Hinweis: Es ist also nicht der Weg durch den Würfel hindurch gesucht. Eine Zeichnung erleichtert die Lösung.

131. Logika

– und Osten?

Auf einem Punkt der Erdoberfläche, die wir uns als vollkommene Kugel vorstellen wollen, steht eine Person. Sie geht einen Kilometer nach Süden, einen Kilometer nach Westen, einen Kilometer nach Norden und steht wieder am Ausgangspunkt.

Wie weit liegt der nächstgelegene Erdpol vom Standpunkt der Person aus?

Welche Porzellanmarken sind hier abgebildet?

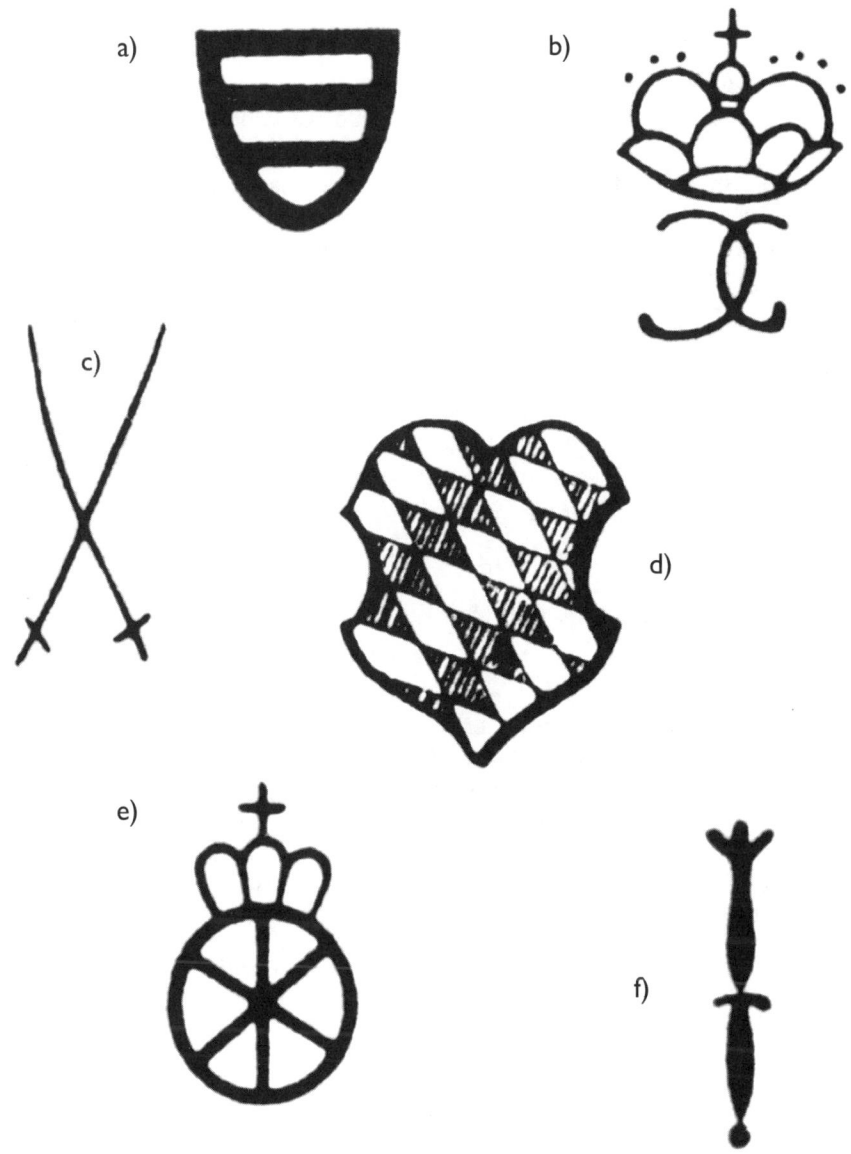

Lösung im Anhang unter Bildspiel 233, Seite 305.

132. Logika

Der Erdumfang - eine ernste Frage, unernst verpackt

Die, allerdings nicht existierende, „Physikalische Weltunion" beschließt als Experiment, rund um die Erde, also 40 000 Kilometer lang, einen Platinstreifen zu legen, der unter Hochspannung steht und ein Überschreiten der Hemisphäre auf der Erdoberfläche, sei es via Land oder via Wasser, unmöglich machen soll. Darüber empören sich Tierschützer: „Wieviel Kleingetier, das den Streifen nicht überhüpfen könnte, müsste dabei zugrunde gehen!" Also beschließt die Physikalische Weltunion, dass der Platinstreifen nicht direkt auf der Erdoberfläche verlegt, sondern 16 cm hoch darüber gespannt angebracht werde, damit kriechende Kleintiere noch darunter hindurch schlüpfen könnten. - Dieser Beschluss wiederum ruft bei den Steuerzahlern größte Bedenken hervor: Was denn das wieder an Mehrkosten erfordern würde, koste doch der Platinstreifen pro Kilometer eine Million Dollar!

Was meinen Sie zu diesem Einwand der Steuerzahler?

133. Logika

Die Strümpfe

In der Tänzerinnengarderobe eines Theaters gibt es einen Elektrokurzschluss. Ein Ballett soll aufgeführt werden, in dem jede Tänzerin zwei gleiche Strümpfe tragen muss, entweder weiße oder schwarze. Ungeordnet liegt ein Haufen von vielen weißen und schwarzen Strümpfen im Finstern durcheinander. Der Kurzschluss ist nicht schnell zu beheben. Schon ruft der Inspizient: „Auf die Bühne!". Es bleibt also nichts anderes übrig, als dass jede Tänzerin im Dunkeln Strümpfe an sich rafft.

Wie viele Strümpfe muss jede Tänzerin mindestens nehmen, damit sie auf jeden Fall zwei gleichfarbige erwischt?

134. Logika

Beide haben Recht

Ein Arzt wird nachts gerufen. Eine Männerstimme am Telefon sagt: „Ich bitte Sie, Herr Doktor, Sie kennen mich, ich bin XY. Meine Frau hat eine akute Blinddarmentzündung, ich bin genug versiert, das zu erkennen. Bitte, kommen Sie schnellstens."
Der Arzt, nicht sehr entzückt, mitten in der Nacht angerufen worden zu sein, sagt am Telefon: „Unsinn, was Sie sich da einbilden. Ich habe Ihrer Frau vor fünf Jahren den Blinddarm herausgenommen und einen zweiten Blinddarm gibt es nicht."
Unsere Behauptung lautet nun: Beide haben Recht.
Wie ist das möglich?

135. Logika

Der Nachtwächter

Ein Großindustrieller soll zu einer Konferenz nach Amerika fliegen. Er will gerade mit seinem Auto zum Flugplatz fahren, da kommt aufgeregt sein Nachtwächter und sagt: „Herr Generaldirektor, bitte fahren Sie nicht, denn ich habe heute Nacht geträumt, dass das Flugzeug, für das Sie gebucht haben, bombardiert wird, und dass Sie abstürzen." Der Industrielle antwortet: „Ich muss aber zu dieser Konferenz". Er wird nachdenklich, nimmt ein anderes Flugzeug, erledigt seine Geschäfte und hört hinterher, dass das Flugzeug, für das er zuerst gebucht hatte, tatsächlich abgestürzt ist. Er kommt nach Hause zurück, lässt den Nachtwächter rufen und sagt: „Das scheint wirklich ein prophetischer Traum gewesen zu sein. Hier haben Sie 10 000 Euro Belohnung, aber Sie haben mit Ihrer Entlassung zu rechnen."
Warum verliert der Nachtwächter seinen Posten, obwohl er dem Generaldirektor das Leben gerettet hat?

Lösungen im Anhang

136. Logika

Spaziergang

Ein Mann geht hinter zwei Frauen, ein Mann geht zwischen einer Frau und einem Mann; eine Frau geht vor zwei Männern, und eine Frau geht zwischen einer Frau und einem Mann.
Wie viele Leute sind das insgesamt?

137. Logika

Im wilden Westen

Im wilden Westen warten in einer Kurve drei Banditen auf einen Zug. „Wir werden den Zug zu spät sehen", sagt der eine, „um noch das Dynamit zünden zu können." Der andere sagt: „Ich weiß, wie wir den Zug doch noch rechtzeitig wahrnehmen können."
Was tut er?

138. Logika

Ein wenig übertrieben

Ein Löwenjäger, Sammler für zoologische Gärten, nimmt einen Käfig mit auf die Jagd. Ihm geht beim Schießen mit dem Narkosegewehr die Munition aus. Ringsum sind lauter Löwen, er hat keine Zeit zum Nachladen des Gewehrs.
Was macht er?

Unter- und Überordnung

Das Denken ordnen

Um Dinge, die uns umgeben, oder Begriffe in eine Ordnung zu bringen, können sie unter Oberbegriffen zusammengefasst werden.

Der Oberbegriff für folgende vier Begriffe
>   Hase   Rind   Schwein   Schaf

lautet vorerst: *Tiere*.
Dieser Oberbegriff lässt sich jedoch noch enger fassen: Der engste und präziseste gemeinsame Oberbegriff lautet: *Fleischliefernde Tiere*.

Ein weiteres Beispiel:
Ein naheliegender Oberbegriff für
>   Lilie   Krokus   Schneeglöckchen   Tulpe

wäre: *Blumen*, der genauere Oberbegriff lautet jedoch: *Frühlingsblumen*.

Aufgabe des Spieles **Überordnung** ist es also, den *engsten*, also treffendsten und präzisesten Oberbegriff zu suchen. Um die Präzision des Denkens zu schulen, ist darauf zu achten, möglichst immer den engsten gemeinsamen Oberbegriff zu suchen und sich nicht mit einem weiter gefassten Oberbegriff zufrieden zu geben.

Werden umgekehrt zu einem Oberbegriff untergeordnete Begriffe gesucht, nennt man dieses Pendant zur Überordnung **„Unterordnung"**.

Beispiel: Gegeben ist ein Sammelbegriff wie *„Fahrzeuge"* .

Gesucht sind unter diesen Oberbegriff fallende Unterbegriffe:

    Schiff   Flugzeug   Unterseeboot   Fahrrad

Ein weiteres Beispiel für ein Unterordnungsspiel:

Gesucht werden vier Begriffe, die unter den Begriff *„Kinderspiele"* fallen.

    Federball   Reifenspiel   Blinde Kuh   Schnurspringen

Beim Unterordnungsspiel werden also zuerst Sammel- oder Gattungsnamen genannt. Die Aufgabe lautet dann: Vier darunterfallende Begriffe sind zu suchen.

Überordnung und Unterordnung helfen, Begriffe zu klären, Ordnung im semantischen Begriffsnetz zu schaffen und Zusammenhänge erkennbar zu machen.

Wiederholt man später die jeweiligen Übungen, so kann ein Unterordnungsspiel in ein Überordnungsspiel umgewandelt werden und umgekehrt, da diese Übungen jeweils durch Umkehrung vertauschbar sind. Dabei wird auch die Merkfähigkeit trainiert.

Bei Wiederholung einer ursprünglichen „Überordnung" nach einiger Zeit hieße es also:

Zu welchem Oberbegriff gehören:

    Federball   Reifenspiel   Blinde Kuh   Schnurspringen

Antwort: *Kinderspiele*

Bei Wiederholung einer ursprünglichen „Überordnung" wird überlegt:

Welche Unterbegriffe waren zum Begriff *„Fleischliefernde Tiere"* gegeben?

Die Lösungen zu den Aufgaben dieser Spielarten finden Sie im Anhang ab Seite 278.

139. Unterordnung

Was fällt unter die gegebenen Oberbegriffe?

a) Haushaltsgeräte
b) Handwerker
c) Obstsorten
d) Mittelmeerländer
e) Getränke
f) Haustiere

140. Unterordnung

Was fällt unter die gegebenen Oberbegriffe?

a) Drüsen
b) Stile
c) Käfer
d) Weingläser
e) Desserts
f) Propheten

141. Unterordnung

Was fällt unter die gegebenen Oberbegriffe?

a) Vier Flüsse mit „E" beginnend
b) Abenteuergeschichten
c) Namen für Signale
d) Horntragende Säugetiere
e) Textilien aus Baumwolle
f) Fleischgerichte, die einen Eigennamen haben

142. Unterordnung

Was fällt unter die gegebenen Oberbegriffe?

a) Pflanzenprodukte
b) Apostel
c) Edelsteine
d) Evangelisten
e) Berühmte Brüderpaare
f) männliche deutsche Vornamen

Lösungen im Anhang

143. Überordnung

Gesucht wird jeweils der engste gemeinsame Oberbegriff:

a)	Carmen	Aida	Mignon	Norma
b)	Haferflocken	Weizengrieß	Roggenmehl	Gerstenmalz
c)	Eichel	Buchecker	Kastanie	Haselnuss
d)	Collier	Diadem	Siegelring	Gemme
e)	Wotan	Jupiter	Zeus	Buddha
f)	Mona Lisa	Nachtwache	Sixtinische Madonna	Guernica

144. Überordnung

Gesucht wird jeweils der engste gemeinsame Oberbegriff:

a)	Rechen	Schaufel	Gießkanne	Baumschere
b)	Seine	Themse	Spree	Donau
c)	Orange	Clementine	Grapefruit	Limone
d)	Bussard	Gabelweihe	Sperber	Falke
e)	Ararat	Nebo	Sinai	Horeb
f)	Java	Sumatra	Borneo	Celebes

145. Überordnung

Gesucht wird jeweils der engste gemeinsame Oberbegriff:

a)	Ambra	Moschus	Zibet	Bibergeil
b)	Genever	Kirschgeist	Slibowitz	Cherry
c)	Zimt	Pfeffer	Muskatnuss	Ingwer
d)	Trompete	Flöte	Lure	Posaune
e)	Smyrna	Täbris	Isfahan	Buchara
f)	Speck	Tran	Butter	Talg

146. Überordnung

Gesucht wird jeweils der engste gemeinsame Oberbegriff:

a)	Stier	Falke	Mistkäfer	Ibis
b)	Lungen	Tracheen	Kiemen	Haut
c)	Fußnägel	Hühneraugen	Augenbrauen	Hautoberschicht
d)	Henry Dunant	Berta Suttner	Martin Luther King	Willy Brandt
e)	U Thant	Hammarskjöld	Waldheim	Annan

Wie heißen diese russischen Bauernpuppen, die ineinander gesteckt werden können?

Lösung im Anhang unter Bildspiel 234, Seite 306.

Unterschiede

Begriffe klären

Um bei diesem Spiel auf Anhieb die richtige Antwort zu finden, müssen zuerst die genannten Begriffe geklärt werden. Diese Klärung ist einer der wichtigsten „Ordnungsvorgänge" des Gehirns. Sie erleichtert den Aufbau und Erhalt eines aktiv nutzbaren Begriffsnetzes.

Die folgenden Fragen nach dem Unterschied betreffen immer den wesentlichen Unterschied, das Essentielle, nicht etwa Farbe oder Geschmack, also Beiläufiges.

Beispiel:
Was ist der wesentliche Unterschied zwischen Baumwolle und Schafwolle?
Antwort:
Baumwolle ist ein pflanzliches, Schafwolle ein tierisches Produkt.
Mit einem Wort ausgedrückt könnte die Antwort auch heißen:
>   *Die Herkunft.*

Solche Einwortunterschiede, welche die Formulierungskunst und Wortfindung ganz besonders beanspruchen, sind zwar weit schwieriger zu finden, als Unterschiede in ganzen Sätzen zu erklären. Sie sind jedoch logisch viel ergiebiger.

In den folgenden Aufgaben soll sowohl die Formulierung der wesentlichen Unterschiede zwischen Begriffen in ganzen Sätzen, als auch die von Einwortunterschieden trainiert werden.

Die Lösungen zu den Übungen dieser Spielart finden Sie im Anhang ab Seite 280.

147. Unterschiede

Gesucht wird der wesentliche Unterschied zwischen

a) Jakob - Esau
b) Trockenmilch - Frischmilch
c) orangefarben - dottergelb
d) Weizenkeim - Weizenkorn
e) Botschafter - Gesandter
f) Pflanzensamen - Tiersamen

148. Unterschiede

Gesucht wird der wesentliche Unterschied zwischen

a) Jam - Marmelade
b) Kunstfaser - Naturfaser
c) Branntwein - Likör
d) Samt - Plüsch
e) Moor - Torf
f) Speisewagen - Bufettwagen

149. Unterschiede

Gesucht wird der wesentliche Unterschied zwischen

a) Ballast - Schlacke (in der Nahrung)
b) Geweih - Gehörn
c) Brillant - Diamant
d) Ruß - Graphit
e) Kruste - Rinde
f) Max - Moritz

Lösungen im Anhang

Gegensätze

Begriffe klären

Um bei diesem Spiel (wie bei dem Spiel „Unterschiede") auf Anhieb die richtige Antwort zu finden, müssen ebenfalls zuerst die gegebenen Begriffe geklärt werden. Danach wird ein möglichst genau passender Gegensatz zum gegebenen Begriff gesucht.

Bei den Lösungen handelt es sich um Lösungsvorschläge, die dazu einladen sollen, den verschiedenen exakten Wortbedeutungen auf den Grund zu gehen. Ein Wörterbuch kann hierfür sehr hilfreich sein.

Gegensätze zu suchen trainiert besonders Wortfindung und Konzentration und fördert durch Begriffsklärung einen wohlgeordneten, aktiv verfügbaren Wortschatz.

Beispiele: kalt - warm   hart - weich

Die Lösungen zu den folgenden Aufgaben finden Sie im Anhang Seite 281.

150. Gegensätze

Gesucht wird der Gegensatz zu

a) düster
b) lustig
c) niedergeschlagen
d) verdrossen
e) trübselig
f) profan

151. Gegensätze

Gesucht wird der Gegensatz zu

a) jubeln
b) betrübt sein
c) Leid
d) Hoffnung
e) Anziehungskraft
f) Froschperspektive

Außenseiter - Innenseiter
Hirntraining im Schlussfolgern

Hierbei handelt es sich um zwei parallele symmetrische Spiele. Beide Spieltypen trainieren besonders das Schlussfolgern. Die Art der Schlussfolgerung ist jedoch jeweils unterschiedlich, ebenso der Grad des Trainings der Merkfähigkeit.

Außenseiter

Bei diesem Spiel wird aus einer Gruppe von vier Begriffen der eine herausgesucht, der nicht zur Gruppe passt, also ein Außenseiter ist. Die anderen drei Begriffe besitzen einen gemeinsamen Oberbegriff.

Beispiel:
Vier berühmte Männer, einer davon war kein Feldherr.
Wer passt nicht in die Gruppe?

    Napoleon   Seneca   Götz von Berlichingen   Wallenstein

Die *Antwort* lautet:

    Seneca, denn er war Philosoph und kein Feldherr.

Außenseiter verlangen hohe Konzentration, logisches Einordnen unter Begriffe, Urteilsvermögen und ein Loslösen von fixen Assoziationen.

Die Lösungen zu den Aufgaben dieser Spielart finden Sie im Anhang ab Seite 282.

152. Außenseiter

Welcher Begriff passt nicht in die Gruppe?

a) Vier Sportgeräte - eines davon stammt aus der Neuen Welt.
   Ski   Fahrrad   Gummiball   Diskus

b) Vier Gase - eines davon ist brennbar.
   Kohlendioxid   Wasserstoff   Sauerstoff   Helium

c) Vier Bäume - einer davon ist kein Nadelbaum.
   Eibe   Wacholder   Pinie   Eukalyptus

d) Vier Komponisten - einer davon hat keine Opern geschrieben.
   Beethoven   Schumann   Hugo Wolf   Brahms

e) Vier Frühlingsblumen - eine davon ist kein Zwiebelgewächs.
   Maiglöckchen   Leberblümchen   Schneeglöckchen   Narzisse

153. Außenseiter

Welcher Begriff passt nicht in die Gruppe?

a) Vier Krankheiten - eine davon wird nicht durch Bakterien verursacht.
   Lepra   Diphtherie   Masern   Milzbrand

b) Vier Tiere - eines davon bezeichnet nicht auch einen Gegenstand.
   Wolf   Hahn   Bock   Salamander

c) Vier Maler - einer davon starb jung.
   Tizian   Tintoretto   Raffael   Picasso

d) Vier Hauptstädte in Übersetzung - eine davon liegt in Europa.
   Frühlingshügel   Neue Blume   Gute Luft   Goldene Schwelle

e) Vier berühmte Ehepaare - bei einem haben beide die gleiche Staatsangehörigkeit.
   Pierre und Marie Curie   Robert und Clara Schumann
   Gracia Patricia und Rainier Grimaldi   Napoleon III. und Eugenie

154. Außenseiter

Welcher Begriff passt nicht in die Gruppe?

a) Welcher der Vieren war nicht einäugig?
   Odin　　　　Polyphem　　　Nelson　　　　　Götz

b) Nur eine ist eine Insel, während die anderen Halbinseln sind. Welche?
   Hela　　　　Istrien　　　　Kola　　　　　　Tasmanien

c) Welches der vier Werke ist keine Ballade?
   Das Glück von Edenhall　　　Die Bürgschaft
   Erlkönig　　　　　　　　　　Der Sonnengesang des Franziskus

d) Welcher der Vier ist kein Apostel?
   Simon　　　　Judas　　　　Thaddäus　　　Malchus

e) Welches der vier Genannten ist kein Werkzeug?
   Fuchsschwanz　Wolf　　　　Holländer　　　Franzose

f) Welches der vier Genannten ist kein Gemälde?
   Letztes Aufgebot　　Guernica　　Die Nachtwache　Die Davidswache

Lösungen im Anhang

Innenseiter

Bei der Spielart „Innenseiter" werden vier voneinander verschiedene Begriffe genannt, die ganz unterschiedlichen Gebieten angehören.

Einer der vier Begriffe bekommt gewissermaßen ein Merkmal zugeordnet. Der so gekennzeichnete Begriff wird gesucht.

Beispiel: *Hammarskjöld   Guarneri   Wallenstein   Einstein*
Wer von ihnen ist ein Feldherr?

Die *Antwort* lautet: *Wallenstein.*

Wallenstein (1583-1634) war kaiserlicher General zur Zeit des 30jährigen Krieges. - Hammarskjöld (1905-1961) war der zweite UN-Generalsekretär. - Guarneri (1698-1744) war ein italienischer Geigenbauer aus Cremona, neben Stradivari der herausragendste Meister seines Faches. - Einstein (1870-1955), Physiker, emigrierte 1933 aus Deutschland in die USA, wurde 1921 Nobelpreisträger für Physik für seine Arbeiten zur Quantentheorie und Entdecker der Relativitätstheorie.

Es handelt sich hier um ein Auswählen und ein Ablehnen nicht zutreffender Assoziationen, wobei auch die Merkfähigkeit trainiert wird.

Die Lösungen zu den Aufgaben dieser Spielart finden Sie im Anhang ab Seite 284.

155.   Innenseiter

a)   Senf   Kamel   Kaiserschnitt   Bartflechte
Eines davon ist nicht natürlich.

b)   Grotte   Nil   Blume   Tomate
Eines davon wird nie mit „Blau" in Zusammenhang gebracht.

c)   Uhr   Pfau   Waage   Ring
Eines davon hat nie etwas mit Federn zu tun.

d)   Sieb   Madeirastickerei   Ofen   Teller
Eines davon hat kein Loch.

e)   Luft   Wasser   Uran   Schwefelsäure
Eines davon ist ein Grundstoff.

Proportionen

Logik und Entscheiden

Bei diesem Spiel sind drei Glieder angegeben. Gesucht wird in Entsprechung und Korrespondenz dazu das vierte Glied und zwar ähnlich einer mathematischen Proportion:

>a verhält sich zu b wie c zu d.

Je drei Glieder, beliebig welche, werden genannt, das vierte muss erraten werden.

Beispiel 1: Es verhält sich
>*Rom* zu *Tiber* wie *Köln* zu ?

Lösung: Rhein.
Begriffsbeziehung: Große Städte und Flüsse, an denen sie liegen.

Beispiel 2: Es verhält sich
>*Mendel* zu ? wie *Newton* zu *Gravitation.*

Lösung: Erblehre.
Begriffsbeziehung: Entdecker und Entdecktes.

Bei dieser Übung wird sowohl die Merkfähigkeit aktiviert, als auch die Assoziation. Das Ausformulieren der Begriffsbeziehung beansprucht das logische Denken, das induktive und das deduktive Denken. Die Lösung muss nicht immer eindeutig sein.

Die Lösungen zu allen Proportionen finden Sie im Anhang ab Seite 285.

156. Proportionen

Es verhält sich:

a) Wasser zu Eis wie Tau zu ?
b) Katze zu Maus wie ? zu Frosch
c) ? zu Rogen wie Henne zu Fisch
d) Aristoteles zu ? wie Seneca zu Nero
e) Ottomotor zu Benzin wie ? zu Wasserstoff
f) Wal zu ? wie Rind zu Talg

157. Proportionen

Es verhält sich:

a) Castor zu ? wie Jakob zu Esau
b) Fuchs zu Fähe wie Hirsch zu ?
c) Ilias zu Nibelungenlied wie ? zu deutsch
d) Purpurschnecke zu Indigopflanze wie Purpur zu ?
e) Gehirn zu denken wie ? zu singen
f) Leinwand zu Ölmalerei wie ? zu Freskomalerei

Wozu dient dieses Küchengerät?

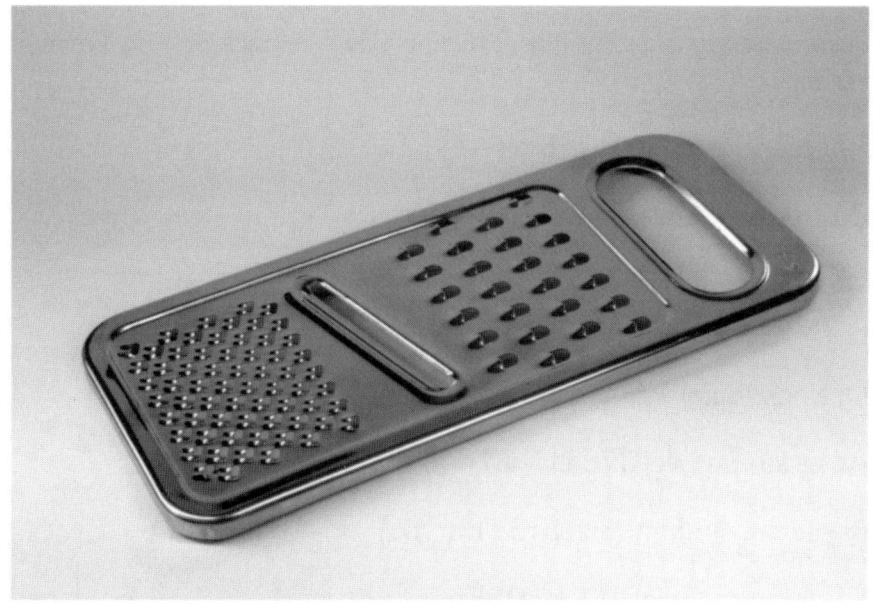

Lösung im Anhang unter Bildspiel 235, Seite 306.

Spiele III

Besonders geeignet für das Training von Wortschatz und Formulierung.

Summenrätsel (Spiel 158 bis 163)

Zuordnen (Spiel 164 bis 172)

Wortpaare, Sprichwörter und Redensarten ergänzen (Spiel 173 bis 175)

Dreieck (Spiel 176 bis 177)

Anagramm (Spiel 178 bis 182)

Pseudoanagramm (Spiel 183 bis 185)

Katagramm (Spiel 186 bis 188)

Homonym (Spiel 189 bis 198)

Homophthong (Spiel 199 bis 201)

Wortakrobatik (Spiel 202 bis 207)

Summenrätsel

Begriffe suchen, die eine vorgegebene Bedingung erfüllen

Dieses Spiel ist anregend, weil es sowohl an Wortfindung und Merkfähigkeit, wie an Konzentration, Assoziation und Reproduktion Ansprüche stellt. Es erinnert an das „Unterordnung-Suchen", ist aber feiner und differenzierter.

Gesucht werden möglichst viele Begriffe oder Begriffsgruppen, die unter bestimmte Bedingungen fallen, die angegeben werden.

Beispiel: Gesucht werden berühmte Menschen, deren Namen mit „S" beginnen.

Mögliche Lösungen:

Sachs (Hans), Sagan, Salomon, Salten, Sand (George), Sappho, Sauerbruch, Savonarola, Scrjabin, Seidel (Ina), Shakespeare, Shaw, Sibelius, Siemens, Sinatra (Frank), Smetana, Solschenizyn, Solon, Solowjew, Spitzweg ...

Dabei kann man die Phantasie und Assoziationen schweifen lassen - so genannte pendelnde oder witternde Assoziationen werden angeregt.

Die Lösungen zu den Aufgaben dieser Spielart finden Sie im Anhang ab Seite 286.

158. Summenrätsel

Gesucht werden:
Berühmte Straßen, die jeder kennt.

159. Summenrätsel

Gesucht werden:
Verschiedene Verschlussarten für Kleider.

160. Summenrätsel

Gesucht werden:
Opern- und Bühnenwerke, in deren Titel ein Herrscher namentlich oder mit einem Titel vorkommt.

161. Summenrätsel

Gesucht werden:
Erfindungen, die dem Haushalt zugute kommen.

162. Summenrätsel

Gesucht werden:
Wörter, in denen ein Tiername vorkommt, ohne dass sie selbst Tiere bezeichnen.

163. Summenrätsel

Gesucht werden:
Bekannte deutsche Volkslieder.

Zuordnen

Zusammenhangsdenken und Kombination

Jedem Begriff der linken Spalte soll genau ein Begriff der rechten Spalte zugeordnet werden.

Bei diesem Spiel geht es um gedankliches Ordnen, also um das Denken in Zusammenhängen. Dies übt besonders Kombination und Konzentration.

Die Lösungen zu den Aufgaben dieser Spielart finden Sie im Anhang ab Seite 287.

164. Zuordnen

Tiere und ihre symbolischen Eigenschaften

1	Kuckuck	a	stolz	1 / ?
2	Fuchs	b	schmeichlerisch	2 / ?
3	Eule	c	töricht	3 / ?
4	Löwe	d	scheu	4 / ?
5	Hund	e	prophetisch	5 / ?
6	Schwan	f	schlau	6 / ?
7	Katze	g	diebisch	7 / ?
8	Esel	h	weise	8 / ?
9	Elster	i	mutig	9 / ?
10	Reh	k	treu	10 / ?

Lösungen im Anhang

165. Zuordnen

Handwerker und ihre Tätigkeiten

1	Tischler	a	stärken	1 / ?	
2	Plakatierer	b	schablonieren	2 / ?	
3	Schmied	c	Schiffchen führen	3 / ?	
4	Schuster	d	kleben	4 / ?	
5	Anstreicher	e	blanchieren	5 / ?	
6	Schneider	f	hämmern	6 / ?	
7	Bügler	g	leimen	7 / ?	
8	Köchin	h	anmessen	8 / ?	
9	Weber	i	pfriemen	9 / ?	

166. Zuordnen

Gegenstände und ihre Teile

1	Schiff	a	Linse	1 / ?	
2	Motor	b	Hals	2 / ?	
3	Orgel	c	Kufe	3 / ?	
4	Mikrophon	d	Schiffchen	4 / ?	
5	Flasche	e	Holm	5 / ?	
6	Webstuhl	f	Schraube	6 / ?	
7	Leiter	g	Membran	7 / ?	
8	Schlitten	h	Anlasser	8 / ?	
9	Mikroskop	i	Blasebalg	9 / ?	

Lösungen im Anhang

167. Zuordnen

Pflanzen und ihre Symbole

1	Rose	a	Glück	1 / ?
2	Veilchen	b	Zauber	2 / ?
3	Lorbeer	c	Häuslichkeit	3 / ?
4	Kornblume	d	Reinheit	4 / ?
5	Mohn	e	Ewigkeit	5 / ?
6	Immergrün	f	Treue	6 / ?
7	Lilie	g	Traum und Schlaf	7 / ?
8	Flachs	h	Ruhm	8 / ?
9	Alraune	i	Bescheidenheit	9 / ?
10	Vierblättriges Kleeblatt	k	Schweigen	10 / ?

168. Zuordnen

Vögel und ihre Laute

1	Hähne	a	klappern	1 / ?
2	Hennen	b	zwitschern	2 / ?
3	Nachtigallen	c	krächzen	3 / ?
4	Lerchen	d	schreien	4 / ?
5	Spatzen	e	kollern	5 / ?
6	Schwalben	f	gackern	6 / ?
7	Raben	g	trillern (singen)	7 / ?
8	Störche	h	schlagen	8 / ?
9	Pfauen	i	schilpen	9 / ?
10	Truthähne	k	krähen	10 / ?

Lösungen im Anhang

169. Zuordnen

Künstler und ihre Tätigkeiten

1	Schnitzer	a	pirouettieren	1 / ?
2	Radierer	b	modulieren	2 / ?
3	Bildhauer	c	reimen	3 / ?
4	Maler	d	stechen	4 / ?
5	Schauspieler	e	grundieren	5 / ?
6	Dichter	f	stimmen	6 / ?
7	Sänger	g	wortlos agieren	7 / ?
8	Geiger	h	darstellen	8 / ?
9	Pantomime	i	formen	9 / ?
10	Tänzer	k	kerben	10 / ?

170. Zuordnen

Zeitgenossen

1	Napoleon	a	Mussolini	1 / ?
2	Cäsar	b	Aristoteles	2 / ?
3	Salomon	c	Michelangelo	3 / ?
4	Haile Selassie	d	Königin von Saba	4 / ?
5	Ludwig XIV.	e	Beethoven	5 / ?
6	Jesus	f	Roland	6 / ?
7	Leonardo	g	Moliere	7 / ?
8	Karl der Große	h	Przemysl Ottokar	8 / ?
9	Rudolf von Habsburg	i	Kleopatra	9 / ?
10	Alexander der Große	k	Kaiser Augustus	10 / ?

171. Zuordnen

Tiere und ihre Doppelnamen

1	Hase	a	Ringelnatz	1 / ?
2	Stier	b	Hindin	2 / ?
3	Ameise	c	Imme	3 / ?
4	Enterich	d	Sperling	4 / ?
5	Biene	e	Erpel	5 / ?
6	Spatz	f	Emse	6 / ?
7	Hirschkuh	g	Schafbock	7 / ?
8	Skunk	h	Rammler	8 / ?
9	Widder	i	Bulle	9 / ?
10	Seepferdchen	k	Stinktier	10 / ?

Welche „Berufe" übt sie im Laufe ihres Lebens aus?

Lösung im Anhang unter Bildspiel 236, Seite 306

Lösungen im Anhang

172. Zuordnen

Autoren und ihre Zitate

1	Walther von der Vogelweide (1170-1230), *Liebeslied*	a	Rose oh' reiner Widerspruch, Lust niemandes Schlaf zu sein unter soviel Lidern.	1 / ?
2	Bibel, *Psalm*	b	Ihres Lebens schönster Traum hängt an diesem Apfelbaum.	2 / ?
3	Christian Morgenstern (1871-1914), *Galgenlieder*	c	Des Kranichs Schwärme, die fernhin nach des Südens Wärme in graulichtem Geschwader ziehn.	3 / ?
4	Friedrich Schiller (1759-1805), *Die Jungfrau von Orleans*	d	Kann ich Armeen aus der Erde stampfen, wächst mir ein Kornfeld auf der flachen Hand?	4 / ?
5	Friedrich Nietzsche (1844-1900), *Menschliches, allzu Menschliches*	e	Er sah ihn fallen, trinken und sinken tief ins Meer.	5 / ?
6	Wilhelm Busch (1832-1908), *Max und Moritz*	f	Ein Knie ging einsam durch die Welt, es war ein Knie, sonst nichts.	6 / ?
7	Johann Wolfgang von Goethe (1749-1832), *König in Thule*	g	Und hätte ich Flügel der Morgenröte und flöge ans äußerste Meer.	7 / ?
8	Friedrich Schiller (1759-1805), *Die Kraniche des Ibykus*	h	Nicht fort, hinauf sollt ihr euch pflanzen.	8 / ?
9	Rainer Maria Rilke), (1875-1926), *Grabspruch*	i	Unter den Linden an der Heide, da unser zweier Bette was.	9 / ?

Lösungen im Anhang

Wortpaare, Sprichwörter und Redensarten ergänzen

Gedächtniskramen - leicht und locker

Im Deutschen - wie in anderen Sprachen auch - gibt es eine große Zahl von Wortpaaren, die teilweise noch aus der Zeit der Stabreime (germanische Reime, die mit dem gleichen Anlaut beginnen) stammen:

Beispiel:
> *Kind und Kegel*
> *Bausch und Bogen*
> *frisch, fromm, fröhlich, frei*
> - der dritte Stabreim besteht sogar aus vier Wörtern.

Bei dieser Spielart ist das erste Wort angegeben, das Wortpaar soll ergänzt werden. Wortpaare, die zu Phrasen geworden sind, drängen sich gleichsam auf. Diese feststehenden Redensarten kennt jeder und die Wortfindung bereitet Freude.

Statt freier Redensarten können auch Sprichwörter, die ebenfalls allgemein bekannt sind, ergänzt werden. Bei der ersten Variante wird der erste Teil eines Sprichwortes angegeben und der zweite Teil soll ergänzt werden, bei der zweiten Variante verfährt man umgekehrt.

Die Lösungen zu den Aufgaben dieser Spielart finden Sie im Anhang ab Seite 291.

173. Wortpaare

Ergänzen Sie den zweiten Teil des gesuchten Wortpaares:

Beispiel: In Wind und ? (Wetter)

a) Mann und ?
b) Ohne Rast und ?
c) Hammer und ?
d) In Schnee und ?
e) In Saus und ?

174. Wortpaare

Ergänzen Sie den zweiten Teil des gesuchten Wortpaares:

Beispiel: In Wind und ? (Wetter)

a) Mit Rat und ?
b) Außer Rand und ?
c) Mit Stumpf und ?
d) Himmel und ?
e) Über Stock und ?
f) Mit Pfeil und ?

175. Sprichwörter und Redensarten

Wie lautet der fehlende Teil des vorgegebenen Sprichwortes bzw. der vorgegebenen Redensart?

Beispiel: Viele Köche ... (... verderben den Brei)

a) Frisch gewagt, ...
b) Morgenstund' ...
c) Die Kastanien ...
d) ... sind keine Herrenjahre.
e) ... tanzen lassen.
f) ... Schloss und Riegel.

Dreieck

Verhältnis dreier Begriffe klarstellen

Bis jetzt waren Formulierungsübungen in einer Reihe von Spielen und deren Abwandlung versteckt. Hier folgt nun eine reine Formulierungsübung. Gegeben sind drei Begriffe, drei Stichwörter, die in einem durchschaubaren Zusammenhang stehen. Die gegebenen Begriffe sollen nun in einem sinnvollen Satz zusammengefasst werden. Es wird jeweils ein Lösungsbeispiel gegeben, jede Formulierung ist aber offen und frei, so dass selbstverständlich die Antwort auch anders lauten kann.

Beispiel: *Hefe*   *Teig*   *porös*
Vorgeschlagene Antwort: Um Teig porös zu machen, verwendet man häufig Hefe als Fermentierer.

Die Lösungen zu den Aufgaben dieser Spielart finden Sie im Anhang auf Seite 292.

176. Dreieck

Bringen Sie die folgenden Begriffe mit Hilfe eines Satzes in einen sinnvollen Zusammenhang:

a)	Tee	Wasser	bitter
b)	Augen	groß	Dämmerung
c)	Unfall	Pannendreieck	Straße
d)	Sonne	Regenbogen	Rücken

Lösungen im Anhang

177. Dreieck

Bringen Sie die folgenden Begriffe mit Hilfe eines Satzes in einen sinnvollen Zusammenhang:

a) Sonne   Mond   Sonnenfinsternis
b) Brion   Goethe   Friederike
c) Pflanzen   Blattgrün   Zucker
d) Rechtsverkehr   Auto   links

Wie nennt man ihr Fett?
Wofür wird es eingesetzt?

Lösung im Anhang unter Bildspiel 237, Seite 307.

Anagramm

Wortbilder entflechten und aufbauen

Wir nehmen ein beliebiges Wort mit vier bis sechs Buchstaben, z. B. das Wort „Gras". Schreiben Sie es in Großbuchstaben vor sich auf ein Blatt Papier. Betrachten Sie es in aller Ruhe. Lassen Sie die Buchstaben sich aus dem Verband lösen, selbständig werden, Reihenfolge und Rang tauschen. Versuchen Sie, das Wort umzudrehen, durcheinander zu würfeln und notieren Sie jedes Wort, das auf diese Weise entsteht. Dabei dürfen nur die vorhandenen Buchstaben verwendet werden. Keine weiteren dürfen hinzugefügt werden, wohl aber ist es erlaubt, Buchstaben wegzulassen. Sie werden staunen, was da alles in dem einen unscheinbaren Wort versteckt schlummert!

Die Freude am Entdecken immer neuer Wortgebilde ist ein Erlebnis eigener Art und belebt das Gehirn.

Beispiel: G R A S

Lösungen: GAR - GAS - SAG! - SARG - RA (ägyptischer Sonnengott) - ARG - AG (Abk. für Aktiengesellschaft) - AR - AS (Spielkarte, Ton)

Notieren Sie sich einfach Ihre Lösungen und vervollständigen Sie Ihre Wortliste durch einen Blick in die Lösungen, wenn Sie meinen, keine weiteren Wörter mehr zu finden.

Die Lösungen zu den Aufgaben dieser Spielart finden Sie im Anhang auf Seite 293.

178. Anagramm

Bilden Sie aus den Buchstaben des folgenden Wortes möglichst viele neue Wörter:

LAUS

179. Anagramm

Bilden Sie aus den Buchstaben des folgenden Wortes möglichst viele neue Wörter:

BAUER

180. Anagramm

Bilden Sie aus den Buchstaben des folgenden Wortes möglichst viele neue Wörter:

RIESE

181. Anagramm

Bilden Sie aus den Buchstaben des folgenden Wortes möglichst viele neue Wörter:

ALRAUNE

182. Anagramm

Bilden Sie aus den Buchstaben des folgenden Wortes möglichst viele neue Wörter:

WEINSTEIN

Pseudoanagramm

Die folgende Spielart ist eine Variation des Anagramms:
das Pseudoanagramm.

Auch hier ist ein Wort gegeben. Welche Begriffe stecken in dem gegebenen Wort, wenn die Reihenfolge der Buchstaben nicht verändert wird? Dabei gelten Einzahl und Mehrzahl eines Wortes sowie die verschiedenen Fälle gesondert.

Beispiel : Gegeben ist das Wort „WASSERÜBERLAUF".

Welche Begriffe sind in diesem Wort enthalten, ohne die Reihenfolge der Buchstaben zu verändern?

Lösung:

Was - Wasser - As (höchste Spielkarte) - as (Ton) - As (Abk. für Arsen) - Ass (österr. für höchste Spielkarte) - Asse - er - Rübe - übe! - über - Überlauf - Erl (Ort in Tirol) - Erlau (Ort in Sachsen) - Erlauf (Fluss in Österreich) - la (Note) - lau - Lauf - lauf! - Au - au! - auf! - auf = 23 Wörter!

Diese Spielart übt besonders die Konzentration, die Wortfindung, das Wiedererkennen und das planvolle Vorgehen.

Die Lösungen zu den Aufgaben dieser Spielart finden Sie im Anhang ab Seite 293.

183. Pseudoanagramm

Welche Wörter können Sie im folgenden Wort entdecken?

EIDERENTENNESTERN

184. Pseudoanagramm - falsche Teilung

Bilden Sie durch eine andere Abteilung der Buchstaben der folgenden 15 Wörter wortübergreifend sechs neue Wörter.

Die Anfangsbuchstaben der gefundenen Wörter ergeben einen Gegenstand zur Aufbewahrung der verschiedensten Dinge.

Kran - Kap - Fels - Ines - taub - Sau - Gerte - le - Gram - mein - Wand - er - Erna - Sen - Spitze

185. Pseudoanagramm - Teilung

Zerlegen Sie bei unveränderter Reihenfolge folgende Buchstabenreihe in genau sieben Wörter. Lassen Sie sich dabei nicht durch scheinbar richtige Wortbilder täuschen!

BAUMATERIALTOMATENADELHEIDEROSION

Katagramm

Eine Umkehrung des Anagrammes ergibt sich, wenn man aus einsilbigen Wörtern, die sich beim Lösen eines Anagrammes ergeben haben, die Buchstaben herauslöst und aus diesen Buchstaben ein neues Wort, sozusagen ein „Hüllenwort", bildet.

Beispiel: GAR - ARG - RAN - AR

Aus diesen vier einsilbigen Wörtern löst man die Buchstaben A, G, N und R heraus (GAR enthält G A R, RAN enthält R A N, zusammen enthalten beide Wörter G A R N). Dabei wird jeder gefundene Buchstabe nur einmal für das Katagramm verwendet. Können alle vier Buchstaben zusammengefügt werden, erhält man ein „Hüllenwort": *GARN*. Man kann dieses Wort auch noch in sich umstellen zu *RANG* und *GRAN* (Gewichtseinheit für Arzneien und Edelmetalle).

Ein solcher Aufbau von Wörtern aus den Buchstaben kurzer Silben oder Silbenwörter nennt man im Gegensatz zum Anagramm, bei dem ein Wort zerlegt wird, *Katagramm*, nach dem griechischen Wort kata - griech. von oben herunter, gegenüber ana - griech. von unten hinauf.

Die Lösungen zu den Aufgaben dieser Spielart finden Sie im Anhang auf Seite 294.

186. Katagramm

Welches Hüllenwort lässt sich bilden aus den Buchstaben der Wörter
MAU - AU - MUS - USA ?

Hinweis: Wenn Sie zuerst alle Buchstaben herausschreiben, die das zu bildende Wort enthalten soll, fällt Ihnen die Lösung leichter.

187. Katagramm

Welches Hüllenwort lässt sich bilden aus den Buchstaben der Wörter
BAR - ART - RAT - AR ?

188. Katagramm

Welches Hüllenwort lässt sich bilden aus den Buchstaben der Wörter
AR - TAU - RAT - AB

Homonym

Ein Wort für mehrere Begriffe

Sie sind ihm sicher schon oft im Leben begegnet: dem gleichen Wort für mehrere Begriffe. Die Spiele, die daraus entstanden sind, verlangen sprachliche Kenntnis, Wendigkeit und Abstraktionsvermögen.

Beispiel:
Wenn gefragt wird: „Was bedeutet das Wort ‚Mandarine'?", so wird jeder sofort „Zitrusfrucht" sagen. Die zweite Antwort ist schon schwieriger: Es bedeutet auch „Chinesische Würdenträger".

Bei dem Wort „Rosenstock" denkt jeder vorerst an den „Strauch, der Rosen trägt", es bezeichnet aber auch die „Ansatzstelle des Geweihs".

Einige Wörter wie „Blatt", „Stoß" etc. besitzen bis zu fünf Bedeutungen. Man kann diese Begriffe als Formulierungsübung benutzen, indem man die verschiedenen Wortbedeutungen ganz bewusst einzeln definiert.

Was können „Blatt", „Stoß", „Ton" alles bedeuten?

Umgekehrt werden bei Homonymsteckern die Bedeutungen eines Homonyms als gereimter Steckbrief gegeben. Dann ist der Wortlaut des umschriebenen Homonyms gesucht.

Die Lösungen zu den Aufgaben dieser Spielart finden Sie im Anhang ab Seite 294.

189. Homonym

Ein Wort für mehrere Begriffe. Was bedeuten die einzelnen Begriffe genau?

a) Reif
b) Schnecke
c) Strauß
d) Linse

190. Homonym

Ein Wort für mehrere Begriffe. Was bedeuten die einzelnen Begriffe genau?

a) Blatt
b) Bart
c) Ton
d) Grillen

191. Homonym

Ein Wort für mehrere Begriffe. Was bedeuten die einzelnen Begriffe genau?

a) Fächer
b) Stärke
c) Stift
d) Stoß

192. Homonym

Ein Wort für mehrere Begriffe. Was bedeuten die einzelnen Begriffe genau?

a) Schöpfer
b) Mandel
c) Abfall
d) Linie

193. Homonymkurzstecker

Welcher Begriff ist gesucht?

Oberflächlich reparieren
und vorbei das Auto führen.

194. Homonymkurzstecker

Welcher Begriff ist gesucht?

Ein Fan, ein Schmuck, ein zweiter Wagen
lassen sich mit gleichem Worte sagen.

195. Homonymkurzstecker

Welcher Begriff ist gesucht?

Was tu ich, wenn ich Großpapa und Großmama
überhol' mit meinem Wagen?
Ein Homonym, das eine groß, das andere klein, wird's sagen.

196. Homonymstecker

Welcher Begriff ist gesucht?

Hat man ihn, so will man wieder einmal was beginnen.
Und beginnt er auf dem Land, rüsten sich die Sennerinnen.
Der Hellene einst, im Wasser drinnen,
hatte ihn und konnte sein Prinzip ersinnen.

197. Homonymstecker

Welcher Begriff ist gesucht?

> Herren und Damen bleiben vor mir stehen,
> Kinder glauben in mir was Besonderes zu sehen.
> Dass sich ein Geizhals stürzt in mich,
> ist wohl noch nie geschehen.

Wie nennt man das männliche Tier dieser Tierart?

Aus welchem Material besteht das hier abgebildete und wie wurde es bearbeitet?

Lösung im Anhang unter Bildspiel 238, Seite 307.

Lösungen im Anhang

198. Homonymstecker - Rund um den Vogel

Welcher gleichlautende Begriff ist jeweils gesucht?

Gesucht wird:

a) 1. Eine deutsche Stadt am Meer.
   2. Wehe, wenn in der Schifffahrt das Gesuchte zuoberst statt zuunterst liegt, - und
   3. Etwas vom Vogel.

b) 1. Es steht im Gegensatz zur Mitte des Parlaments.
   2. Es ist ein Instrument, das die anderen ebenso, wie den Spielenden erfreut, - und
   3. Etwas vom Vogel.

c) 1. Es macht das Innerste des Menschen aus, aber es ist keine Innerei.
   2. Es findet sich im Inneren einer Geige, - und
   3. Etwas vom Vogel.

d) 1. Gesucht wird eine ehemals deutsche, jetzt polnische Stadt.
   2. Beim Theaterspiel nimmt man die Gesuchten ein, - und
   3. Etwas vom Vogel.

e) 1. Ein Landessymbol, aufgehängt.
   2. Zieht hinter einem Betrunkenen her, - und
   3. Etwas vom Vogel!

Hinweis:
„Rund um den Vogel" - damit haben alle fünf gesuchten Begriffe zu tun. Viel Spaß beim Überlegen!

Lösungen im Anhang

Homophthong

Ein gleiches Wortgerüst

Vielleicht ist Ihnen bekannt, dass in den semitischen Sprachen nur die Konsonanten (Mitlaute) aufgezeichnet werden. Aus dem Sinn dessen, was ein Mensch ausdrücken möchte, ergibt sich für den Leser der passende Vokal (Selbstlaut), die Konsonanten bilden das Gerüst des Wortes.

Grundlage des nun folgenden Spiels ist ein solches Wortgerüst. Aus diesem sind, unter Verwendung des „Fleisches", der Vokale, möglichst viele Wörter zu bilden.

Trainiert werden dabei vor allem Wortfindung, Assoziation und Denkflexibilität.

Beispiel:

Gegeben sind die beiden Konsonanten B und R.

Nun versuchen wir unter Verwendung sämtlicher möglicher Vokale (auch Vokalkombinationen wie äu, ei, ie, aue, usw.) mit Hilfe des Mitlautgerüstes als Basis, Wörter zu bilden. Es können Vokale vor-, nach- oder zwischen die Mitlaute des Gerüsts gesetzt werden. Dabei dürfen Vokale auch verdoppelt und miteinander kombiniert werden. Weitere Konsonanten dürfen jedoch weder hinzugefügt, noch die gegebenen verdoppelt werden. Auch die Reihenfolge der Konsonanten muss gewahrt bleiben.

Man wird staunen, was man aus solch einem Wortgerüst alles machen kann!

Zuerst denkt man bei B und R vielleicht an *Bär, Bar, bar, Bier, Bora,* weiter an: *aber, Bari, Bauer, Beere, Bor, Bräu, Braue, Brauer, Brei, Brie, Büro, Bure, Eber, Ebro, Ibero, Ober, obere, über* - das sind 23 Wörter!

Vielleicht finden Sie noch weitere Begriffe?

Wenn Ihnen nicht alle Begriffe, die als Lösungen genannt werden, bekannt sind, nehmen Sie einfach ein Wörterbuch oder Lexikon zur Hand und schlagen Sie diese nach.

Falls Sie Freude daran haben, Ihre Formulierungsfähigkeit zu trainieren, können Sie auch versuchen, die gefundenen Begriffe zuerst mit eigenen Worten so kurz, aber so präzise wie möglich in einem vollständigen Satz zu erklären, bevor Sie im Wörterbuch nachschauen.

Die Lösungen zu den Aufgaben dieser Spielart finden Sie im Anhang ab Seite 297.

199. Homophthong

Gesucht werden möglichst viele Wörter mit folgenden Konsonanten:

a) R - N
b) T - R
c) S - N
d) M - M

200. Homophthong

Gesucht werden möglichst viele Wörter mit folgenden Konsonanten:

a) M - S
b) R - M
c) B - R - N
d) M - R - N

201. Homophthong

Gesucht werden möglichst viele Wörter mit folgenden Konsonanten:

a) P - R - S
b) S - T - N
c) L - T - N
d) Sch - L - F

Lösungen im Anhang

Wortakrobatik

mit sprachlich-sachlich-gebräuchlichen Assoziationen

Genannt werden vier Begriffe und gesucht wird dazu das assoziativ passende Zeit- oder Eigenschaftswort.

Beispiel: Brot   Gesichter   Stoffe   Kurve
Welches Zeitwort passt zu den gegebenen vier Begriffen?
Antwort: schneiden

Anstelle eines passenden Zeitwortes wird bei der zweiten Spielvariante nach einem passenden Eigenschaftswort gesucht.

Beispiel: Abende   Farben   Trachten   Reihe
Welches Eigenschaftswort passt zu den gegebenen vier Begriffen?
Antwort: bunt

Besonders anregend für das Sprachgefühl ist es, wenn auf die Bedeutungsunterschiede des gefundenen Zeitwortes oder Eigenschaftswortes (siehe unten) in Verbindung mit den einzelnen Begriffen geachtet wird. So bedeutet „Brot schneiden", ein Stück Brot mit dem Messer in Stücke aufzuteilen, „Gesichter schneiden" dagegen hat mit dem Zerteilen mit Hilfe eines Messers nichts zu tun, sondern bedeutet, zu grimassieren, also das Gesicht zu verziehen. Das Wort „schneiden" besitzt also sehr verschiedene Bedeutungen, je nach seinem Bezugsbegriff.

Eine wunderbare Formulierungsübung besteht darin, die gefundenen Begriffskombinationen mit eigenen Worten zu erklären, bevor man ein Wörterbuch zu Rate zieht.

Beispiel: Was bedeutet ganz genau?
Gesichter schneiden / Brot schneiden / Kurven schneiden

Zur Wiederholung und zur Anregung der Merkfähigkeit kann die Übung umgekehrt werden.

Beispiele: *Was alles kann man schneiden?*
Was alles ist bunt?
Welche Begriffe passen noch zu dem gefundenen Zeit- oder Eigenschaftswort?

Wichtig ist, dass hier nur Kategorien, also nicht Einzelbegriffe aufgezählt werden, also etwa bei dem Zeitwort „füttern" nicht alle zu fütternden Tiere wie Hunde, Katzen, Vögel usw., sondern „Tiere". Ebenso sind banale Verbindungen wie beispielsweise bei dem Eigenschaftswort „rot" „rote Tomaten" oder „rote Blumen" nicht gefragt.

Es ist dies ein Wortfindungs- und Assoziationsspiel, das Konzentration, Wortfindung, Assoziation und das Sprachgefühl trainiert.

Die Lösungen zu den Aufgaben dieser Spielart finden Sie im Anhang auf Seite 298.

202. Wortakrobatik

Welches Zeitwort passt jeweils zu allen vier Begriffen?

a)	Schrift	Durst	Hypothek	Brand
b)	Schaum	Bälle	Alarm	Rad
c)	Unfug	Räder	Schafe	Luxus
d)	Schuh	Magen	Schulden	Gewissen

203. Wortakrobatik

Welches Zeitwort passt jeweils zu allen vier Begriffen?

a)	Schlüsse	Wagen	Pflanzen	Bilanzen
b)	Beine	Rosen	Brot	Versprechen
c)	Stimme	Hand	Becher	Vorwurf
d)	Segel	Garn	Butter	Saiten

Lösungen im Anhang

204. Wortakrobatik

Welches Zeitwort passt jeweils zu allen vier Begriffen?

a) Wasser	Luft	Hoffnung	Büttenpapier
b) Kind	Last	Trauer	Schuld
c) Haar	Flachs	Schaf	sich um etwas
d) Aufgaben	Ferien	große Sprünge	Schwierigkeiten

205. Wortakrobatik

Welches Eigenschaftswort passt jeweils zu allen vier Begriffen?

a) Witze	Zunge	Messer	Zähne
b) Tinte	Meer	Hahn	Tuch
c) Miene	Zitrone	Arbeit	Böden
d) Fieber	Blätter	Ginster	Sonne

206. Wortakrobatik

Welches Eigenschaftswort passt jeweils zu allen vier Begriffen?

a) Nadel	Kegel	Turm	Bleistift
b) Humor	Kehle	Fuß	Auge
c) Lektüre	Kost	Beute	Kleider
d) Wetter	Fall	Wasser	Richtlinien

207. Wortakrobatik

Welches Eigenschaftswort passt jeweils zu allen vier Begriffen?

a) Wahl	Rede	Blick	Eintritt
b) Zeiten	Zunge	Sorgen	Brocken
c) Worte	Magelone	Augen	Bescherung
d) Krone	Besen	Hand	Kanzler

Spiele IV

DAS SINNESKONZERT
besonders für die Anregung aller Sinne.

Sehen - das visuelle Gedächtnis
    Farbbilder
    (Spiel 208 bis 223 auf den Farbtafeln)
    Schwarzweiß-Bilder
    (Spiel 224 bis 241 im Buch verstreut)

Hören - das auditive Gedächtnis
    (Spiel 242 bis 248 fakultativ auf Tonkassette)
    ISBN 3-929317-86-9 - nicht im Preis enthalten,
    kann beim Verlag extra bestellt werden.

Tasten - das Tastgedächtnis (Spiel 249)

Riechen - das Geruchsgedächtnis (Spiel 250)

Schmecken - das Geschmacksgedächtnis (Spiel 251)

Damenwahl!

Betrachten Sie die Zeichnung genau.

Sehen Sie eine junge Frau mit einem wallenden Schleier oder eine alte Dame mit einem Kopftuch?

Lösung im Anhang unter Bildspiel 239, Seite 307.

Das Sinneskonzert

Jedes Sinnesorgan ist auch gedächtnismäßig verankert. Die Empfindungen prägen sich in den verschiedenen Hirnbezirken ein und hinterlassen dort Engramme (Einschreibungen). Deshalb können solche Erinnerungen auch reproduziert werden. Dieses Sinnesgedächtnis lässt sich ebenfalls üben, und die folgenden Spiele in diesem Kapitel bringen Stoff für ein solches Training.

Der Mensch besitzt die beiden Fernsinne Sehen und Hören, die nicht an die Körperoberfläche gebunden sind. Daher unterscheidet man ein *visuelles Gedächtnis*, also die Erinnerung an Gesehenes und ein *auditives Gedächtnis*, die Erinnerung an Gehörtes. Die moderne Pädagogik nimmt sich beider Sinnesleistungen in Form von audiovisuellen Medien an.

Bei den folgenden Spielen jeder Sinneskategorie (Sehen, Hören, Tasten, Riechen, Schmecken) geht es vornehmlich um das Wiedererkennen einer früher erlebten Empfindung und/oder eines mit der Empfindung verbundenes Gefühls.

Selbstverständlich werden im Alltag normalerweise mehrere Sinnesorgane gleichzeitig angesprochen. So essen wir zum Beispiel zu gleicher Zeit „mit dem Auge", mit dem Geschmacks- und dem Geruchssinn. Wird nun bei einer der folgenden Sinnesübungen nur ein einzelnes Sinnesorgan angesprochen, wird man feststellen, welch sonderbaren Täuschungen ein solch isoliertes Empfinden ausgesetzt ist. Die Würze eines solchen Spieles besteht gerade auch darin, dass der Spieler überrascht feststellt, dass er sich auf sein sicher geglaubtes Urteil und seine Empfindungen nicht immer verlassen kann. Mag dabei auch ein wenig Selbstsicherheit verloren gehen, so ist doch der Erlebniseffekt „Mein Geschmackssinn täuscht mich" des Spielens wert.

Übt man Sinnesempfindungen getrennt, so gewinnt man an Sicherheit und Qualität der Sinnesempfindung, indem man differenzieren, also Unterschiede bemerken lernt, die man früher nicht registriert hat.

Die Sinne zu schärfen, neu zu entdecken und Empfindungen bewusster wahrzunehmen - dazu wollen die folgenden Spiele rund um die fünf genannten Sinne (Sehen, Hören, Tasten, Riechen, Schmecken) einladen.

Sehen - das visuelle Gedächtnis

Schauen lernen und benennen

Das visuelle Gedächtnis ist an das Sehhirn in der hinteren Schädelgrube gebunden.

Beim Wiedererkennen und Benennen von etwas Gesehenem wird eine Sehwahrnehmung mit dem Sprachgedächtnis verknüpft. Abläufe von Situationen, also Geschehnisse, werden mit Hilfe des visuellen Gedächtnisses erinnerungsfähig. Während bei Überlegens- und Wissensfragen Sprache und Sprachgedächtnis dominieren, handelt es sich beim Bilder-Erraten um Assoziationen zu visuellen Eindrücken und deren Deutung. Bei unseren Bildspielen geht es um Wiedererkennen, um Überlegen, um Wortfindung und Reproduktion. Bei Wiederholung solcher visueller Eindrücke spielen des weiteren die Merk- bzw. Lernfähigkeit eine wichtige Rolle.

Die Auswahl unserer Bildthemen umfasst viele Fächer und Sparten, um die Spiele so bunt und anregend wie möglich zu gestalten.

Auch hier gilt der Grundsatz, dass visuelle Eindrücke, wenn sie gleichzeitig das Emotionale anrühren, besser gemerkt werden, das Erlebnishafte mehr betonen und Zusammenhänge stärker einprägen als das bloße Wort. Das sich selbst Vorsprechen von abgebildeten Sachverhalten hilft auch auditiv. Die Wortfindung und Reproduktionsfähigkeit wird damit besonders geübt.

Bald zeigt sich, dass man nach solchen Spielen die Straße, durch die man geht, das eigene Heim, illustrierte Zeitschriften, Bücher, Bilder, Denkmäler etc. anders ansieht als bisher. Man hat „schauen" geübt, registriert vielleicht Einzelheiten, an denen man früher vorbeigesehen hat, und erklärt solche „Bilder" jetzt auch anderen, was eine ausgezeichnete Formulierungsübung darstellt.

Die Farbbilder

Die Bildspiel-Serie in Farbe zur Übung des Sehgedächtnisses besteht aus sechzehn Bildern, die die verschiedensten Wissens- und Erfahrungsgebiete ansprechen. Lösungen zu allen Bildspielen im Anhang ab Seite 299.

208. Bildspiel

Wie nennt man das Nest des Storches noch?
Warum befinden sich die Nester meist auf Schornsteinen oder Türmen?
Wie heißen Störche in der Fabel?

Lösungen im Anhang

209. Bildspiel

Wie nennt man ein solches Eisgebilde?
Welcher Bruchteil des Gebildes ist über dem Wasser sichtbar?

Lösungen im Anhang

210. Bildspiel

Wie heißt der Turm?
Wo steht er?

Lösungen im Anhang

211. Bildspiel

Von welchem Gewächs stammen Himbeeren?

Handelt es sich um einen Baum - einen Strauch - eine Staude?

212. Bildspiel

Welches Tier ist das?

Wie nennt man das Tier in der Fabel?

Wie nennt man die Jungen?

Wie heißt der bis zu 40 cm lange Schwanz des Tieres?

Wie nennt man seine Unterkunft?

Die Gangart des Tieres hat eine besondere Bezeichnung. Wie lautet sie und woher kommt wohl der gesuchte Begriff?

Lösungen im Anhang

213. Bildspiel

Worauf gehen die Leute spazieren?
Wogegen wurde das Bauwerk gebaut?
Wann war das?
Wie lang ist das abgebildete Bauwerk?

214. Bildspiel

Die Blüten und Blätter welcher Pflanze sind hier zu sehen?
Die verwandte Lotusblüte gilt in Asien als heilig. Warum?
Was ist das Besondere an Lotusblättern und -blüten?

Lösungen im Anhang

215. Bildspiel

Wie heißt diese Figur?
Welche Aufgabe hat sie?

216. Bildspiel

Wodurch gewinnt man Wolle von Schafen?
Wollfett ist kein Fett, sondern?
Wie heißen die Jungtiere?

217. Bildspiel

Zu deutsch hieße der Busch „Rosenbaum". Wie heißt er botanisch? Ein anderer bekannter Vertreter dieser Buschart ist in hohen Lagen anzutreffen. Welche Pflanze ist wohl gemeint?

Lösungen im Anhang

218. Bildspiel

Welche Handarbeitstechnik ist hier zu sehen?

219. Bildspiel

Welches Tier ist hier zu sehen?

Was tut es?

Wodurch kann man auf den ersten Blick Tiere dieser Art gegenüber Insekten unterscheiden?

Lösungen im Anhang

220. Bildspiel

Wie heißen die Samen?
Wie nennt man das runde Oberteil der Pilze?
Woher kommt die Bezeichnung „Fliegenpilz"?

Lösungen im Anhang

221. Bildspiel

Wie heißt eine solche Metallarbeit?
Wie entsteht sie?

222. Bildspiel

Diese Aufnahme stammt vom höchsten Berg Siziliens - wie heißt er? Was ist hier zu sehen?

Lösungen im Anhang

223. Bildspiel

Wie heißt eine solche Straße?
Worin liegen die Vorteile, aber auch die Nachteile solcher Wege?

Die Schwarzweiß-Bilder

Diese finden sich im Buch verstreut.
Alle Antworten finden Sie im Anhang ab Seite 303.

224. Bildspiel Seite 27

Wie nennt man die pelzigen Blüten dieser Früchte?

225. Bildspiel Seite 35

Wie heißt bei einem Maßkrug der mit Pfeil versehene Deckelteil?

226. Bildspiel Seite 40

Wofür ist dieses Tier ein Symbol?

227. Bildspiel Seite 50

Diese Zeichnung soll eine Treppe darstellen.
Führen die Stufen hinauf, führen sie hinunter?
Wo ist der Anfang, wo ist das Ende?

228. Bildspiel Seite 55

Wer benutzt diese Gegenstände und wofür? Wie nennt man sie?

229. Bildspiel Seite 67

Wer hat dieses Material erfunden -
a)   als Erster?
b)   in Deutschland?

Lösungen im Anhang

230. Bildspiel Seite 78

Welche Funktion hat dieses Werkzeug und wie nennt man es?

231. Bildspiel Seite 91

Aus dem Tieralphabet von Wilhelm Busch:
Die Namen der zwei Tiere auf jedem Bild beginnen mit dem gleichen Buchstaben. Ergänzen Sie diese Tiernamen in folgenden Versen:
a) Am ? wimmelt es,
   der ? frisst nichts Verschimmeltes.
b) Den ? man gern betrachtet,
   das ? man ohne weiteres schlachtet.
c) Der ? ist possierlich,
   der ? benimmt sich unmanierlich.

232. Bildspiel Seite 102

Gesucht wird der engste gemeinsame Oberbegriff. Wie heißen sie jeweils?

233. Bildspiel Seite 109

Welche Porzellanmarken sind hier abgebildet?

234. Bildspiel Seite 117

Wie heißen die russischen Bauernpuppen, die ineinander gesteckt werden können?

235. Bildspiel Seite 127

Wozu dient dieses Küchengerät?

236. Bildspiel Seite 135

Welche „Berufe" übt sie im Laufe ihres Lebens aus?

237. Bildspiel Seite 140

Wie nennt man ihr Fett?

238. Bildspiel Seite 150

Wie nennt man das männliche Tier dieser Tierart?
Aus welchem Material besteht das hier abgebildete und wie wurde es bearbeitet?

239. Bildspiel Seite 158

Damenwahl!
Betrachten Sie die Zeichnung genau.
Sehen Sie eine junge Frau mit einem wallenden Schleier oder eine alte Dame mit Kopftuch?

240. Bildspiel Seite 196

Wie lange lebt dieses Insekt?

241. Bildspiel Seite 205

Wozu werden diese Gegenstände benützt?

Lösungen im Anhang

Hören - das auditive Gedächtnis

Melodien, Geräusche und Tierlaute erkennen

Interessanterweise ist das Gedächtnis des Menschen für Melodien ebenso unerschöpflich wie das für Wörter. Man kann sich Melodien nicht nur merken, sondern sie auch wiedererkennen, selbst wenn man sie für ein Reproduzieren nicht parat hätte. Das muss nicht immer mit Musikalität in Zusammenhang stehen, selbst völlig unmusikalische Menschen erkennen Melodien ohne Text wieder.

Ebenso wichtig für das Hören ist auch das Rhythmusgedächtnis und schließlich noch das „Gedächtnis für Harmonien".

Hörempfindung und Hörwahrnehmung liegen in einem fest umschriebenen Hirnteil, dem Schläfenhirn, der mit dem Sprechzentrum nicht identisch ist. Mit den musikalischen bzw. Geräusche- und Tierlaute-Spielen wird daher ein bei den übrigen Spielen wenig beschäftigter Hirnanteil trainiert. Bei der Kombination von Gehörtem mit Text werden sowohl das Hör- als auch das Sprachzentrum geübt.

Beim auditiven Gedächtnis kann eine gewisse Altersabhängigkeit in Bezug auf die Tiefe der Einspeicherung festgestellt werden. So bleiben in der Kindheit gehörte, also weit zurückliegende Melodieeindrücke fast immer dauerhaft eingeprägt, selbst wenn die dazugehörigen Texte längst nicht mehr im Gedächtnis haften.

Auf der beiliegenden CD (letzte Umschlagsseite) finden Sie die nachfolgend beschriebenen Hörübungen.

Die Lösungen zu allen Hörübungen auf der CD finden Sie im Anhang ab Seite 308.

242. Hörübungen - Tierlaute-Raten

Sie hören auf der CD sechs Tierlaute.
Welche Tiere sind zu hören?
Wie nennt man jeweils den gehörten Tierlaut?
Wo leben diese Tiere?

243. Hörübungen - Lieder-Raten

Sie hören auf der CD fünf Liedanfänge.
Wie lauten Titel und Anfangsworte eines jeden Liedes?
Zur Vertiefung können Sie sich überlegen, wie die ersten Strophen der gehörten Lieder vollständig lauten.
Wie lauten die zweiten Strophen?

244. Hörübungen - Geräusche-Raten

Sie hören auf der CD sechs verschiedene Geräusche.
Welche Geräusche sind zu hören?
Wie entstehen sie?

245. Hörübungen - Musikinstrumente- und Melodien-Raten

Sie hören auf der CD fünf verschiedene Musikinstrumente.
Welche Instrumente sind zu hören?
Welche Melodie wird jeweils gespielt?

Zur Vertiefung können Sie sich noch überlegen, welcher Komponist die jeweilige Melodie komponiert hat.

Lösungen im Anhang

246. Hörübungen - Tierlaute-Raten

Sie hören auf der CD sechs Tierlaute.
Welche Tiere sind zu hören?
Wie nennt man jeweils den gehörten Tierlaut?
Wo leben diese Tiere?

247. Hörübungen - Geräusche-Raten

Sie hören auf der CD sechs verschiedene Geräusche.
Welche Geräusche sind zu hören?
Wie entstehen sie?

248. Hörübungen - Tierlaute-Raten

Sie hören auf der CD sechs Tierlaute.
Welche Tiere sind zu hören?
Wie nennt man jeweils den gehörten Tierlaut?
Wo leben diese Tiere?

Tasten - das Tastgedächtnis

Der Tastsinn als der älteste aller Sinne in der Welt der Organismen ist beim Menschen sehr komplex ausgestattet: Sowohl Muskel- wie Tiefenempfinden, Gleichgewichts-, Schmerz- und Temperatursinn - sie alle wirken beim Tastempfinden zusammen. Die räumliche Ausdehnung des Gegenstandes wird in Zusammenarbeit mit dem Innenohr (oben - unten) wahrgenommen.

Der Tastsinn ist leicht übbar und kann, wie man von Blinden weiß, sogar das Auge weitgehend ersetzen.

Als Tastgegenstände eignen sich erfahrungsgemäß kleine Löffel, Fläschchen, Flaschenöffner, Kugeln, Fingerhüte, Schlüssel, Vogelfedern, Radiergummi, Kinderpfeifen, Ringe, kleine Ketten, Zwirnspulen, Brillen, kleine Uhren, manche Obstsorten, wie z. B. Orangen, Äpfel, Nüsse. Auch Eierbecher, Eicheln, Münzen, Wattestückchen, Dominosteine, Spielwürfel und Knöpfe sind geeignet.

249. Tastübung

Hier muss ein Außenstehender das Material vorbereiten. Es genügen undurchsichtige Papier- oder Stoffsäckchen, die nummeriert sein sollten, in die man die zu tastenden Objekte hinein gibt, und zwar in jedes Säckchen nur ein Objekt. Die Objekte in diesen geschlossenen Säckchen sollen genau wahrgenommen (Form, Größe, Gewicht, Material), benannt und das Ergebnis aufgeschrieben werden.

Als Objekte eignen sich besonders kleine Gegenstände, die mit der Hand ergriffen, umfasst und abgetastet werden können. Spitze oder zerbrechliche Gegenstände, die zu Verletzungen führen könnten, finden keine Verwendung.

Riechen - das Geruchsgedächtnis

Hand aufs Herz - wer prüft schon seinen Geruchssinn? Wer übt ihn schon? Isoliert spielt er im Leben des Menschen keine allzu große Rolle: fast immer erlebt man ihn in Verbindung mit dem Geschmack, ja sogar mit dem Tastsinn der Zunge und dem Auge.

Während der Geschmackssinn darauf angewiesen ist, in der Mundhöhle Gelöstes zu empfinden, reagiert der Geruchssinn (die oberhalb der Nasenwurzel im Inneren des Schädels gelegenen Sinneszellen) auf gasförmige Stoffe. Ein einziges Molekül genügt, um eine solche Sinneszelle zu reizen und diesen chemisch-physikalischen Reiz in eine Empfindung, eine Wahrnehmung und schließlich in ein gefühlsbetontes Erlebnis umzuwandeln. Welch ein Wunder!

Aromatisierte Flüssigkeiten geben Duftmoleküle in Gasform ab. Es gibt Tausende von Gerüchen und Geruchskombinationen und bei vielen Stoffen, die man für reine Geruchsobjekte hält, spielen andere Sinnesorgane mit eine Rolle. Bei Salmiak beispielsweise ist neben seinen Geruchseigenschaften noch deutlich das Stechende, also die die Schleimhaut reizende Tastempfindung spürbar.

Als Geruchsproben eignen sich Essig, Vanilleöl, Rosenöl, Nelkenöl, Rum, Aceton etc. Außer Flüssigem können selbstverständlich auch feste oder halbflüssige Stoffe erraten werden wie Hautcreme, Seife, Gewürze, wobei hier Geruchsmischungen (z. B. Parfüm) vorliegen, die das genaue Erkennen des zu Riechenden etwas erschweren können.

Wichtig ist, dass die Proben nach außen hin nicht etwa durch Farbe oder Aussehen identifiziert werden können, weshalb Öle oder Essenzen für Geruchsübungen am besten geeignet sind.

250. Geruchsübung

Ein Außenstehender bereitet bis zu drei Geruchsproben, beispielsweise in Glasdöschen, vor. Diese Anzahl reicht aus, denn sowohl der Geruchs- wie auch der Geschmackssinn ermüden rasch und liefern dann falsche Urteile.

Wie riecht die Probe genau?
Was ist der erste Gedanke, die erste Assoziation beim Riechen der Probe?
Worum handelt es sich?

Noch überraschender als bei einer Geschmacksübung ist hier das Resultat. Man wundert sich, dass man aus dem Alltagsleben wohlbekannte Gerüche nicht wiedererkennt, wenn man sie in ungewohnter Form präsentiert bekommt. Es sei dies besonders hervorgehoben, weil das Verwechseln von Gerüchen bestimmter Flüssigkeiten häufig zu Unfällen führt, wenn etwa Benzin mit Petroleum oder Himbeerlimonade mit einer Lauge verwechselt wird.

Schmecken - das Geschmacksgedächtnis

Nicht alle Menschen besitzen gleich starke Geschmacksempfindungen, allerdings nicht in dem Sinne, dass sie die fünf Qualitäten: süß, sauer, bitter, salzig und neuerdings auch den Glutamatgeschmack nicht unterscheiden könnten, sondern dass manche Menschen etwas als stark bitter empfinden, was andere als schwach bitter, ja sogar als süß bezeichnen.

Das hat u. a. mit dem Alter zu tun, denn alternde Sinnesorgane erleiden Leistungsminderungen. Um so wichtiger ist eine lebenslange Aktivierung und das Training aller Sinne - nicht nur, aber besonders auch des Geschmackssinnes.

Bei diesem Spiel wird es daher verschiedene Geschmacksurteile geben, je nachdem, wer mit kostet. Das Spiel als solches ist nicht allein auf das Unterscheiden und Beurteilen von Geschmacksrichtungen ausgerichtet, sondern auch auf das Identifizieren der Geschmacksproben.

Für Geschmacksübungen wird eine außenstehende Person für die Zubereitung und Bereitstellung der Geschmacksproben benötigt.

251. Geschmacksübung

Wichtig bei der Vorbereitung dieses Spiels ist das Unkenntlichmachen der Geschmacksproben, denn das schnelle Erkennen mittels des Auges oder des Tastsinnes soll ausgeschlossen werden.

Kleine Apfelstücke ohne Schalen, kleine Würfel oder Scheiben halbgekochter Kartoffeln, eine Messerspitze Senf, Selleriestückchen oder Rübenschnitzel sind geeignete Proben. Quark, Geleebonbons, Birnen, Brot, Käse sind weitere geeignete Objekte. An Flüssigem kommen Pfefferminztee, Milch, Mineralwasser oder ähnliche Flüssigkeiten in Betracht.

Die Proben müssen von der sie zubereitenden Person nummeriert oder sonstwie gekennzeichnet sein. Der Spieler kostet die Proben, versucht den Geschmack und die Konsistenz möglichst genau zu beschreiben und erst dann zu erkennen, worum es sich bei der Geschmacksprobe handelt. Die Lösung wird jeweils notiert.

Spiele V

Für das anspruchsvolle Training von Wortschatz, Formulierung und Abstraktionsvermögen.

Aufträge (Spiel 252 bis 277)

Mach's richtig! (Spiel 278 bis 285)

Sprichwörter und Redensarten richtig stellen (Spiel 286 bis 287)

Sprichwörter- und Phrasensalat (Spiel 288 - 299)

Allzuwörtlich (Spiel 300 bis 327)

Aufträge

Heitere Spiele mit Wörtern

In diesem Spiel sind Sie eingeladen, die deutsche Sprache einmal ganz unvoreingenommen zu betrachten.
 In unzähligen deutschen Wörtern - viel häufiger als man glaubt - liegt versteckt ein Imperativ, ein Befehl. Ein solcher wird gesucht und leichter, schwieriger oder lustig formuliert.

Beispiel:
Nimmt man einmal das Wort für den Beginn eines Flusses - *Oberlauf.*
Ach ja, das wäre - in zwei Worte getrennt - ein Auftrag, einem Kellner Beine zu machen: *Ober, lauf!*
Es geht hier nicht darum, dass der Auftrag schnell erraten wird, man müsste schon sehr geübt sein, um die Aufgabe auf Anhieb zu lösen. Es geht um die Überraschung, was doch in einem Wort, das man aus einem ganz anderen Zusammenhang kennt, alles verborgen sein kann, wenn man nur Abteilung und Betonung verändert!

Beispiel:
Was hat ein Bergzug, tief in Südosteuropa - der Kaukasus - zu tun mit einem Auftrag an einen lateinischen Fall, die Zähne zu gebrauchen?
Der Auftrag: „*Gebrauche deine Zähne!, lateinischer Auftrag*" wird ganz wörtlich genommen: „Gebrauche deine Zähne!" heißt wörtlich: „*Kau!*"
Ein anderes Wort für einen lateinischen Fall ist: „Kasus". „Kau! Kasus" - also „*Kaukasus*" enthält den beschriebenen Auftrag an einen lateinischen Fall, die Zähne zu gebrauchen. Schmunzeln ist erlaubt!

Das Spiel verlangt Konzentration, Formulierungsgabe, Wortfindung und Humor.

Die Lösungen zu allen „Aufträgen" finden Sie im Anhang ab Seite 311.

Welche Aufträge sind jeweils bei den nun folgenden Übungen mit der gegebenen Umschreibung gesucht?

252. Auftrag

Ein Baum soll im Kampf seinen Gegner überwinden
- wird Wagneropernfigur

253. Auftrag

Aufforderung, man möge für alles unbrauchbar sein - wird Nichtsnutz

254. Auftrag

Ein verformbarer Behälter wird aufgefordert, sein Volumen zu vergrößern
- wird Polizeiraum

255. Auftrag

Auftrag, der vierte Buchstabe des Alphabets zu sein - wird Raupenprodukt

256. Auftrag

Eine Kopfbedeckung soll sich auf grünem Gras wiederkäuend nähren
- wird Futterplatz

257. Auftrag

Der Nachfolger einer Lokomotive möge einen schrill-emotionalen Laut von sich geben - wird feierlich Gehender

Welche Aufträge sind jeweils bei den nun folgenden Übungen mit der gegebenen Umschreibung gesucht?

258. Auftrag

Stirb nicht, geltende systematische Anordnung!   - wird Eingeweidewurm

259. Auftrag

Aufforderung an einen Arzt,
mitreisende Ausrüstungsgegenstände zu heilen   - wird Diplomatenkoffer

260. Auftrag

Kürze deinem Vogel ein Fortbewegungsorgan   - wird kurzgebautes Klavier

261. Auftrag

Auftrag an einen Herrscher, zu prügeln   - wird Niederschlagsablauf

262. Auftrag

Auftrag an eine Verwandte ersten Grades, sich künstlerisch zu betätigen
    - wird Hautfleck

263. Auftrag

Silberweißes seltenes Edelmetall, erhebe dich flugs mit beiden Beinen entgegen der Schwerkraft   - wird Auftrag, sich zu teilen

Welche Aufträge sind jeweils bei den nun folgenden Übungen mit der gegebenen Umschreibung gesucht?

264. Auftrag

Auftrag an das Schicksal, einen Erlös zu erzielen   - wird Tombolapreis

265. Auftrag

Du sollst mit einem Vehikel eben dahingleiten
                 - wird Vehikelankunfts- und -abfahrtszeitenübersicht

266. Auftrag

Ruf' laut, kopftragender Körperteil   - wird Stimmerheber

267. Auftrag

Schmiere lästige, stechende Insekten mit Fett ein
                 - wird Fahrzeuggeschwindigkeitsdämpfer

268. Auftrag

Ein Selbstlaut soll sich nähern   - wird Interpunktionszeichen

269. Auftrag

Mach ein pralles, fülliges Bündel aus einer jemenitischen Stadt mit gleichnamiger Meeresbucht   - wird Havarie beim Errichten eines Hauses

Lösungen im Anhang

Welche Aufträge sind jeweils bei den nun folgenden Übungen mit der gegebenen Umschreibung gesucht?

270. Auftrag

Entfärbe das Antlitz! — wird ein Mensch mit weißer Hautfarbe

271. Auftrag

Von einem berühmten Barock-Komponisten wird verlangt, dass er steifbeinig einherwandeln möge — wird ein Vogel

272. Auftrag

Geh schnell, Zug! — wird Karrierebeschreibung

273. Auftrag

Einmal keine Aufforderung, sondern ein Wehgeschrei, dass es schon wieder rotes Gemüse gibt — wird zu Apparaten

274. Auftrag

Koche Atmungsorgane — wird zu Wohnanlagen

275. Auftrag

Aufforderung an einen Blutsverwandten ersten Grades, sich gymnastisch zu betätigen — wird Sportförderer

Welche Aufträge sind jeweils bei den nun folgenden Übungen mit der gegebenen Umschreibung gesucht?

276. Auftrag

Nähere dich, feierliches Gedicht! — *wird Möbelstück*

277. Auftrag

Renne, schnurrendes Haustier! — *wird Beförderungsgerät*

Mach's richtig!
Sich lösen von fixen Assoziationen

Man wird es nicht glauben: ein Wort, das man ganz sicher kennt und das man, wenn man direkt danach gefragt wird, ohne weiteres artikulieren kann, verschlüpft sich quasi in einem Fangnetz, aus dem man es erst wieder mit einiger Mühe herauslösen muss, wenn - ja wenn einem statt dessen ein Wort präsentiert wird, das in irgend einer Weise an das richtige Wort anklingt.

In der folgenden Übung findet sich in Sätze hinein geschmuggelt jeweils ein Wort, das ähnlich klingt wie das eigentlich Passende. Diese phonetische Ähnlichkeit verführt zum Haften-Bleiben. Die Korrektur ist mitunter schwierig, ist aber eine gute Übung für Wortfindung sowie zum Lösen von Fixierungen.

Beispiel: *Bei gekränktem Ehrgefühl begehen die Japaner Mata Hari.*

Gemeint ist: Harakiri (Mata Hari war eine berühmte Spionin).

Die Lösungen zu allen „Mach´ richtig!" finden Sie im Anhang ab Seite 312.

Welches ist der falsche Begriff?
Wie muss das Wort richtig heißen?

278.   Mach's richtig!

Die Soldaten in Napoleons Kriegen wurden angefeuert durch das Absingen der Mitrailleuse.

279.   Mach's richtig!

Zur besseren Sichtbarmachung der Schauspieler trugen diese beim Spielen Kotaue.

Welches ist der falsche Begriff?
Wie muss das Wort richtig heißen?

280. Mach's richtig!

Eine schwülstige Rede oder Lobhudelei oder Klage nennt man Retirade.

281. Mach's richtig!

Ehe man die Sonne als Zentralgestirn erkannte, hielt man die Erde für den Drehmittelpunkt.
Dieses egozentrische System wurde also vom heliozentrischen abgelöst.

282. Mach's richtig!

Ein Aufbahrungsgestell, gewöhnlich mit Tüchern bedeckt, heißt Kalfaktor.

283. Mach's richtig!

Der Ehrenzug eines siegreichen römischen Feldherrn hieß Triumvirat.

284. Mach's richtig!

Achilles war der Fürst und Herrscher der Mormonen.

285. Mach's richtig!

Mehrarmige Leuchter heißen Gondoliere.

Lösungen im Anhang

Wie lange lebt dieses Insekt?

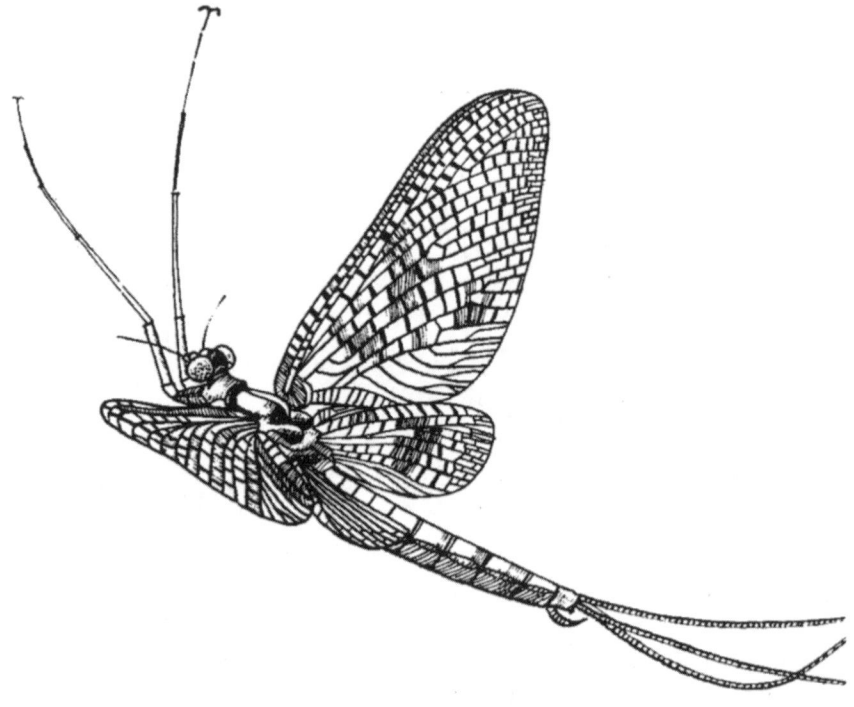

Lösung im Anhang unter Bildspiel 240, Seite 307.

Sprichwörter und Redensarten richtig stellen

Sprichwörter sind für das Gedächtnistraining sehr ergiebig. Stellen Sie bei den folgenden Spielen die Verfremdung der Sprichwörter und Redensarten richtig.
Was bedeuten die einzelnen Sprichwörter und Redensarten? Das Schmökern in einem Lexikon ist interessant und zeigt neue Zusammenhänge auf.

Die Lösungen zu den Aufgaben dieser Spielart finden Sie im Anhang ab Seite 314.

286. Sprichwörter und Redensarten richtig stellen

a) Schweigen ist Silber, Reden ist Blech.
b) Jung gereut ist nie bereit.
c) Wer zuerst kommt, nachtmahlt zuerst.

287. Sprichwörter und Redensarten richtig stellen

a) Spare mit der Not, dann hast du's mit der Zeit.
b) Der Apfel fällt nicht weit vom Ross.
c) Was man in der Jugend ersehnt, hat man im Alter: die Fülle.

Sprichwörter- und Phrasensalat

Nun werden Teile von Sprichwörtern falsch aneinandergekettet. Wie lauten die einzelnen Sprichwörter oder Redensarten vollständig und richtig? (Lösungen im Anhang ab Seite 314.)

288. Sprichwörter- und Phrasensalat

Wer einmal lügt - besudelt sich.
Sprichwort 1? Sprichwort 2?

289. Sprichwörter- und Phrasensalat

Wie man sich bettet - so schallt es heraus.
Sprichwort 1? Sprichwort 2?

290. Sprichwörter- und Phrasensalat

Lieber lässt eine Taube was vom Dache fallen,
als dass man nach Spatzen mit Kanonen schießt.
Sprichwort 1? Sprichwort 2? Sprichwort 3?

291. Sprichwörter- und Phrasensalat

In der Not muss man alle Fünfe grade nach der Decke strecken.
Sprichwort 1? Redensart 1? Redensart 2?

Nun werden Teile von Sprichwörtern falsch aneinandergekettet. Wie lauten die einzelnen Sprichwörter oder Redensarten vollständig und richtig?

292. Sprichwörter- und Phrasensalat

Wie man in den Wald ruft - glaubt man nicht.
Sprichwort 1? Sprichwort 2?

293. Sprichwörter- und Phrasensalat

Die schlechtesten Wespen sind es nicht,
an denen das Hungertuch nagt.
Sprichwort? Redensart?

294. Sprichwörter- und Phrasensalat

Der Meister fällt solange vom Himmel, bis er gekrümmt ist.
Sprichwort 1? Sprichwort 2?

295. Sprichwörter- und Phrasensalat

Wer den Krug nicht ehrt, ist den Gulden nicht wert.
Sprichwort 1? Sprichwort 2?

296. Sprichwörter- und Phrasensalat

Neapel seh'n und nicht sterben ist ärger als das Kind ohne Bad ausgießen.
Redensart 1? Redensart 2?

Nun werden Teile von Sprichwörtern falsch aneinandergekettet. Wie lauten die einzelnen Sprichwörter oder Redensarten vollständig und richtig?

297. Sprichwörter- und Phrasensalat

Es ist nicht alles Honig, worin man sich bettet.
Sprichwort? Redensart 1? Redensart 2?

298. Sprichwörter- und Phrasensalat

Auch der Wurm krümmt sich,
wenn er beizeiten ein Häkchen rupfen will.
Redensart? Sprichwort 1? Sprichwort 2?

299. Sprichwörter- und Phrasensalat

Eine Sprichwortgeschichte.
Bei diesem Spiel ist wieder die Loslösung von festgefahrenen Assoziationen das Wesentliche. Die Wortfindung - falsch angewandte Wörter auf das Richtige zurückführen - wird ebenfalls beansprucht. Kurz- und Dauerkonzentration werden ebenfalls beansprucht.
Welche Sprichwörter und Redensarten sind im folgenden Text enthalten?

Ein Splitter im blauen Auge ist noch immer besser, als eine Axt im eigenen Zimmerherrn. Hauptsache, man hat einen roten Hahn überm Dach und Fach. Denn wer im Gefängnis sitzt, darf nicht mit einem Glas ins Haus fallen. Im Gegenteil, wer seinen Kopf nicht zwischen den Beinen hat, muss den Hahn in den Korb machen lassen. Wenn einer nur mit allen Salben gewaschen ist, dann kann er auch mit trüben Fischen den Durst stillen. Schließlich macht ein Schwalbenschwanz noch keine Perle vor die fünfhundert Säue, und Mariechen saß auch im Gefängnis, weil sie das Kind mit dem Kegel ausgeschüttet hatte. Ein Nachbar hat da offenbar der Polenta einen nassen Floh in den Lausepelz gesetzt, sonst hätte doch nicht solch blindes Huhn am Sonntag sein Töpfchen an ihr gekühlt.

Allzuwörtlich

Denkgymnastik

Bei diesem Spiel ist das Wesentliche, sich von induzierten fixen Assoziationen lösen zu können. Das Spiel wird in mehreren Variationen gespielt und besteht darin, sehr sonderbar definierte Wörter, Sprichwörter oder Phrasen, also absonderlich umschriebene Begriffe zu entwirren und sie auf übliche sinnvolle Wörter zurückzuführen.

Beispiel: Gesucht wird eine Werkzeugfeier   - *wird zu einer Stadt*

Darunter kann man sich anfangs vielleicht nur schwer etwas vorstellen. Die Verblüffung über eine solche Wortklitterung erzeugt eine gewisse Spannung, die psychologisch wichtig ist, denn jetzt erfolgt die entlarvende Analyse dieses Wortgebildes.

   Die einzelnen Begriffe, die im genannten absonderlichen Begriff auftauchen, werden einzeln herausgelöst. Dann sucht man für die einzelnen Begriffe Synonyme. Diese Synonyme werden so zusammengefügt, dass sich ein sinnvoller Begriff ergibt. Der Hinweis „wird zu" hilft dabei, diesen nun sinnvollen Begriff zu finden.

Beispiel: Werkzeugfeier - Ein Synonym für Feier ist „Fest".
              Werkzeuge sind: Zange, Hammer, Schraubenschlüssel usw.
              „Zangenfest" ergibt keinen Sinn,
              „Hammerfest" jedoch sehr wohl, dies ist eine Stadt in Norwegen. Damit ist die Lösung gefunden.

Lösung: Hammer-Fest, *Hammerfest* (Stadt in Norwegen)

Erklärung: Eine Feier ist ein Fest.
              Ein Werkzeug, das mit dem Wort „Fest" einen sinnhaften Begriff ergibt, ist der „Hammer", zusammengesetzt also: „Hammerfest".

Ziel dieser Übungen ist es nicht unbedingt, die Lösung zu finden. Heiter im besten Sinne kann man sich am Aha-Erlebnis erfreuen, wenn man nach einiger Zeit des Knobelns die Lösung nachschlägt. Belohnt wird man durch eine Verfeinerung des Sprachgefühls und Stärkung des Sprachhumors.

Wie lautet bei den nun folgenden Übungen der ganz wörtlich umschriebene Begriff? (Lösungen ab Seite 316)

300. Allzuwörtlich

Einer, der eine Lichtpause plissiert — *wird ein Rüsseltier*

301. Allzuwörtlich

Nachtschattengewächse aus feuchten Gegenden
— *werden selbsttätige Apparate*

302. Allzuwörtlich

Kinderspielzeug, lebe wohl! — *wird Handlungsgedicht*

303. Allzuwörtlich

Mönchs-Hast — *wird zu Zugabschnitten*

304. Allzuwörtlich

Ausgelernter Forsteleve — *wird eine Pflanze für Maibowle*

305. Allzuwörtlich

Wickel für einen Totospieler — *wird ein Witterungswechsel*

Lösungen im Anhang

Wie lautet bei den nun folgenden Übungen der ganz wörtlich umschriebene Begriff?

306. Allzuwörtlich

Feudaler Vokal — *wird weiblicher Vorname*

307. Allzuwörtlich

Papageienempfehlung — *wird zu einem Berg*

308. Allzuwörtlich

Geschäftshirt — *wird zu einer schlecht verkaufbaren Ware*

309. Allzuwörtlich

Betätigte sich eine Verletzung als Dieb? — *wird ein graphisches Werk*

310. Allzuwörtlich

Besitzt meine Person wirklich einen stimmlosen Dentallaut?
— *wird zu einem Vogel*

311. Allzuwörtlich

Ein Malheur ist kein Einzelgänger.

Wozu werden diese Gegenstände benützt?

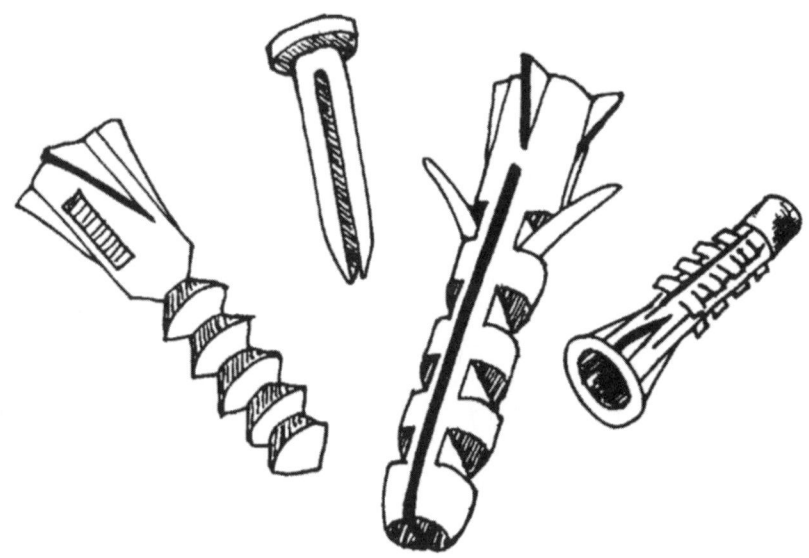

Lösung im Anhang unter Bildspiel 241, Seite 307.

Auch Sprichwörter oder Redensarten lassen sich mit Allzuwörtlich umschreiben. Wie lauten jeweils die folgenden umschriebenen Sprichwörter richtig?

312. Allzuwörtlich

Milchspeisenzerstörerbrigade.

313. Allzuwörtlich

Prioritäten in der Mühle.

314. Allzuwörtlich

Vorschlag einer Währungsdeckung mittels Eigentumsküche.

315. Allzuwörtlich

Keine Wärmesteigerung (Molekularbewegungserhöhung) für den Ignoranten.

316. Allzuwörtlich

Wettervorhersage vom Umschwung nach Niederschlägen.

317. Allzuwörtlich

Nichtstun als Beginn jedes Großtransportwagens.

Auch Sprichwörter oder Redensarten lassen sich mit Allzuwörtlich umschreiben. Wie lauten jeweils die folgenden umschriebenen Sprichwörter richtig?

318. Allzuwörtlich

Behauptung, dass ein deutscher Fluss im Oberlauf schweres Wasser hat.

319. Allzuwörtlich

Keramik schöpft Wasser bis sie speit.

320. Allzuwörtlich

Schonung von Bindehaut und Retina bei artgleichen Singvogelarten.

321. Allzuwörtlich

Ganz Gescheite wollen wissen, dass unter gewissen prekären Verhältnissen gewisse Dipteren ein diabolisches Menü wären.

322. Allzuwörtlich

Denen, die frühzeitig aus dem Bett steigen, Zeigt sich Eos mit künstlichem Gebiss?

323. Allzuwörtlich

Wer pluralistisch Kohlenhydrate mixt, verpatzt Cerealienspeise, ei verflixt!

Lösungen im Anhang

Auch Sprichwörter oder Redensarten lassen sich mit Allzuwörtlich umschreiben. Wie lauten jeweils die folgenden umschriebenen Sprichwörter richtig?

324. Allzuwörtlich

Federvieh ohne Dioptrie
erwischt dennoch manche Kalorie.

325. Allzuwörtlich

Ist kategorischer Imperativ
oder ethische Kritik angewandt,
wenn einer meint,
auf den Primärvokal folge stets ein erster Konsonant?

326. Allzuwörtlich

Den Geist, der stets verneint
als Freskostoff zu nützen -
lass bleiben, lieber Freund.

327. Allzuwörtlich

Ist des ewigen Ja-Sagers Allgemeinbefinden
nur allzu gut, dann fasst er Mut -
wird eines gefälligen Wintersports
sich überwinden.

Spiele VI

Mnemotechnik (Spiel 328 bis 330)

Die Einwortdefinition (Spiel 331 bis 333)

Mnemotechnik

Erinnerungsstützen

Um das Erinnern, die Wortfindung und die Merkfähigkeit zu unterstützen, gibt es eine kleine Hilfe: Merksätze oder kleine Verse.

Oft sind es die Anfangsbuchstaben der einzelnen Wörter eines solchen Merksatzes, die eine Gruppe von Begriffen, Dingen, Geschehnissen oder Personen zusammenfassen. Diese Art der Merksatzbildung kannten schon die alten Griechen (Akronyme bzw. Akrostichone).

Will man sich beispielsweise die neun bzw. zehn Planeten merken, kann man dies mit folgendem Merksatz versuchen:

Mensch, **V**erspotte **E**inen **M**enschen **I**n **S**einem **U**nglück **N**ie, **P**fui **X**aver!

Merkur, **V**enus, **E**rde, **M**ars, **J**upiter, **S**aturn, **U**ranus, **N**eptun, **P**luto, **X**ena.

(Xena wird von der NASA als 10. Planet bezeichnet, da er größer ist als Pluto.)

Man nimmt also die Anfangsbuchstaben der zu merkenden Elemente und sucht Wörter mit dem gleichen Anfangsbuchstaben, die dann zu einem sinnvollen Satz zusammengesetzt werden. Ein solcher zusammenhängender Satz ist wesentlich leichter zu merken als die verbindungslose Elementenaufzählung.

Obwohl dieses Mnemotechnische innerhalb dieses Trainings nur eine untergeordnete Rolle spielt, ist es doch ein wertvoller Behelf, um die Merkfähigkeit zu unterstützen, Freude an „denkerischen Handgriffen" zu bekommen und sich Mut zu machen, dass man sich auch etwas Schwierigeres, Vielteiliges merken kann.

Lösungsvorschläge zu den Aufgaben finden Sie im Anhang auf Seite 318.

328. Mnemotechnik

Versuchen Sie, einen Merkvers für den Tierkreis zu erstellen.

Widder - Stier - Zwilling - Krebs - Löwe - Jungfrau - Waage - Skorpion - Schütze - Steinbock - Wassermann - Fische.

329. Mnemotechnik

Versuchen Sie, einen Merkvers für die Apostel zu erstellen.

Andreas - Bartolomäus - Jakobus d. Ä. - Jakobus d. J. - Johannes - Judas - Matthäus - Matthias - Simon - Simon-Petrus - Paulus - Philippus - Thomas - Thaddäus.

330. Mnemotechnik

Versuchen Sie, einen Merkvers für die sieben freien Künste zu erstellen.

Dialektik - Astronomie - Grammatik - Musik - Geometrie - Arithmetik - Rhetorik.

Die Einwortdefinition

Dieses Spiel lässt sich versuchen, wenn man es spannend findet, aus einem Satz ein Wort zu kondensieren.

Beispiel: Was bedeutet mit einem einzigen Wort ausgedrückt
„die blaue Mauritiusmarke"?

Antwort: Briefmarkenrarität

Diese Konzentration von Worten auf einen Begriff ist eine ausgezeichnete Wortfindungsübung. Vom Prinzip her stellt dieses Spiel eine Überordnung dar. Diese Spielart ist auch deshalb so anspruchsvoll, weil es im Deutschen nahezu keine Möglichkeit gibt, Inhalte eines Satzes in einem Wort zusammenzufassen, ohne dass Wortungetüme entstünden. Denn die deutsche Sprache ist eine syntaktische Sprache mit Vorrang und Nachrang. Sie kennt an sich keine Kondensation, keine Verdichtung von Wörtern, wie wir es bei vielen außereuropäischen Sprachen finden. Um so reizvoller ist es, sich dennoch an einer solchen Wortdefinition zu versuchen.

331. Die Einwortdefinition

Was bedeutet in einem Wort zusammengefasst:

Die erste Mondlandung

332. Die Einwortdefinition

Was bedeutet in einem Wort zusammengefasst:

Der Zusammenschluss vieler Staaten in der Europäischen Union

333. Die Einwortdefinition

Was bedeutet in einem Wort zusammengefasst:

Das Essen von biologisch angebauten Nahrungsmitteln

Nachwort

Andere Sprachen, wie etwa manche indianische, haben umfassendere Begriffe für etwas, was wir nur mit einem ganzen Satz aussagen können. „Huizilipochtli" ist für einen Indio der Gott, der von der linken glücklichen Seite (d. i. vom Süden) uns zu Hilfe kommt. Alles steckt in dem einen Wort!

Wollte ein Indio die Sonne benennen, würde er etwa sagen: Dauerumkreisungsleuchter (er glaubt ja, dass die Sonne sich um die Erde dreht). Im Deutschen benötigt man einen ganzen Satz dafür: Ein Himmelskörper, der uns dauernd leuchtend umkreist. Darum sind die inhaltsreichen indianischen Hieroglyphenworte so schwer zu übersetzen, weil sie unserer Sprachideologie nicht konform sind. Es wäre aber durchaus in jedem Menschen vorgegeben - eine normale Funktion des menschlichen Gehirns - dass auch wir mit einem Begriff das Ganze umfassen könnten. Es entstünden dann Vollbegriffe, die bedeutsamer wären als einzelne Wörter. Möglicherweise liegt hierin sogar eine künftige Entwicklungsmöglichkeit unserer Sprache.

Eine Zukunftsmöglichkeit? Eine Erweckung von Fähigkeiten, die vielleicht sehr ertragreich wären? Wir wissen es nicht, wir üben es zu selten. Im Gegenteil - wenn man formuliert, zerlegt man im Allgemeinen sogar noch den trächtigeren Begriff.

Die germanischen Sprachen haben eine besondere Eignung zur Analyse. Das Lateinische ist da lapidarer. Eineinhalb Mal so lang ist im Durchschnitt eine deutsche Übersetzung davon.

Die englische Sprache ist noch viel sparsamer, sie besitzt nicht einmal eine komplizierte Syntax. Das Griechische wiederum zeichnet sich durch eine Fülle von Wörtern, also durch einen besonders gefeilten Vokabelreichtum aus. Beim Ungarischen und Finnischen, agglutinierenden Sprachen, wird eine Silbe oder ein Zeichen angehängt, wodurch sich völlig andere Wortbedeutungen ergeben.

Aber was ist das gegen „Huizilipochtli" oder „Quetzalcoatl", das ist jene Schlange, die ein Gott ist und gleichzeitig den Schwanz ringelt, weil sie eine

Schlange ist. Versuchen Sie das einmal mit einem Wort in einer europäischen Sprache auszudrücken.

Im Chinesischen wiederum ergibt die Betonung: hoch, tief, lautstark, geschwungen, mit Nasalierung, ohne solche - für das gleiche Wortbild zehn bis zwölf Bedeutungen. Unvorstellbar für uns! Beim Schreiben entsteht durch die Fügung des Schriftbildes die Unverwechselbarkeit. Ein japanisches Gedicht besteht aus stimmungsträchtigen Bildern, fast nie aus Schilderungen, also Abläufen. Ebenso der chinesische Roman. Will man ihn übersetzen, muss man transponieren. Das Gleiche gilt auch für die Lyrik. Wenn Rilke Verlaine übersetzte, so entstand dabei ein neues Gedicht, weil Rilke selbst ein Dichter war.

Neue Welten

Das sind wunderbare Dinge - neue Welten, die man nur erfährt, wenn man sie sucht! Eingeengt meint vielleicht einer, die einzige Art und Weise, sich zu verständigen, wäre die in der eigenen Muttersprache. Keineswegs!

Das heißt nicht, dass die deutsche Sprache in ihrer Art nicht umfassend wäre, aber es geht um anderes: um das Wahrnehmen der Fülle, auch der Fremdartigkeit - die *vielen Blumen* sehen, die in Beeten blühen, fühlen können wie ein Indianer fühlt! Dass der Mond, wenn er zunimmt, ein anderes Wesen hat als der abnehmende, spüren heute viele nicht mehr. „Mond" ist für uns belastet mit zuviel Physik - die Natursichtigkeit, die ein Naturvolk noch innehat, ist uns abhanden gekommen. Für diese Menschen ist ein Halbmond eben ein neues Wesen. Für die Germanen fraß der Fenriswolf den Mond und spie ihn nach der Mondfinsternis wieder aus. Die Griechen waren zur gleichen Zeit ein paar tausend Jahre weiter, sie kannten bereits den astronomischen Mechanismus der Verschattung.

Warum haben wir den ganzen Weg entlang so großes Gewicht auf Emotion, Erleben, Zusammenhangsschau gelegt?

Weil sich, verknüpft mit dem gemüthaften Erfassen von Sachverhalten, auch der verstandesgemäße Anteil des Gedächtnisses weitet. Selbst wenn man wenig Einzelheiten speichern konnte, bleibt die Erlebensfülle: „Das gibt es also alles!"

Mit solchem Staunen fängt jede Wissenschaft, jedes Erkennenwollen an: Wenn wir alles, was uns begegnet und was uns umgibt, nicht mehr ganz so selbstverständlich finden.

Und *Mensch* kann nur werden, wem das große Staunen die Augen öffnet für die Wunder dieser Welt!

Stecker-Index - numerisch

31	Das Kochsalz.		63	Lucius Licinius Lucullus
32	Leonardo da Vinci		64	Der Igel
33	Wolfgang Amadeus Mozart		65	Der Truthahn
34	Das Pferd		66	Die Augen
35.	Die Laute		67	Der Inn
36	Pablo Ruiz Picasso		68	Napoleon Bonaparte
37	Hänsel und Gretel		69	Der Apfel
38	Das Kamel		70	Der Büffel, eine Rinderart
39	Ein Paar Würstchen		71	Elektron
40	Napoleon Bonaparte		72	Die Stadt Nürnberg
41	Die Hand		73	Die Kaffeebohne
42	Die Metamorphose eines Schmetterlings		74	Das Magnesium
			75	Das Streichhölzchen
43	Die Hefe		76	Das Pferd
44	Gaius Julius Cäsar		77	Wolfgang Amadeus Mozart
45	Johann Wolfgang von Goethe		78	Das Kochsalz
46	Die Sonne		79	Der Schornsteinfeger
47	Rotkäppchen		80	Der Kuckuck
48	Das Pendel		81	Rainer Maria Rilke
49	Josef, Jakobs Sohn (Bibel)		82	Gaius Julius Cäsar
50	Venedig		83	Das Hühnerei
51	Die Drohnen, die Bienenmännchen		84	Die Schachkönigin
52	Die Quadriga		85	Die Wirbelsäule
53	Christoph Kolumbus			
54	Die Nacht		**Homonymstecker**	
55	Die Lipizzaner		86	Hornhaut
56	Die Vanille		87	Stich
57	Ernest Hemingway		191	Überholen
58	Nikolaus Kopernikus		192	Anhänger
59	Die Pilgerväter		193	Vorfahren - vorfahren
60	Apostel Paulus (Bibel)		194	Auftrieb
61	Der Polarstern		195	Auslagen
62	Hans im Glück		196	a) Kiel - b) Flügel - c) Seele - d) Posen - e) Fahne

Stecker-Index - alphabetisch

Apfel	69		Paulus	60
Augen	66		Pendel	48
Büffel	70		Pferd	34
Cäsar	44		Pferd	76
Cäsar	82		Picasso	36
Drohnen	51		Pilgerväter	59
Elektron	71		Polarstern	61
Goethe	45		Quadriga	52
Hänsel und Gretel	37		Rilke	81
Hand	41		Rotkäppchen	47
Hans im Glück	62		Salz	78
Hefe	43		Salz	31
Hemingway	57		Schachkönigin	84
Hühnerei	83		Schornsteinfeger	79
Igel	64		Sonne	46
Inn	67		Streichhölzchen	75
Josef, Jakobs Sohn	49		Truthahn	65
Kaffeebohne	73		Vanille	56
Kamel	38		Venedig	50
Kolumbus	53		Wirbelsäule	85
Kopernikus	58		Würstchen	39
Kuckuck	80			
Laute	35		**Homonymstecker**	
Leonardo da Vinci	32		Anhänger	192
Lipizzaner	55		Auftrieb	194
Lucullus	63		Auslagen	195
Magnesium	74		Hornhaut	86
Metamorphose	42		Stich	87
Mozart	33		Überholen	191
Mozart	77		Vorfahren	193
Nacht	54			
Napoleon	40			
Napoleon	68			
Nürnberg	72			

Anhang

mit Lösungen zu allen Spielen

Lösungen

Spiele I - Überlegensfragen

1. Überlegensfragen

a) Aus Kork, dem von Pflanzen gebildeten sekundären Abschlussgewebe z. B. von Wurzeln. Kork ist ein geschichtetes Gewebe aus abgestorbenen Zellen, die wasserdichte Zellwände besitzen. Außerdem besitzt Kork durch Gerbstoffeinlagerung auch pilz- und bakterienabweisende Eigenschaften.

b) Durch das Reiben des Tuches auf den genannten Flächen entsteht Reibungselektrizität durch Ladungstrennung. Sofort werden die Staubteilchen vom Tuch weg wieder auf die Fläche zurückgeholt (elektrostatische Anziehungskraft). Mit chemischen Stoffen imprägnierte Tücher werden nicht elektrisch aufgeladen, der Staub bleibt daher an ihnen haften und wird nicht wieder auf die zu reinigende Fläche zurückgezogen.

c) Weil sein spezifisches Gewicht (Dichte) kleiner ist als die Dichte des Wassers. Der Mensch besteht nur zu ungefähr 60 % aus Wasser und - je nach Alter und Ernährungszustand - zwischen 10 % und 50 % des Körpergewichtes aus Fett, welches leichter ist als Wasser (geringere Dichte). Ein ruhig auf dem Rücken liegender Schwimmer ragt mit der Nase aus dem Wasser. Je dichter das Wasser ist, etwa durch Salzgehalt (z. B. beträgt der Salzgehalt des Toten Meeres 24 %), umso mehr ragt der Schwimmer aufgrund des dann noch höheren Auftriebs aus dem Wasser.

d) Das Verhältnis von Knaben- zu Mädchengeburten beträgt in der weißen Bevölkerung 106 : 100. Im dritten Lebensjahrzehnt ist der Männerüberschuss ausgeglichen, da die männliche Sterblichkeit größer ist als die weibliche.

e) Weil der Diamant härter ist als Glas. Diamant ist ein extrem harter, spröder und farbloser Kristall mit tetraedischer Grundstruktur. Nach der Mohsschen Härteskala ist Diamant das härteste Mineral. Glas ist die erstarrte Schmelze aus Quarzsand, Soda und Kreide und hat eine Mohs-Härte von 5-7, Diamant von 10.

2. Überlegensfragen

a) 20 bis 21 Kilogramm.

b) In Mexico City (2000 Meter hoch). Der Springende ist dort weiter vom Erdmittelpunkt (geringere Anziehungskraft der Erde) entfernt und daher leichter. Seine Muskelkraft bleibt aber gleich, so dass er mit gleichem Krafteinsatz höher springen kann. Auf dem Mond könnte er sogar bis zu zwölf Meter hoch springen, da er dort nur einem Sechstel der Erdanziehungskraft ausgesetzt wäre.

c) Der Mistkäfer legt seine Eier in Mist- oder Abfallklümpchen und verklebt diese zu größeren Klumpen, die er auf der Erde durch Wälzen zu einer Kugel (Pille) dreht. Die Larven des Käfers finden darin Schutz vor Feinden und Lichteinwirkung. Sie ernähren sich gleichzeitig von diesem Abfall.

d) Der Laubfrosch als Insektenfänger steigt der Beute nach. Kerbtiere fliegen bei schlechtem Wetter nahe dem Boden, bei gutem Wetter fliegen sie höher.

e) Bähen heißt Erwärmen von Brot, z. B. im Backofen oder in der Mikrowelle. Dabei wird Wasser entzogen, das Brot wird knusprig. Allerdings geht dabei Vitamin B verloren.

3. Überlegensfragen

a) Ungefähr Siebzig Kilogramm pro Tag. Die Spitzmaus frisst pro Tag mindestens ihr Eigengewicht, meistens noch viel mehr.

b) Gelb.

c) M (Mama). Das Schließen des Mundes bei gleichzeitiger Stimmgebung ergibt m-m-Mama.

d) Man benutzte ein Pendel mit variierender Pendellänge (man schob einen Knopf an der Pendelstange auf und ab). Je kürzer ein Pendel ist, desto schneller schwingt es. Wenn man den Pendelschlag mit dem Pulsschlag synchronisierte, hatte man an der Pendelstangenlänge ein Maß für den bei Fieber vermehrten Pulsschlag. Man konnte also sagen: „Der hat zehn Zentimeter Fieber", normalerweise wäre vielleicht fünfzehn Zentimeter beim Gesunden die richtige Pendellänge gewesen.

e) Die Römer ließen sich von Gletschern oder beschneiten Bergen als Eilfrachten Schnee und Eis kommen und vergruben es in tiefen Kellern. Dort hielt es sich wochen- und monatelang. Sie vermischten das Eis dann mit Obst bzw. mit Früchten. Hippokrates schrieb als erster Früchte in Eis als Diätspeise vor, also Speiseeis, das in Gruben kalt gehalten wurde.

4. Überlegensfragen

a) Beide Eierstöcke. Bei Frauen liefert abwechselnd der rechte und der linke Eierstock in Monatsabständen ein Ei. Bei manchen Tieren verhält es sich anders. Es gibt Tiere, bei denen einer der beiden Eierstöcke zurückgebildet ist, so ist beim Huhn beispielsweise nur der linke Eierstock tätig.

b) Reinecke, Koseform von Reinhart, was soviel bedeutet wie: der wegen seiner Schlauheit Unüberwindliche. Der Fuchs gilt als Sinnbild für Schlauheit und Hinterlist.

c) Die Fliehkraft. Beim Schütteln beschreibt der Arm eine kreisende Bewegung, wobei der Thermometerfaden vom Kreismittelpunkt (Schulter) an die Kreisperipherie (das Thermometerende) getrieben wird. Notwendig ist diese Handhabung deshalb, weil das Fieberthermometer den höchsten Stand der Temperatur anzeigt und der Faden auch nach der Messung stehen bleibt (Maximalthermometer. Bei Erreichen der Maximaltemperatur reißt der Flüssigkeitsfaden ab.). Andere Thermometer stellen sich nach der Umgebungstemperatur ein.

d) Die Kaffeebohnen werden entweder durch ein Mahlwerk zerrieben (mechanische Kaffeemühle) oder durch Messer zerschlagen (elektrische Kaffeemühle).

e) Pergament. Es handelte sich um enthaarte, ungegerbte, bisweilen dünn geschliffene oder zerlegte Tierhäute von Ziege, Schaf oder Kalb.

5. Überlegensfragen

a) Der Persianer- oder Breitschwanzpelz stammt vom ungeborenen Lamm des Karakul- oder Fettschwanzschafes, dessen Fell noch gelockt ist (Karakul ist ein See im Hochland des Pamirgebirges).

b) Mit Minze. Damit wurde auch Wein gewürzt.

c) Bienen und Wespen als Hauptbestäuber dieser Blüten sehen im Dämmerlicht des Waldes nur diese hellen Farben. Bei Pflanzen, die am Waldesgrund wachsen, wäre Windbestäubung kaum möglich.

d) Bereits in der ersten Woche hört ein Küken. Das Gelege kann nur überleben, wenn die Küken ungefähr zur gleichen Zeit schlüpfen. Mit Eilauten verständigen sich die Eiinsassen diesbezüglich, selbst dann, wenn die Henne die Eier an verschiedenen Tagen abgelegt hat. Für die Küken ist das gleichzeitige Schlüpfen eine Lebensnotwendigkeit, damit nicht etwa Eier noch bebrütet werden müssen, während andere Geschwister schon selbst auf Futtersuche gehen oder von den wegfliegenden Eltern versorgt werden. Die Brutdauer der Hühnervögel beträgt 17 bis 34 Tage.

e) Weil grünes Gemüse Eisen und Magnesium enthält. Magnesium ist insbesondere im grünen Pflanzenfarbstoff Chlorophyll enthalten.

6. Überlegensfragen

a) Vier: deutsch, französisch, italienisch und rätoromanisch.

b) Es wurde Alabaster verwendet, eine feinkörnige, durchscheinende Gipsart, die dünn geschliffen wurde. Daneben kam auch dünnschliffiges Holz zur Anwendung. Durchsichtiges Fensterglas ist zwar ein alter Werkstoff, denn schon die alten Ägypter kannten Glasschmelze und Glasperlen und auch die Römer benutzten bereits Glas als Fensterfüllung (1. Jh. n. Chr.). Bei uns kam Fensterglas jedoch aus technischen Gründen erst sehr spät zur Anwendung (ab ca. Ende des 15. Jh.), denn das Gießen von Fensterglas war technisch sehr schwierig.

c) Dargestellt ist nur eine Mondsichel, also ein Viertelmond, kein Halbmond. Im Islam symbolisiert der Sichelmond („Halbmond") zugleich Öffnung und Konzentration.

d) Kühe, für die sieben mageren und die sieben fetten Jahre.

e) Etwa tausend Glühwürmchen. In früheren Zeiten, als man weder Elektrizität noch billiges anderes Licht kannte, nutzte man bisweilen tatsächlich eine solche Lichtquelle.

7. Überlegensfragen

a) Auf keinem bestimmten. Die griechisch-byzantinische Madonna trägt das Kind oft auf dem linken Arm, weil sie als „Wegweiserin", griechisch „Hodegetrike", mit zwei Fingern der rechten Hand den Weg zum Himmel weist. Rechtshänderinnen tragen gewöhnlich das Kind auf dem linken Arm und Linkshänderinnen auf dem rechten Arm, weil die Arbeitshand dadurch frei bleibt.

b) Blanchieren bedeutet, Gemüse rasch mit kochendem Wasser abbrühen.

c) Trimmen.

d) Bluter. Die Bluterkrankheit ist ein vererbbares Leiden. Sie beruht auf dem Fehlen bzw. der Inaktivität von speziellen Plasmaeiweißen, ohne die eine Blutgerinnung stark verlängert ist. Die Erbinformation für die Herstellung dieser Plasmaeiweiße (Gerinnungsfaktor VIII oder IX) befindet sich auf dem X-Chromosom. Da Männer nur ein X-Chromosom besitzen, erkranken sie, wenn dieses X die entsprechenden Erbinformationen nicht oder nur fehlerhaft besitzt. Frauen erkranken nur, wenn sie zwei kranke X-Chromosomen haben. Daher übertragen Frauen meist nur die Krankheit, erkranken selbst jedoch nicht, wenn eines der vorhandenen X-Chromosomen gesund ist, also diese korrekte Erbinformation für Faktor VIII oder IX aufweist. Behandelt wird die Bluterkrankheit mit Faktor VIII- oder IX-Konzentraten, die in die Vene verabreicht werden müssen. Möglicherweise lässt sich in Zukunft die Krankheit heilen durch Übertragung der Erbinformationen (Gen) für Faktor VIII bzw. IX (Gentherapie).

e) Der Schmetterling braucht lediglich einige Minuten, um schon in voller Größe aus der Puppe zu kriechen. Durch Ansaugen von Luft spreizen sich in wenigen Minuten seine Flügel.

8. Überlegensfragen

a) Die Fliehkraft drückt den Schaukelnden nicht nur auf seinen Sitz, also vom Schaukelmittelpunkt weg, sondern sie drückt auch seine Beine gegen den Schaukelboden.

b) Köcher.

c) Erst seit dem sechsten Jahrhundert. Der skytische Mönch Dionysius Exiguns gab 525 eine Sammlung von ins Lateinische übersetzten Konzilsbeschlüssen heraus (lateinisches Kirchengesetzbuch) und legte damit die christliche Zeitrechnung fest.
Zusatzinformation: Die Araber datieren ihre Zeitrechnung ab Mohammeds Wanderung (Hedschra) 622 von Mekka nach Medina.

d) Frischling.

e) Talar, das weite, lange Amtskleid von Geistlichen, Richtern und Hochschullehrern. Zu deutsch: Das bis zum Fersenbein reichende Kleidungsstück, abgeleitet vom lateinischen Wort „talus", Fersenbein. Bereits bei den alten Griechen trugen Frauen lange Gewänder (Peplos und Chiton). Bei den Römern trugen Frauen die ärmellose, bodenlange Tunika und darüber die Stola (nur verheiratete Frauen der Oberschicht). Die Kleidung der männlichen Römer bestand aus einer meist knielangen Tunika. Römer, die das römische Bürgerrecht besaßen, trugen außerdem darüber als festliches Obergewand eine bodenlange Toga. Diese durfte nur in Friedenszeiten und niemals bei der Arbeit angelegt werden.

9. Überlegensfragen

a) Vogelbauer. Bauer ist ein deutscher Ausdruck, der auf die sprachliche Wurzel „bauen" für wachsen, gedeihen, wohnen zurückgeht. In der Literatur des 19. Jahrhunderts heißt es noch „Vogelbauer", während heute der Ausdruck „Käfig" Verwendung findet. Die Naturbehausungen von Vögeln heißen Nest oder Horst.

b) Weil Fett oben schwimmt und bei plötzlichem Luftabschluss explodiert. Spontan brennende Ölquellen können daher nur mit feuererstickenden Mitteln, etwa Sand oder Schaum gelöscht werden.

c) Die Farben der Sterne sind Temperaturfarben. Grünglühende Körper gibt es nicht. Temperaturfarben nennen wir Farben, die durch Erhitzen von Stoffen entstehen, also nicht dem Stoff selbst eigen sind. So ist beispielsweise Eisen bei Zimmertemperatur grau, bei mäßiger Erwärmung rotglühend und ab 1200 Grad Celsius weiß-gelb glühend.

d) Das Saatgut wird im Herbst ausgesät und kann sogar ankeimen. Es überwintert im Boden, geerntet wird im nächsten Jahr. Sommersaat wird im Frühjahr ausgesät, hierbei erfolgen Aussaat und Ernte im gleichen Jahr.

e) Sauerstoff, und zwar zu fast 65 Prozent hauptsächlich gebunden in Wasser. Wasser ist kein chemisches Element, sondern eine Verbindung, die aus zwei Atomen Wasserstoff und einem Atom Sauerstoff besteht.

10. Überlegensfragen

a) Beim niedrigen Luftdruck in großer Höhe ist die Siedetemperatur des Wasser so niedrig, dass Eiweißstoffe, z. B. Eier oder Fleisch nicht auf übliche Kochtemperaturen von 100 Grad Celsius gebracht werden können. Im Druckkochtopf lässt sich jedoch die nötige Temperatur erreichen.

b) Seit ca. 1520. Magellan, der portugiesische Seefahrer, fand auf seiner Südamerikareise bei den Eingeborenen ein Spiel mit elastischen Kügelchen aus Kautschuk, die, zweckentfremdet, den Bleistiftstrich löschen also ausradieren konnten.

c) Weizenkeime unterscheiden sich vom reifen Korn vor allem durch den Eiweißgehalt, Kleber genannt,. Auch Kohlenhydrate (Stärke) werden erst im reifenden Korn durch die Einwirkung von Sonnenlicht (Photosynthese) aufgebaut. Photosynthese ist der chemische Aufbau der Pflanzenbestandteile aus Kohlendioxid und Wasser mit Hilfe des Sonnenlichtes. Weizenkeimlinge enthalten daneben auch relativ mehr E-Vitamin als das fertige Korn.

d) Zellulose ist Ballaststoff, vermehrt das Stuhlvolumen, macht den Stuhl griffig für den Weitertransport im Darm. Der Volksmund bezeichnet Ballaststoffe oft als „Schlacken", was nicht zutreffend ist, da es sich um keinen Rückstand des Stoffwechsels handelt, der unnütz oder unrein wäre. Zellulose ist vielmehr ein Kohlenhydrat, das vom Menschen nicht verdaut werden kann, da ihm das hierfür notwendige Verdauungsenzym fehlt.

e) Schwarz als Trauerfarbe wurde Ende des 15. Jahrhunderts in Frankreich durch Anna von Bretagne, der Witwe Karls VIII., dem letzten Valois, eingeführt. Schwarz ist wie Weiß eine nichtbunte Farbe. Daher drückt es sowohl die Fülle des Lebens als auch den totalen Mangel davon aus. In asiatischen Ländern ist Weiß die Farbe der Trauer, ebenso war diese Farbe zeitweise auch Trauerfarbe am französischen Hof. Auch in der Antike war die bevorzugte Farbe von Opfertieren Weiß, wie beispielsweise bei Ziegen und Lämmern.

11. Überlegensfragen

a) Diese Vögel können infolge einer fleischigen Zunge menschenähnliche Laute hervorbringen.

b) Beim Ei dehnt sich die Luft darin durch die Wärme aus und sprengt die Schale. Bei Würstchen oder ähnlichen Speisen vergrößert sich durch die Wärme das Volumen des Inhalts und die Hülle zerreißt.

c) Nikotin und Teer. Nikotin befördert Gefäßkrankheiten und Thromboseneigung und damit Herzinfarkt und Gefäßverschlüsse an anderen Organen (z. B. Raucherbein). Teer ist jener Stoff, der beim Rauchen Lungengewebe krebsfördernd beeinflusst. Zigarettenrauch enthält etwa 4000 Chemikalien und 40 krebserregende Stoffe. Lungenkrebs ist heute die häufigste Krebsart bei Männern, 4 % aller Todesfälle durch Lungenkrebs entstehen durch Passivrauchen. Der Nebenstromrauch, den ein passiv „Mit-"Rauchender einatmet, enthält sogar mehr krebserregende Stoffe, als der Hauptstromrauch, den der Raucher selbst einatmet. Besonders gefährdet sind daher Kinder, die in Raucherhaushalten leben müssen. Der Gehalt an radioaktivem Polonium^{210} bewirkt, dass ein Raucher, der pro Tag 2 bis 3 Zigaretten raucht, sich im Jahr mehr radioaktive Strahlung zuführt als er durch eine Röntgenaufnahme erhalten würde.

d) Seit ihn Kaiser Konstantin 321 n. Chr. per Gesetz zum Ruhetag erklärte. In der Antike wurde der Samstag als Feiertag gefeiert, im Judentum wird der Sabbat von Freitagabend bis Samstagabend gefeiert, im Islam der Freitag.

e) Eine Maske versetzt eine Person in eine andere Rolle, eine Larve verbirgt eine Person. Der Sprachgebrauch verwischt oft den Unterschied, durch eine „Entlarvung" wird die wahre Gestalt sichtbar.

12. Überlegensfragen

a) Unter „Kleinbritannien" versteht man die Bretagne in Frankreich, weil von dort aus die Britischen Inseln im 5./6. Jahrhundert von vertriebenen Stämmen der Angeln und Sachsen erobert wurden.

b) Die dem kühlenden Gut entzogene Wärme wird an das Kältemittel des Kühlschrankes abgegeben. Das so erhitzte Kühlmittel verdampft. Der entstehende Dampf wird unter Druck gesetzt, was wiederum zur Verflüssigung des Kühlmittels führt. Dabei gibt es Wärme an die

Umgebung ab. Der Ort der Wärmeabgabe ist der Verflüssiger, der sich bei handelsüblichen Kühlschränken meist auf der Rückseite befindet. Daher ist die Hinterwand von Kühlgeräten warm, sie heizen sogar in geringem Maße die Umgebung auf. Soll Energie gespart werden ist es günstig, Kühlgeräte an möglichst kalter Stelle aufzustellen.

c) „Schlackenreich" ist ein falscher Ausdruck, besser sollte es „ballaststoffreiche" Kost heißen, weil durch Zugabe unverdaulicher Stoffe die Darmtätigkeit angeregt wird. Solche Ballaststoffe sind vorwiegend pflanzlicher Art, also Zellulose, für die der menschliche Darm kein Zerlegungsferment besitzt. Pflanzenfressende Tiere haben Zellulase, das Ferment zur Zelluloseverdauung, so dass sie aus dem Pflanzenzellstoff auch ihre Körpersubstanz aufbauen können.

d) Weil Vögel unter Ausnutzung des Aufwindes ohne Flügelschlag ruhig kreisen können. Dies ist vorwiegend bei Greifvögeln (Bussard, Adler) zu beobachten.

e) Weil durch das Gefrieren der Tropfen Wärme frei wird. Wenn Schnee schmilzt, wird hingegen Wärme verbraucht, also der Umgebung entnommen. Bei der Schneeschmelze wird demnach die über der Schneedecke liegende Luft kälter. Das Warmhalten der Wintersaat durch die Schneedecke hat mit der Gefrierwärme nichts zu tun, sondern mit der schlechten Wärmeleitung des Schnees, wodurch Schnee zum guten Wärmeisolator wird. Er schützt den Boden und damit die Saat gegen frostige Luft.

13. Überlegensfragen

a) Nirgends, denn das Tote Meer hat keinen Abfluss. Aus dem Toten Meer verdunsten täglich etwa 6 Milliarden Liter Wasser. Tot heißt das Meer deshalb, weil in ihm wegen seines hohen Salzgehaltes (24 %) fast kein Lebewesen existieren kann. In das Tote Meer mündet der Jordan.

b) Das Ohr. Die Sinnesorgane schlafen nicht gleichzeitig, sondern nacheinander ein entsprechend der lebenswichtigen Funktion, die sie inne haben. Das Auge, der Lichtwächter, wird zuerst ausgeschaltet. Das Ohr, das seit je Wächterdienst im Dunkeln leisten muss, bleibt noch aufnahmefähig, wenn auch nur Minuten länger. Es erwacht auch als erstes der Sinnesorgane.

c) Hunde und Fledermäuse. Ultraschall mit mehr als 20 000 Schwingungen (Hertz) pro Sekunde wird vom Hunde- oder Fledermausohr noch als Schall empfunden. Darauf beruht der Trick der Zirkusartisten mit rechnenden Hunden, wobei der Dresseur ein Ultraschall gebendes Pfeifchen (Galtonpfeife) im Mund betätigt. Diese Töne hört der Mensch nicht, wohl aber der Hund, der entsprechend der gehörten Zahl an Tönen eine Bewegung ausführt. Rechnen kann jedoch nur das Herrchen.

d) Maria Lichtmess ist das Reinigungsfest. Im alten Palästina war es z. B. religiöse Vorschrift, dass eine Wöchnerin vierzig Tage nach der Geburt ein Reinigungsfest im Tempel feierte, wobei sie eine Opferkerze widmete. Dieser Brauch wurde dann von den Christen im 5. Jh. als Fest (40 Tage nach Weihnachten) in die Kirche aufgenommen.

e) Fledermäuse tragen in ihrem Innenohr ein Empfindungsorgan (Sinnesorgan), das auf hochfrequente Töne ebenso reagiert wie auf Rücklauf(Echo)-Schall. Fledermäuse stoßen beim Fliegen Schreie in Ultraschallfrequenz aus, deren Echo von kleinen Gegenständen, selbst von Drähten, zurückgestrahlt wird (Schall oberhalb der menschlichen Hörschwelle zwischen 20 kHz und 1 gHz). Auch kleine Gegenstände geben Echotöne zurück, wenn sie von Luftschwingungen erreicht werden. Dieses System heißt „Sonarsystem". Da die Schallwellen das Innenohr erreichen müssen, könnte man im Experiment durch Verkleben der Fledermausohren dieses Sonar-Orientierungs-Sinnesorgan ausschalten. Die Tiere wären dann bei der Nahrungssuche und Flügen völlig hilflos.

14. Überlegensfragen

a) Fibeln (Spangen), das sind verzierte, schön geformte Vorläufer unserer heutigen Sicherheitsnadeln, daneben Schnüre und Bänder.

b) Mit sieben Jahren konnte ein Junge Page werden, mit vierzehn Jahren Knappe und mit 21 Jahren durch Ritterschlag Ritter.

c) Der Schmetterling. Er entwickelt sich aus dem Ei, der Raupe und der Puppe (Imago). Ei, Puppe und das fertige Insekt wachsen nie, nur die Raupe wächst unter mehrmaliger Häutung.

d) Die Redensart „kerngesund" bezieht sich auf das Kernholz eines Baumes, den Innenteil des Stammes. Das Kernholz besteht aus abgestorbenen Zellen und verschiedenen abgelagerten Stoffen wie z. B. Kieselsäure, Harzen, Gummi oder Gerbstoffen. Diese Stoffe wirken antibiotisch und verhindern dadurch die Zersetzung des Kernholzes. Wenn das Kernholz fault, ist der Baum krank und in seiner Stabilität und damit in seinem Bestand bedroht. Er ist dann nicht mehr „kerngesund".

e) Das Hungergefühl wird durch den Abfall des Zuckergehalts im Blut erzeugt. Eine niedrige Blutzuckerkonzentration bewirkt beim gesunden Menschen Appetit. Allerdings können auch Diabetiker bei hohem Blutzuckerspiegel Hunger empfinden. Es entscheidet also nicht das Blutzuckerniveau allein über das Hungergefühl, sondern auch die Schnelligkeit des Absinkens des Zuckerspiegels. Erfolgt dieses zu rasch, kann außer Hunger auch ein Stoffwechselschock entstehen, ein sogenannter hypoglykämischer Schock.

15. Überlegensfragen

a) Die Speisen werden durch die Peristaltik, also die Muskelbewegung der Eingeweide, weitergetrieben.

b) Horn ist Haareiweiß, also z. B. Schafwolle. Die Kleidermotte, eine Schmetterlingsart, greift mit ihren Fresswerkzeugen als Räupchen Haare an, also beispielsweise Textilien aus Schafwolle.

c) Ungefähr ein halbes Jahr benötigt ein Fingernagel für sein Wachstum vom Falz bis zum Rand.

d) Aus Ahorn, Fichte und Rottanne (diese besonders bei hochwertigen Geigen) und aus Ebenholz. Die Geigendecke besteht aus Fichten- oder Rottannenholz, der Boden, die Seitenteile (Zargen) und der Geigenhals aus Ahornholz, das Griffbrett wird aus Ebenholz gefertigt. Der Stimmstock besteht aus Fichtenholz und findet sich im Inneren des Instrumentes.

e) Die optischen Werkstätten von Carl Zeiss in Jena. Diese sozialen Leistungen wirkten in Form der Carl-Zeiss-Stiftung unter der Leitung von Ernst Abbe (1840 bis 1905). Stiftungszweck war die Entwicklung einer Unternehmensform, die ihren Mitarbeitern eine möglichst große soziale und finanzielle Sicherheit gewährleisten sollte. Außerdem sollten die Naturwissenschaften gefördert werden. Die Carl-Zeiss-Stiftung wurde 1948 in der DDR (Deutsche Demokratische Republik) enteignet und seit 1949 in der Bundesrepublik Deutschland in Oberkochen weitergeführt. Seit 1991 wird die VEB Carl Zeiss als Bestandteil der Jenoptik GmbH in Jena weitergeführt. Im Jahr 2004 wurden beide Unternehmen in Aktiengesellschaften umgewandelt. 1992 wurde mit dem nicht industriellen Vermögen der Carl Zeiss-Stiftung die Ernst-Abbe-Stiftung gegründet.

16. Überlegensfragen

a) Hundert Sonnen. Der Abstand zwischen Sonne und Erde beträgt ca. 150 Millionen km, der Sonnendurchmesser ca. 1,5 Millionen km.

b) Weißweinflaschen sollen liegend aufbewahrt werden, damit der Kork angefeuchtet bleibt, sonst wird dieser porös. Bei Rotwein gilt: Stehend aufbewahren, da Rotwein fast immer einen dunklen Satz aus den Rückständen der Traubenschalen und der Stängel bildet. Dieser Rückstand würde nach liegender Aufbewahrung beim Ausschenken in die Gläser geraten.

c) Die Samenkapsel liefert Öl, die Kapselfasern die Baumwolle. Das Öl wird als Speiseöl oder als Grundstoff zur Margarine- und Seifenherstellung verwendet.

d) Weiße Blutkörperchen sind eine Art Gesundheitspolizei, indem sie Krankheitserreger aufsuchen und vernichten. Dies geschieht mit Hilfe von sogenannten Antikörpern und/oder Fresszellen, die die Krankheitserreger in sich aufnehmen und abtöten. Weiße Blutkörperchen sind daher Helfer bei der Krankheitsabwehr und bilden den Wundeiter.

e) Geigensaiten werden aus Schafsdarm, Chemiefasern (Kunststoff) und Metall gefertigt. Die G- und D-Saiten sind meist aus Darm, A- und E-Saiten aus Stahl oder Chemiefasern hergestellt. Die Saitenkerne können mit Draht aus Aluminium oder Silber umsponnen sein.

17. Überlegensfragen

a) Das südamerikanische Wort „Choko-atl", von dem unser Wort Schokolade stammt, bedeutet wörtlich „bitteres Wasser". So nannten die Eingeborenen ihr Getränk aus Kakaobohnen und Wasser, das die Europäer bei der Eroberung Mexikos kennen lernten. Schokolade wird erst durch Zusatz von Zucker süß.

b) Die Schweiz, die Slowakische Republik, die Tschechische Republik, die Türkei.

c) Yin symbolisiert das Weibliche, die Erde, das Dunkle, die unterbrochene Linie. Yang entspricht dem Männlichen, dem Himmel, der Helle und der Aktivität. Beide Prinzipien zusammen, dargestellt als Kreis, der durch eine geschlängelte Linie symmetrisch aufgeteilt wird, symbolisieren die Einheit, die polarisiert auseinandergebrochen ist. Beide Seiten sind voneinander abhängig. Symbol hierfür ist der Punkt in der Mitte der Felder in der jeweils anderen Farbe. Yin und Yang beeinflussen sich gegenseitig stark, stehen sich jedoch grundsätzlich nie feindlich gegenüber.

d) Das Kinderbuch „Der Struwwelpeter" von Dr. Heinrich Hoffmann, einem Frankfurter Arzt, der das Buch 1847 für seinen dreijährigen Sohn Carl zu Weihnachten schrieb und selbst illustrierte. Es wurde in die meisten europäischen Sprachen übersetzt. Die genannte Stelle findet sich in der Geschichte vom „Zappelphilipp" und zwar an der Stelle, an welcher Zappelphilipp den Tisch abgedeckt hat und rückwärts mit dem Stuhl umgekippt ist.

e) Hormone werden in Drüsen innerer Sektion erzeugt, z. B. der Schilddrüse, der Bauchspeicheldrüse oder der Nebenniere.

18. Überlegensfragen

a) Bereits im Altertum, ca. 280 v. Chr. erkannte der Grieche Aristarch von Samos die Sonne als Mittelpunkt der Planetenbewegung.

b) Jericho ist die am tiefsten gelegene Stadt der Erde - sie liegt 250 m unter dem Meeresspiegel. Jericho ist eine Oasenstadt im Jordantal und besteht seit der Mittelsteinzeit. Sie ist eine der ersten umfriedeten Städte und mindestens 9000 Jahre alt.

c) Der Gummiball. Kolumbus beobachtete auf der von ihm entdeckten Insel Haiti (Große Antillen) belustigt den elastischen springenden Ball aus Gummisaft (Latex), mit dem Eingeborene spielten.

d) Brotschimmel. Das moderne Penicillin und ähnliche Antibiotika stammen aus ganz bestimmten Schimmelpilzarten. Die Schimmelpilzarten auf Nahrungsmitteln haben zwar ähnliche Eigenschaften, sind aber oft auch giftig, besonders für die Leber.

e) Seit ungefähr 12 000 Jahren. Vorher lebten die Menschen hauptsächlich als Jäger und Sammler. Der Übergang vom Jäger und Sammler zum Ackerbauern und Viehhalter markiert den Übergang zur Jungsteinzeit.

19. Überlegensfragen

a) Damen bestrichen damals (Mitte des 18. Jh.) ihre Haut mit einem Gemisch aus Eiklar und Zucker, um einen weißen Teint zu erhalten.

b) Der Mond bezieht sein Licht von der Sonne. Er wird von ihr angestrahlt. Das „Mondlicht" ist also eigentlich nur reflektiertes Sonnenlicht, der Mond selbst ist dunkel. Die Sonne ist ein Fixstern und der Mond ein Trabant der Erde.

c) Man läßt Haferkörner durch erhitzte Walzen laufen, wobei sie in ihrem Stärkeanteil aufgeschlossen werden. Haferkörner werden dadurch leicht süßlich (Dextrinierung). Durch Quetschen werden sie außerdem zerkleinert.

d) Der römische Kaiser Tiberius (42 v. Chr. - 37 n. Chr.). Er ließ für die natürliche Gurkenzucht Treibhäuser bauen. Gurken sind normalerweise ein Spätsommergemüse und leicht verderblich. Daher können sie nicht über einen längeren Zeitraum gelagert werden.

e) In Armenien um 220 n. Chr., hundert Jahre früher als in Byzanz (325 n. Chr.).

20. Überlegensfragen

a) Die Planeten oder Wandelsterne. Im Altertum kannte man bereits die Planeten Jupiter, Mars, Venus, Merkur und Saturn. Die weiteren Planeten Pluto, Neptun und Uranus wurden erst später entdeckt. Die Entdeckung des Asteroiden Sedna im Jahr 2003 führte zur Diskussion, ab welcher Größe ein Himmelskörper als Planet anzusehen ist. Im Jahr 2005 wurde Xena entdeckt, der von der NASA als 10. Planet unseres Sonnensystems bezeichnet wird. Es handelt sich um ein Objekt des Kuipergürtels. Die Reihenfolge der Planeten nach zunehmendem Abstand von der Sonne aus lautet: Innere Planeten: Merkur, Venus, Erde, Mars - Planetoiden- oder Asteroidengürtel - äußere Planeten: Jupiter, Saturn, Uranus, Neptun. Nach einer Sonnenentfernung von 4 500 Millionen Kilometern folgen die Transneptunischen Objekte wie Pluto und Xena. Zwischen Mars und Jupiter kreisen die Planetoiden- oder Asteroiden um die Sonne. Dieser „Gürtel" aus Tausenden von kleinen und kleinsten Planeten wird als Trennungsgürtel zwischen inneren und äußeren Planeten bezeichnet.

b) Reines Fett, das kein Wasser enthält. Es besitzt pro Kilogramm etwa 37 500 Joule (oder 9 000 Kalorien).

c) Unzählige Male kann eine Biene stechen, doch nur durch den Chitinpanzer anderer Insekten, z. B. Wespen, oder durch andere harte, glatte Dinge. Einen Menschen oder andere Warmblüter kann eine Biene nur einmal stechen, da der Stachel in der weichen, zähen Säugetierhaut stecken bleibt und die Eingeweide der Biene mit heraus reißt. Dies führt zum Tod der Biene.

d) Die höchstgelegene Eisenbahnstrecke findet sich im Himalaja in Tibet. Sie verläuft von Xining in China nach Llhasa in Tibet, wo sie bis in eine Höhe von 5 072 Meter ü. d. M. reicht (höchster Bahnhof der Welt: Tanggula, 5 068 Meter ü. d. M.).

e) Blut schießt in die kleinen Hautgefäße (Kapillaren) ein, so dass die Haut sich rötet. Es handelt sich dabei um eine nervöse Steuerung über das vegetative Nervensystem. Bei Zorn oder Erregung führt die Aktivierung von Beta$_2$-Rezeptoren (Adrenalin) in den Gefäßwänden oder Gesichtskapillaren zu einer Gefäßerweiterung. Bei Hitze erweitern sich die Blutgefäße, um die Wärmeabgabe zu verbessern.

21. Überlegensfragen

a) Die Verwendung von Paprika als typisches ungarisches Nationalgewürz wurde erst ab den Napoleonischen Kriegen, also nach 1800 üblich. Durch die von Napoleon verhängte Kontinentalsperre (Abschließung des europäischen Kontinents gegen Großbrittanien) konnte, der bis dahin übliche Pfeffer aus Ostindien nicht mehr eingeführt werden. Paprika wurde als Pfefferersatz verwendet.

b) Hartkäse braucht zur Reifung ca. ein Jahr, Weichkäse einige Wochen, Frischkäse zwei Tage. Unter Reifung versteht man beim Käse nicht nur ein Älterwerden, sondern eine chemische Veränderung durch Zusatz von Fermenten, gewöhnlich mit Hilfe von Bakterien, manchmal aber auch von Tieren, z. B. Milben (wie echter Würchwitzer Spinnenkäse aus Würchwitz in Sachsen-Anhalt).

c) Wenn man einen Faden der echten Seide anzündet, bildet sich ein Ascheknötchen. Ein Kunstseide(Viskose)-Faden dagegen verbrennt ohne Aschebildung. Andere synthetische Fasern erhitzen sich und schmelzen wie Glasfluss, können jedoch auf Haut und Gewebe durch die Wärmeeinwirkung schwere Verbrennungen verursachen.

d) Ein Baum benötigt pro Tag ca. 400 Liter Wasser. Dieser ungeheure Wasserumsatz macht Bäume zu wichtigen Temperatur-, Feuchtigkeits- und Klimafaktoren.

e) Mikroskop.

f) Das Insulin, den Zuckerverwerter und Glukagon, den Gegenspieler des Insulins. Daneben noch die Hormone Somatostatin (hemmt Insulin- und Glukagonausschüttung sowie die Wirkung von Wachstumshormon) und das Pankreas-Polypeptid, das die Pankreassekretion hemmt. Dieses wird daher auch als „Sättigungshormon" bezeichnet. Die Bauchspeicheldrüse produziert außerdem noch ein Sekret, den Bauchspeichel, der Fermente zur Verdauung enthält.

22. Überlegensfragen

a) Das Wort „Pechvogel" leitet sich ab vom Vogelfang mit der Pechrute.

b) Kartoffeln - Tomaten - Paprika.

c) Diese Tiere erzeugen während des Winterschlafs einen Herzschlag pro Minute.

d) Der achte Zahn in jedem Kieferviertel (Ober- oder Unterkiefer), der bisweilen erst lange nach der Kindheit durchbricht, in einer Zeit also, in der man schon „weiser" ist, heißt „Weisheitszahn".

e) Gegen Verbrecher und Deserteure werden Steckbriefe erlassen.

f) Dorsch ist der Name des jungen Kabeljaus.

Spiele I - Combi

23. Combi (alle Wörter beginnen mit K)

a) *Kauri*. Es ist dies eine Schneckenart und keine Muschel, obwohl man sie fälschlicherweise als Kauri-"Muschel" bezeichnet. Schneckengehäuse sind erkennbar an ihrer gedrehten Form, während Muscheln zwei Gehäuseteile aufweisen, die durch Muskelzug zusammengehalten werden. Bei toten Muscheln fallen die Gehäuseteile auseinander.

b) **Kohlendioxid CO_2**. Winzer, die den Weinkeller kontrollieren, halten eine brennende Kerze in der Hand, damit sie das Niveau des Kohlendioxids bestimmen können. Die Kerze erlischt, sobald sie in das Kohlendioxidniveau gerät, weil Kohlendioxid selbst nicht brennt und das Erlöschen der Flamme damit den Mangel an Sauerstoff anzeigt. Daher nehmen Winzer niemals Hunde mit in den Keller, denn diese ragen über das tödliche Gasniveau am Boden nicht hinaus und ersticken.

c) **Klimaanlage**. Sie funktioniert nur in geschlossenen Räumen, dient bisweilen auch der Luftreinigung und ist meist einstellbar nach gewünschten Werten.

d) **Kimono**. Der Kimono ist ein traditionelles japanisches Kleidungsstück. Er ist T-förmig geschnitten, reicht bis zu den Knöcheln und besitzt weite Ärmel. Ein Kimono wird von links über rechts um den Körper gewickelt und von einem Obi, das ist ein schärpenartiger Gürtel, zusammengehalten. Dieser wird in Form einer großen Schleife auf dem Rücken gebunden. Je nach Anlass werden unterschiedliche Arten von Kimonos getragen. Bei Damenkimonos gilt: Die Ärmel sind umso länger, je feierlicher der Anlass ist.

e) **König**.

f) **Kiesel**. Dies ist eine Formbezeichnung, keine Gesteinsart. Es gibt Kiesel in vielen Größen von winzig klein bis riesengroß und in vielen Farbschattierungen.

g) **Kolibri**. Der bunt schillernde Vogel, oft nur hornissengroß, erzeugt bis zu 50 Flügelschläge pro Sekunde, so dass er in der Luft schwirrend zu schweben scheint. Der lange dünne Schnabel und die lange Zunge saugen Blütennektar und nehmen kleine Insekten auf.

24. **Combi** (alle Wörter beginnen mit L)

a) **Lama**. Es hat keine Höcker und wird manchmal als Haustier gehalten. Fleisch und Haare sind Handelsware. Das Tier, aus dem das Lama herausgezüchtet wurde, heißt Guanako. Die gewonnene Wollart heißt „Lamahaar". Von einer etwas kleineren gezähmten Andenkamelrasse, dem Alpaka wird die „Alpakawolle" gewonnen.

b) **Lärche**. Ihr Holz gilt als wertvoll.

c) **Lupe**. Es handelt sich dabei um eine Sammellinse, denn sie sammelt die Lichtstrahlen auf das Objekt. Sie ist im Zentrum dicker als am Rand, vergrößert Einzelheiten und stellt für Weitsichtige eine Lesehilfe dar. Sammler kleinformatiger Dinge wie Briefmarken, Pollen und Kristalle nutzen sie als handliches Behelfsmittel.

d) Die **Leber**, die größte Drüse des menschlichen Körpers. Sie liefert als Sekret den bierbraunen Gallensaft, der erst beim Altern, sei es in der Gallenblase oder im Darm, grün wird.

e) **Lido** (lat. litus, der Strand).

f) **Lein**. Die Faser, die zu Leinen verarbeitet wird, ist seit alters her bekannt. Die Gartenstaude Phlox ist eine Verwandte des Feldflachses. Der Name kommt aus dem Griechischen: Phlox - brennrot ist die Wortmutter von Flachs.

g) **Liliput**. Das Riesenreich heißt Brobdignac, der Autor dieser politischen Schlüsselromane ist Jonathan Swift.

25. **Combi** (alle Wörter beginnen mit B)

a) **Blütenstaub**. Er entspricht dem männlichen Samen bei Tieren, und befruchtet den weiblichen Teil der Blüten (Narbe, Stempel, Fruchtknoten).

b) Zu den **Blasinstrumenten**. Bei allen Blasinstrumenten wird der Ton durch Luft erzeugt. Bei der Orgel geschieht dies durch den Blasebalg, bei der Trompete wird mit dem Mund geblasen.

c) **Bernstein**. Er ist ein Millionen von Jahren altes fossiles Harz, das von Nadelhölzern stammt und bisweilen noch Insekten eingeschlossen hält. Bernstein ist alkoholunlöslich und kann daher mit Alkohol gewaschen werden. Er wird sowohl aus dem Wasser gefischt, als auch im Tagebau gewonnen. Samland an der Ostsee ist ein Hauptfundgebiet. Im Altertum wurde Bernstein „Elektron" genannt: seine statisch-elektrische Eigenschaft gab der Elektrizität ihren Namen.

d) **Bleichgesichter**. Geläufig wurde dieses Wort durch die Geschichten von Karl May.

e) **Blau**. Blonde Menschen haben im Allgemeinen weniger Pigmentaufbau im Körper und besitzen daher oft blaue bis grüne Augen.

f) **Bilderrätsel**. „Rebus" kommt aus dem Lateinischen von „res", die Sache.

g) **Birke**.

26. **Combi** (alle Wörter beginnen mit M)

a) **Milch**, hauptsächlich der Farbe wegen so genannt.

b) **Monarchie**, ein griechisches Wort, „monos" heißt allein und „arche" Herrschaft. Auch ein absolut herrschender Tyrann oder Diktator kann einer Monarchie vorstehen.

c) **Moll**, die Kurzform des lat. Wortes mollis für weich. Dur ist die Kurzform für durus (hart).

d) **Most.**
e) **Malz.**
f) **Muttersprache.** Vermutlich hat dieser Gegensatz eine kulturelle Wurzel. Im Allgemeinen lernt man die ersten Worte aus dem Mund der Mutter, während die Heimat nach staatsrechtlichen Grundsätzen eher das Herkunftsland des Vaters ist. Unter Mutterland versteht man in unserem nicht mehr matriarchalischen Kulturkreis gewöhnlich nur jenen Staat, der Kolonien beherrscht.

27. Combi (alle Wörter beginnen mit S)

a) **Schwerelosigkeit.** Gerät ein Körper in das Schwerefeld einer anziehenden Masse, dann fällt er auf diese zu. In der Raumfahrt, bei der ein Flugkörper, z. B. eine Rakete oder ein Satellit, aus dem Anziehungsfeld der Erde hinausgeschossen wird, kann die Schwerelosigkeit in der Raumkapsel anhalten, wenn nicht etwa ein Planet oder ein anderer massenstarker Körper die Kapsel ins eigene Schwerefeld hineinzieht.

b) **Skorbut** oder auf deutsch Scharbock. Durch Mitnehmen frischer, Vitamin-C-haltiger Nahrungsmittel, Früchte oder Fleisch auf lange Reisen konnte der gefürchtete Ausfall von Schiffspersonal durch diese Erkrankung auf einer Fahrt von kundigen Kapitänen vermieden werden.

c) **Schneidezähne,** vier im Ober- und vier im Unterkiefer. Im Gegensatz zu den Mahlzähnen zerschneiden sie den Bissen, die Mahlzähne zerreiben ihn. Bei den Nagern heißen diese Zähne Nagezähne.

d) **Sonnenblume.** Sie war ein Lieblingsthema des jung verstorbenen flämischen Malers Vincent van Gogh.

e) **Segelflugzeuge.**

f) **Sprossen.** Bei breiteren Sprossen kann man auch von Stufen sprechen.

g) **Sprotten.** Besonders in Norddeutschland sehr beliebt. Sie kommen oft als Kieler Sprotten in den Handel.

28. Combi (alle Wörter beginnen mit K)

a) **Kaleidoskop.** Diese Bezeichnung kommt aus dem Griechischen und heißt „Schön-bild-seher".

b) **Kalamität.** Kommt von calamus - Getreidehalm, der bei Unwetter vernichtet wurde.

c) **Kutteln** oder **Kaldaunen**.

d) **Kabriolett.**

e) **Kiwi.** Der Kiwi ist ein flugunfähiger Nachtvogel, der sich tagsüber in Erdhöhlen verbirgt. Die Nasenlöcher, die sonst bei Vögeln am Schnabelansatz sitzen, befinden sich beim Kiwi an der Schnabelspitze.
f) **Kette.**
g) **Klappern.** Das Klappern wird nicht mit den Stimmbändern erzeugt wie etwa das Schlagen von Nachtigallen, das Trillern von Lerchen, das Schilpen von Spatzen, das Zwitschern von Schwalben oder das Krähen der Hähne, sondern durch das Aufeinanderschlagen beider Schnabelhälften. Der Storch hat auch eine eigene Stimme, die er allerdings nur im Zustand von Angst, Gefahr oder Erregung einsetzt.

29. **Combi** (alle Wörter beginnen mit P)
a) **Prise**, kommt aus dem Lateinischen prehendere - nehmen. Das gleiche Wort wurde in der Seemannssprache auch für Schiffsbeute verwendet.
b) **Pfau.** Er wurde früher wegen seines prächtigen Schweifes gerne in den Gärten des Adels gehalten. Bei den Griechen war der Pfau der Götterkönigin Hera zugesellt.
c) **Pompeji** in Süditalien.
d) **Püree.**
e) **Pfand.** Banken, die gegen solche Pfandübergabe Geld verleihen, nennt man Lombardbanken, nach den Lombarden, Geldwechslern und Pfandleihern des späten Mittelalters in Oberitalien. Als Pfand bezeichnet man auch jene Dinge, die sich ein Gläubiger auf gerichtliche Entscheidung hin beim Schuldner sicherstellen lässt.
f) Zu **Portugal.** Die Insel Madeira liegt im Atlantik, hat ein gutes Heilklima und ist bekannt für ihren Wein.
g) **Purpur.** Er stammt aus dem Saft der Purpurschnecke, den diese in einer Drüse neben dem Mastdarm erzeugt. Diese Drüsenabscheidung kann mit Hilfe von Alkohol und Ether den pulverisierten Schnecken entzogen werden. Der Purpurfarbstoff wurde besonders im Altertum als kostbare Ware verkauft. Heute wird Purpurfarbe industriell erzeugt (Anilin).
h) **Paradies.** Das germanische „Paradies" heißt Walhalla, das griechische Elysium. Das Paradies nennt man auch „Garten Eden".

30. **Combi** (alle Wörter beginnen mit B)
a) Der **Beutel.** Auf dem Kontinent Australien, früh vom Urkontinent getrennt, entwickelte sich bei vielen Tierfamilien die Hautfalte des Bauches zum Schutz und zur Pflege von Jungtieren wie bei Beutelwolf, Beutelratte, Känguru.

b) **Backbord**, links vom Heck aus betrachtet. Die rechte Schiffsseite heißt Steuerbord.

c) **Backstein**. Dieses Baumaterial ist bereits mehr als 6 000 Jahre alt. Schon Babylonier brannten Ziegel.

d) **Bumerang**. Der Bumerang wird heute weltweit als Sportgerät benutzt.

e) **Bandscheibe**. Bei Verletzungen oder Abnutzungserscheinungen der Bandscheiben können die aus dem Rückenmark kommenden Nervenwurzeln gedrückt werden und große Schmerzen bereiten (Ischias, Neuralgie).

f) **Buk**. Leider vernachlässigt unser Sprachgefühl diese klangvollen Formen der starken Zeitwörter und läßt uns oft „backte" sagen. Richtig heißen die Zeitformen: backen, buk, gebacken. Starke Zeitwörter erkennt man an der Bildung des Partizip Perfekts mit der Anfangssilbe „ge-" und der Schlusssilbe „-en".

Spiele I - Stecker

31. Stecker

Lösung: **Das Kochsalz**

Zu a) Moab war Lots Sohn. Seine Mutter erstarrte zur Salzsäule, als sie sich bei der Flucht entgegen Gottes Verbot umwandte.

Zu b) Der letzte Zeitabschnitt des Paläozoikums heißt Perm. Während dieses Zeitraums wurden durch das Austrocknen abgetrennter riesiger Ozeane ungeheure Salzlager in der Tiefe der Erde und an der Oberfläche gebildet, besonders auch in Deutschland. Diese Salzschichten wurden von Staub und Gestein überdeckt und gelangten so unter die Erdoberfläche.

Zu c) Die unterirdischen Wege sind Salzbergwerksstollen. Ein zwischenstaatliches Abkommen zwischen Deutschland und Österreich erlaubt österreichischen Bergwerkern, auf bayerischem Grund unter Tag zu arbeiten, dafür steht Bayern ein Teil der Forstnutzung auf österreichischem Boden zu.

Zu d) Um den Verkauf oder Verbrauch des Salzes mussten sich die Arbeiter dann selbst kümmern.

Zu e) Pflanzliche Nahrung ist wenig kochsalzhaltig, daher suchen Pflanzenfresser sogenannte Salzlecken auf, die vom Heger ausgelegt werden.

32. Stecker

Lösung: **Leonardo da Vinci** (1452 - 1519)

Zu a) Geboren wurde er in Vinci bei Florenz. Er war Linkshänder und ein Universalgenie im technischen wie im künstlerischen Sinn.

Zu b) Er wirkte von 1482 bis 1492 in Mailand, 1500 - 1506 in Florenz; dann wieder in Mailand, 1513 in Rom, ab 1516 in Frankreich.

Zu c) Im Dienst Ludovico Sforzas in Mailand war er als leitender Militäringenieur tätig.

Zu d) Das von ihm nach Frankreich mitgenommene Bild der „Mona Lisa" hängt heute im Louvre in Paris.

Zu e) Das bekannte Fresko „Das letzte Abendmahl" befindet sich in der Kirche Santa Maria delle Grazie in Mailand.

33. Stecker

Lösung: **Wolfgang Amadeus Mozart** (1756 - 1791)

Zu a) Mozart wurde geboren, als seine Eltern bereits in Salzburg lebten, das damals noch nicht zu Österreich gehörte. Schon mit fünf Jahren zu Konzerten gezwungen - das war die Branche seines Vaters -, hinterließ er trotz seines frühen Todes eine Vielzahl von Kompositionen.

Zu c) Er wurde schon als Knabe zum Ritter vom goldenen Sporn ernannt und zerstritt sich mit seiner Herrschaft, dem Fürsterzbischof Colloredo von Salzburg, so dass er nach Wien und anderen Städten emigrierte.

Zu d) Die Residenzstadt des Reiches war Wien.

Zu e) Der eifrige Librettist Schikaneder, ein Theaterdirektor, führte Mozarts Oper „Die Zauberflöte" auf, befand aber, dass sein Anteil am Werk weit größer sei als der des Komponisten.

Zu f) Das Schikaneder-Schlössl ist heute ein Museum, das Mozart-Denkmal steht im Burggarten.

Zu g) Die letzte Arbeit war ein Requiem, das dann sein Schüler Süßmayr vollendete.

34. Stecker

Lösung: **Das Pferd**

Zu a) Das Mongolenreich war von einem Reitervolk bevölkert, das seine Grenzen nicht mehr halten konnte, als die Pferde an Milzbrand zugrunde gingen.

Zu b) Kaiser Heraklios war ein byzantinischer Herrscher.

Zu d) Beim Begräbnis des ermordeten US-Präsidenten John F. Kennedy wurde ein reiterloses Pferd mit nach hinten gekehrten Stiefeln behängt, um den nunmehr führungslosen Staat zu symbolisieren.

Zu f) Die Skythen waren ein asiatisches Reitervolk, das oftmals die umgebenden Länder bedrohte.

Zu g) Eine Quelle für musische Begabung, also für die neun Musen, trat aus der Erde, als das geflügelte Dichterross Pegasus mit dem Huf auf den Boden schlug. Ein Huf ist die gehörnte Mittelzehe bei Pferden.
Die neun Musen sind *Klio*, die „Rühmerin" (Geschichtsschreibung. Attribut: Papyrusrolle und Griffel), *Melpomene*, die „Singende" (Tragödie. Attribut: tragische Maske), *Terpsichore*, die „Reigenfrohe" (Tanz. Attribut: die Lyra), *Thalia*, die „Blühende" (Komödie. Attribut: kommödiantische Maske), *Euterpe*, die „Erfreuende" (Flötenspiel, Gesang. Attribut: der Aulos, ein antikes Blasinstrument), *Erato*, die „Liebevolle" (Liebesdichtung), *Urania*, die „Himmlische" (Sternkunde. Attribut: Himmelsglobus und Zeigestab), *Polyhymnia*, die „Hymnenreiche" (ernster Gesang, Pantomime), *Kalliope*, die „Schönstimmige" (Philosophie, Wissenschaft, epische Dichtung. Attribut: Wachstafel und Griffel). Die Musen zählen zum Gefolge Apollons und halten sich an der Quelle Hippokrene am Fuß des Berges Helikon auf.

35. Stecker
Lösung: **Die Laute**

Zu a) Auf Tempelreliefs aus vorchristlicher Zeit wurde ein der Laute ähnliches Instrument entdeckt.

Zu b) Die quer zu den Saiten stehenden, meist metallenen, in das Holz eingelassenen Streifen nennt man Bünde. Die paarweise aufgespannten Saiten bezeichnet man als Chöre.

Zu c) Zur Familie der Lauteninstrumente gehört musikwissenschaftlich gesehen jedes Saiteninstrument mit einem Hals und einem Resonanzkörper, also z. B. Violine und Gitarre. Auf der Laute wurden, besonders in romantischen Zeiten, den Damen Ständchen gebracht. Auf Wanderungen wurde die Laute gerne mitgenommen, um Wanderlieder zu begleiten.

Zu d) Man trug sie meist mit einem Band um den Hals gehängt.

Zu e) Die Laute hat keine Seitenwände, also Zargen, wie zum Beispiel die Geige. Sie wird häufig mit erinnerungsträchtigen Bändern geschmückt.

Zu f) Die Laute wird geschlagen, manchmal auch gezupft.

36. Stecker
Lösung: **Pablo Picasso** (1881 - 1974)

Zu a) Das Theaterstück wurde wiederholt aufgeführt.

Zu c) Seine Mutter hieß Picasso, sein Vater Ruiz. Mit der Abkürzung Pablo R. Picasso hätte er den Namen des Vaters „Ruiz" abgekürzt. Er signierte seine Werke mit „Picasso".

Zu d) Kubismus ist die genannte Stilrichtung (so vom Kritiker und Schriftsteller Vauxcelles benannt). Picasso arbeitete auch in abstrakter und surrealer Manier.

Zu e) Die „blaue" Periode ging dem Kubismus voraus. Picasso wurde im Baskenland geboren. In den letzten Jahrzehnten seines Lebens waren Keramikarbeiten seine bevorzugte Kunstgattung.

37. Stecker

Lösung: **Hänsel und Gretel**

Zu a) Hänsel und Gretel werden auf Geheiß der Stiefmutter von ihrem Vater im Wald verlassen.

Zu b) Um wieder nach Hause zu finden, streuen sie Brotbröckchen aus ihrem Proviant auf den Weg. Sie knabbern Pfefferkuchen an, das Baumaterial des Hexenhauses.

Zu c) Die Hexe, der das Hexenhaus im Wald gehört, reitet auf einem Besen und will später Hänsel aufessen. Die Kinder geben auf Nachfrage („Wer knabbert an meinem Häuschen") die falsche Auskunft („Der Wind, der Wind, das himmlische Kind!"). Trotzdem werden die Kinder von der Hexe eingeladen.

Zu e) Nachdem Gretel die Hexe in den Ofen geschoben hat, befreit sie Hänsel aus dem Käfig und beide Kinder gehen nach Hause.

38. Stecker

Lösung: **Das Kamel**

Zu a) Wiederkäuer sind im Allgemeinen Horn- oder Geweihträger.

Zu c) Im 19. Jahrhundert wurden Dromedare (einhöckrige Kamele) nach Australien eingeführt, wo sie schnell im Outback heimisch wurden (heutiger Bestand ca. 500 000 - 700 000 Tiere).

Zu d) Es ist eines der wenigen Säuger, die längliche Blutkörperchen haben.

Zu e) Nur Kamele haben eine gespaltene Oberlippe. Kamele zählen zur Familie der Paarhufer, Unterordnung Schwielensohler.

Zu f) Das Kamel geht im Passgang, daher schwankt sein Reiter nach links und rechts.

Zu g) Die „Sparkasse" ist der Höcker, in dem Fettzellen Tristearin speichern, das lebenswichtige Element ist das Wasser. In Durstzeiten kommt das Kamel wochenlang ohne Wasserzufuhr und Nahrung aus.

Das Fett als Nahrungsspeicher reicht für bis zu 30 Tage ohne Nahrung. Bei der Verbrennung des Tristearins entsteht durch den Stoffwechsel mehr Wasser, als es der eingesetzten Menge Stearins entspricht. Damit ist das Tristearin ein indirekter Wasserspeicher. Ein Kamel kann zusätzlich im Magen bis zu 100 Liter Wasser speichern, so dass es insgesamt bis zu zwei Wochen ohne Flüssigkeit auskommt. Dies ermöglicht ihm, weite Wege durch die Wüste zurückzulegen, was anderen Tieren wegen Wassermangels verwehrt bleibt.

39. Stecker

Lösung: **Ein Paar Würstchen**

Zu a) Immer zwei Würstchen sind am Ende durch die Wursthülle verbunden. Es sind also „siamesische Zwillinge". Wurst ist kalorienreich. Jede Wurst besteht aus Wursthülle und Wurstfülle.

Zu b) Würstchen werden meist paarweise gegessen.

Zu c) Wer Würstchen zubereiten möchte, wirft sie in einen Topf mit heißem Wasser.

Zu d) Die Würstchen treiben im kochenden Wasser im Kessel umher. Das Kochwasser selbst ist dabei trübe.

Zu e) Die Wurstverkäufer rufen: „Heiße Würstchen! Heiße Würstchen!" (Ich heiße Würstchen!).

40. Stecker

Lösung: **Napoleon Bonaparte** (1769 - 1821)

Zu a) Geboren auf der Insel Korsika, verbannt auf die Insel Elba, gestorben auf der Insel St. Helena. Napoleons erste Frau Josephine stammte von der Insel Martinique.

Zu b) Der Vater Napoleons gehörte dem korsischen Kleinadel an. Bei Aspern (in der Nähe von Wien) wurde er von Erzherzog Karl besiegt.

Zu d) Der „größte Dichter Deutschlands" ist J. W. v. Goethe.

Zu e) Sein einziger Sohn war der Herzog von Reichstadt (1811 - 1832). Als Habsburgerabkömmling kam sein Herz in das „Herzgrüftl" in der Wiener Augustinerkirche. Sein Leib wurde im Zweiten Weltkrieg nach Paris in seines Vaters Grabstätte im Invalidendom überführt.

41. Stecker

Lösung: **Die Hand**

Zu a) Der genannte Ritter ist Götz von Berlichingen, der eine eiserne Hand als Prothese besaß.

Zu b) Hier wird auf die Redensart „Es liegt auf der Hand" Bezug genommen.

Zu c) Ein Freier hält um die Hand seiner Auserwählten an, wenn er sie heiraten möchte.

Zu d) Handteller, Handwurzel und Handrücken.

42. Stecker

Lösung: **Die Metamorphose eines Schmetterlings** vom Ei über Raupe und Puppe zum Falter.

Zu a) Der Rotationskörper ist das Ei, die Bewegung eines Falters nennt man flattern. Jeder erwachsene Schmetterling besitzt einen Rüssel zum Saugen und ist daher ein Rüsseltier, das flattert.

Zu b) Der Feinschmecker ist die Raupe, die oft nur die Blätter bestimmter Pflanzen frisst. Eine Raupe besitzt weder Wirbelsäule noch Hände.

Zu c) Das dritte Stadium ist die Puppe, die oftmals festgesponnen unter einem Blatt hängt, wobei das Blatt dieses Hängen unterstützt. Der Philosoph Diogenes (399 - 323 v. Chr.) gilt als Figur des Rückzugs von der Gesellschaft und ihren Wertmaßstäben („Diogenes in der Tonne").

Zu d) Der Schmetterling durchbohrt beim Schlüpfen die Puppenhülle und muss erst durch Pumpen Luft in seine zerknitterten Flügel bringen.

Zu e) Tagschmetterlinge ruhen mit senkrecht zur Unterlage stehenden zusammengefalteten Flügeln, während Nachtschmetterlinge die Flügel dachförmig über dem Rücken gefaltet halten.

43. Stecker

Lösung: **Die Hefe**

Zu a) Die Hefe ist ein Sprosspilz, der sich durch Sprossenbildung (Zellneubildung) vermehrt. Hefe wird gerne als Treib- bzw. Lockerungsmittel zum Backen (aus Zucker entsteht Kohlendioxid und Alkohol) und zur Herstellung von alkoholischen Getränken mit Hilfe der alkoholischen Gärung in der Küche eingesetzt.

Zu b) Bei mäßiger Erwärmung geht durch die Kohlendioxidbildung das Gärgut in die Höhe.

Zu c) Bei allzu starker Hitze stirbt dieser Sprosspilz.

Zu d) Für den Teig entsteht als Treibgas bläschenförmig Kohlendioxid, welches das Backgut porös macht.

44. Stecker

Lösung: **Gaius Julius Cäsar**, geb. 100 v. Chr., ermordet von Brutus und dessen Komplizen 44 v. Chr.

Zu a) Der „millionenschwere Parteifreund" war Crassus, einer der ersten drei Triumviren. Der zweite Triumvir war Pompejus, der dritte Cäsar.

Zu b) Er soll die erste Brücke über den Rhein im Neuwieder Becken gebaut haben. Seine Bücher „De bello gallico" sind Gymnasiallektüre, die bis heute Lateinschüler lesen. Das „Altherrenkollegium" war der Senat, mit dem er häufig uneins war. Man warf ihm in Rom Großmannssucht und das Streben nach der Kaiserkrone vor.

Zu c) Sein Schwiegervater war Pompejus, seine Liebe die ägyptische Königin Kleopatra, die blond gewesen sein soll.

Zu d) Der gemeinsame Name der heute französisch sprechenden Länder war Gallien. Sein Name bedeutete in der Folge „Kaiser" (von „Caesar", Julius Caesar selbst war nie Kaiser).

Zu e) Plutarch hat sein Leben beschrieben. Wie alle hochgestellten Römer griechisch feinst gebildet, soll Cäsar zu seinem Adoptivsohn Brutus gesagt haben, als dieser ihm die tödlichen Griffelstiche versetzte: Kai sy Teknon? (Auch du, mein Kind), obwohl heute der Ausspruch immer lateinisch zitiert wird als: et tu, Brute mi fili.

45. Stecker
Lösung: **Johann Wolfgang von Goethe** (1749 - 1832)

Zu a) Sein Großvater, ein Nobelschneider in Paris, sprach seinen Namen Goethé statt Goethe aus.

Zu b) Die Italienreise bezahlte ihm sein Fürst Herzog Karl August von Sachsen-Weimar, der das Ministergehalt Goethes während des zweijährigen Italienaufenthaltes (1786 - 1788) weiterhin ausbezahlte.

Zu c) Der Vater züchtete Seidenraupen.

Zu d) Die Elsässerin hieß Friederike Brion. Da Goethe 83 Jahre alt wurde, überlebte er seine Frau, seinen Sohn und seine Enkelin.

Zu e) Auch heute sieht das Urheberrecht vor, dass Werke eines Autors erst 70 Jahre nach seinem Tod frei von Rechten werden. Daher müssen Abdruckhonorare an die Erben eines Autors bezahlt werden.

46. Stecker
Lösung: **Die Sonne**

Zu a) Die Sonne ist bis jetzt ca. 4,6 Milliarden Jahre alt. Sie wird zu einem Roten Riesen und schließlich zu einem Weißen Zwerg werden. Der Übergang zum Roten Riesen wird sich, Berechnungen zufolge, in 900 Millionen Jahren ereignen. Den Zustand des Roten Riesen wird die Sonne ungefähr 600 Millionen Jahre beibehalten, um innerhalb von 120 Millionen Jahren in einen Weißen Zwerg überzugehen.

Zu b) Die Lichtquanten, also das Licht, benötigen acht Minuten, um den Weg von der Sonne zur Erde zurückzulegen. (Abstand Erde-Sonne: 152 Millionen Kilometer [Aphel], 147 Millionen Kilometer [Perihel].)

Zu c) Im Sommer ist das Aphel, der Abstand von der Erde zur Sonne, größer als das winterliche Perihel, die kürzeste Entfernung zur Sonne, da die Erde keinen Kreis, sondern eine Ellipse um die Sonne beschreibt.

Zu d) Die Gegenden um den Äquator herum haben stets gleiche Sonnenauf- und -untergangszeit, nämlich um sechs Uhr früh, bzw. um sechs Uhr abends.

Zu e) Das Altertum hielt sie für einen Planeten mit dem Mittelpunkt Erde. Seit Kopernikus (1473 - 1543) weiß man, dass die Sonne und nicht die Erde das Zentrum unseres Planetensystems ist (heliozentrisches Weltbild). Kopernikus knüpfte an Vorstellungen des griechischen Astronoms und Mathematikers Aristarch von Samos (310 - 230 v. Chr.) an, der bereits aufgezeigt hatte, dass die Sonne als Fixstern im Zentrum unseres Sonnensystems steht und von der Erde umkreist wird. Später überwog auch in der Antike die Vorstellung, die Erde würde von der Sonne umkreist.

47. Stecker
Lösung: **Rotkäppchen**

Zu a) Rotkäppchen machte sich mit Wein und von der Mutter gebackenem Kuchen („Mutterkuchen") auf den Weg zur Großmutter.

Zu b) Der Namensgeber von Rotkäppchen ist das rote Käppchen.

Zu c) Der Wolf lag in den Kleidern der Großmutter im Bett und täuschte so Rotkäppchen.

Zu d) Das Fragespiel aus dem Märchen: „Warum hast du so große Augen? etc." ist allgemein bekannt, ebenso das Ende des Fragespiels, bei der Wolf Rotkäppchen fraß („damit ich dich besser fressen kann!").

Zu e) Der Jäger („Waidmann") hörte das überlaute Schnarchen des Wolfes und wunderte sich über die vermeintlichen Töne der Großmutter. Er schnitt dem Wolf den Bauch auf und erlöste Rotkäppchen und die Großmutter durch „Wiedergeburt".

48. Stecker
Lösung: **Das Pendel**

Zu a) Wenn man den Pendelausschlag verkleinert, geht er aus einem gleichmäßigen in einen ungleichmäßigen Rhythmus über. Pendel werden an einem Punkt aufgehängt, um schwingen zu können.

Zu b) Die Bewegungen eines Pendels nennt man mit einem mathematisch-physikalischen Ausdruck „harmonisch".

Zu c) Die Ebene, in der ein Pendel schwingt, wird von ihm so starr beibehalten, dass der Franzose Jean Bernard Leon Foucault (1819 - 1868) damit die Erdrotation nachweisen konnte. Er stieg auf die Kuppel des Pantheons in Paris, ließ ein frei bewegliches Pendel fast bis zum Erdboden hängen und wies nach, dass die Erde unter dem Pendel sich drehte, während das Pendel 24 Stunden hindurch die Schwingungsebene beibehielt. Vor ihm hatte im 17. Jahrhundert der Italiener Galileo Galilei (1564 - 1642) am Turm von Pisa ebenfalls Penduntersuchungen durchgeführt.

Zu d) Bekannt ist, dass die Pendellänge ausschlaggebend ist für die Geschwindigkeit der Taktschläge, was man beim Metronom (Musiktaktmesser) praktisch anwendet. Kurze Pendel schwingen schneller als lange.

Zu e) Manche Menschen glauben Metall, Wasser oder Krankheiten mit dem Pendel entdecken zu können.

49. Stecker

Lösung: **Josef**, Jakobs und Rahels Sohn.
Jakob und Esau waren die Söhne von Isaak und Rebekka. Isaak war der Sohn von Abraham und Sarah.

Zu a) Abraham sandte seinen Haushofmeister Eliezer als Brautwerber für Isaak aus. Eliezer fand Rebekka, als sie am Brunnen vor ihrem Vaterhaus Wasser schöpfte und ihm gastfreundlich einen Trunk reichte. Anscheinend erbot sie sich, auch seine durstigen Kamele zu tränken. Eliezer sah darin einen göttlichen Fingerzeig, dass Rebekka die richtige Braut für Isaak sei.

Zu b) Sein Onkel Esau schwindelte seinem Vater Isaak vor, dass Jakob der Erstgeborene sei. Esau war am ganzen Leib behaart, trug lange wirre Haare, und bei dem Wort „gerichtsbekannt" denke man nicht an einen Gerichtshof, sondern an das Linsengericht, um dessentwillen er das Erstgeburtsrecht an Jakob abgetreten hatte.

Zu c) Lea, die ältere Tochter Labans, war weniger begehrenswert als ihre jüngere Schwester. Lea musste jedoch nach der damaligen Sitte früher verheiratet werden als die jüngere. Als Jakob zu seinem Onkel Laban ins Haus kam, um Rahel zu freien, verlangte dieser zuerst sieben Jahre Jakobs Dienste, und dann erst gab er ihm - oh Schrecken - die ältere Lea, verlangte weitere sieben Dienstjahre, um ihm dann endlich Rahel zu geben.

Zu d) Rahel wurde Jakobs Frau (nach damaligen Begriffen durfte man mehrere Gattinen haben), und sie gebar ihm Josef und Benjamin, bei dessen Geburt sie starb. Josef wurde von seinen Brüdern nicht geschätzt,

	weil er, Rahels Sohn, der Liebling Jakobs war. Die Eifersucht ging so weit, dass seine Brüder Josef für 20 Silberlinge an eine ägyptische Karawane verkauften. Im Ausland, also in Ägypten, erlangte Josef dank seiner Talente eine hohe, mit unseren Ministerposten zu vergleichende Stellung.
Zu e)	In Ägypten traf er auf Potiphars Gattin, vor der er, seinen Mantel zurücklassend, floh.
Zu f)	Als in seinem Heimatland Hungersnot ausbrach, ließ er seinen alten Vater Jakob und, versöhnungswillig, auch seine Brüder nachkommen. Sie blieben dann in der sogenannten „Ägyptischen Gefangenschaft" vierhundert Jahre lang im Land Gosen, dem Nordteil Unterägyptens.
Zu g)	Joseph deutete dem Pharao den Traum von den sieben fetten und den sieben mageren Kühen als einen Zeitraum für Konjunktur und Wirtschaftsdepression. Daher kann man ihn gewissermaßen als Autor des Vorläufers des „Ägyptischen Traumbuches" bezeichnen, eines der populärsten Trivialbüchlein.

50. Stecker

Lösung: **Venedig**

Zu a)	Die Quadriga, ein vergoldetes Vierergespann von Pferden, ist eine hellenistische Bronzeplastik. Sie befindet sich am Markusdom in Venedig. Sie stand ursprünglich im Hippodrom, also der Pferderennbahn von Konstantinopel. Von dort gelangte sie als Siegesbeute nach dem 4. Kreuzzug Anfang des 13. Jahrhunderts nach Venedig. Venedig wird auf Grund seiner Lage auch als „Meeresbraut" bezeichnet.
Zu c)	Hier ist der Markusplatz gemeint, auf dem Hunderte von Tauben jeden Passanten umschwirren.
Zu d)	Dieser Hinweis bezieht sich auf den Lido, den Venedig vorgelagerten Strand.
Zu e)	Mit den asymmetrischen Wasserfahrzeugen sind die Gondeln gemeint, die, um in der Kanaldrift nicht zu kentern, weil sie immer von der einen Seite zur andern schwanken, auf der rechten Seite um 15 cm höher gebaut werden als auf der linken.

51. Stecker

Lösung: Die **Drohnen**, die Bienenmännchen.

Zu a)	Drohnen stammen aus unbefruchteten Eiern. Die Bienenkönigin wird auf dem Hochzeitsflug von Drohnen eines anderen Stocks befruchtet. Die Drohnenzellen aus Wachs sind etwas größer als die der Arbeitsbienen. Drohnen werden von Arbeitsbienen gefüttert. Sie können also

	nicht selbst fressen. Drohnen verrichten innerhalb des Stocks keinerlei Arbeit. Ihr einziger Lebenszweck ist die Befruchtung einer Königin bei deren Hochzeitsflug.
Zu b)	Die Arbeitsbienen, Schwestern der Drohnen, sind Weibchen mit verkümmerten Fortpflanzungsorganen. Sie entstehen, indem sie nur drei Tage Gelee royale, den Weiselfuttersaft, erhalten und anschließend nur noch mit Honig und Pollen gefüttert werden.
Zu c)	Der Hochzeitsflug findet nur ein einziges Mal statt.
Zu d)	Die Drohnen werden, wenn der Futtervorrat gering ist, von den Arbeitsbienen im Herbst aus dem Stock geworfen und sterben dann, da sie sich nicht selbst ernähren können.
Zu e)	Sie werden von den Arbeitsbienen daran gehindert, den Stock anzufliegen, was als „Schlacht" bezeichnet wird.

52. Stecker

Lösung:	Die **Quadriga**, ein vergoldetes Vierergespann von Pferden aus Bronze an der Fassade des Markusdoms in Venedig.
Zu a)	Die Quadriga ist die einzige erhalten gebliebene Großplastik hellenistischer Zeit von der Insel Chios. Diese Plastik schmückte später das Hippodrom, also die Pferderennbahn von Konstantinopel.
Zu b)	Vier Pferde haben 16 Beine.
Zu c)	Sie wurde als Beute während des 4. Kreuzzuges im 13. Jh. von Konstantinopel nach Venedig gebracht. „Raub"-Tiergruppe: Es handelt sich um eine geraubte Gruppe von Tieren (ganz wörtlich gemeint).
Zu d)	Die Quadriga thront heute über einem Bogen an der Fassade des Markusdoms.
Zu e)	Hier ist der Evangelist Markus gemeint, der Stadtpatron von Venedig. Da die Gesuchten auf einem Teildach des Markusdomes stehen, schauen sie von oben herab auf den Markusplatz.
Zu f)	Der venezianische Doge Enrico Dandolo dirigierte den 4. Kreuzzug nach Konstantinopel um, was zur Plünderung von Konstantinopel durch die katholischen Kreuzritter führte. Viele geplünderte Kunstschätze, so auch die Quadriga, wurden auf diese Weise nach Venedig gebracht. Dieser Raub war die Hauptursache für das Jahrhunderte lang anhaltende Misstrauen, das die orthodoxe Kirche und später vor allem auch Russland der katholischen Kirche und den westlichen Staaten entgegenbrachten.

53. Stecker

Lösung: **Christoph Kolumbus**, ca. 1447 - 1506.

Zu a) In Genua geboren, Freund von Martin Behaim (um 1459 geboren), der als Kosmograph den ältesten erhaltenen Erdglobus, „Erdapfel" genannt, herstellte. In Barcelona residierten damals die spanischen Könige, die Kolumbus schließlich beauftragten, den Seeweg nach Indien zu suchen.

Zu b) Die Osmanen kontrollierten die Landwege nach Indien. Dies führte zu hohen Preisen für Luxusgüter durch gestiegene Zölle. Daher war die Suche nach einem Seeweg nach Ostasien so wichtig geworden. „In den Rücken fallen" bedeutet hier, sich von Osten her zu nähern.

Zu c) Hier wird auf das „Ei des Kolumbus" angespielt. Der Überlieferung nach wurde Kolumbus vorgehalten, es sei ein Leichtes gewesen, die neue Welt zu entdecken. Daraufhin verlangte Kolumbus von den Anwesenden, ein Ei auf der Spitze stabil aufzustellen, was niemandem gelang. Auf die Bitte hin, selbst zu zeigen, wie das zu bewerkstelligen sei, nahm Kolumbus ein Ei, schlug es so hart mit der Spitze auf die Unterlage, dass es eindellte und auf diese Weise stehen blieb. Die erwähnte Dogenstadt ist Genua (s. o.).

Zu d) Obwohl seeerfahren, glaubte er, als er den Boden der amerikanischen Insel Guanahani betrat, er sei in Japan gelandet, dessen Entfernung er wesentlich unterschätzte.

Zu e) Als er nach der Entdeckung Amerikas weitere Reisen ausrüstete, ließ er sich von den spanischen Königen sowohl die Einkünfte wie den Titel „Admiral des Meeres" und „Vizekönig der eroberten Gebiete" sicherstellen.

54. Stecker

Lösung: **Die Nacht**

Zu a) Die halbe Erdoberfläche ist immer der Sonne abgewandt.

Zu b) Am Äquator setzt das ganze Jahr über die Abenddämmerung um 18 Uhr ein.

Zu c) Die beiden Söhne der Nacht sind nach griechischem und deutschem Mythos Schlaf und Tod. Sowohl der Schlaf, als auch der Tod rauben einem Tage, also im übertragenen Sinne Lebenszeit. Im Schlaf und im Tode schließt man beide Augen.

Zu d) Schwarz ist keine Farbe im eigentlichen Sinne, genauso wenig wie Weiß.

55. Stecker

Lösung: **Die Lipizzaner**, eine Pferdemischrasse mit Araberblut.

Zu a) Gemeint ist hier der Wiener Hof. In der Jugend dunkelbraun, werden Lipizzaner im Lauf von einigen Jahren schneeweiß. Ausgesuchte Hengste erlernen die „Hohe Schule" der Dressur. Kapriole, Levade, Piaffe, Courbette u. a. zählen zu den Standardfiguren. Die Pferderasse heißt nach dem Gestütsort Lipizza im heutigen Slowenien. Teile des Gestüts wurden in die Steiermark verlegt. Die Lipizzaner zeigen ihre Kunst in der zu den Wiener Sehenswürdigkeiten zählenden „Spanischen Hofreitschule" (400 Jahre alt).

Zu b) Reiter, die auf Pferden sitzen, sind „aufsässig". Sie halten dabei die Zügel der Lipizzaner fest in der Hand.

Zu c) Wenn ein Pferd eine Levade ausführt, steht es („Aufstand") auf die Hinterbeine. „Taktlosigkeiten" geschehen, wenn ein Pferd bei der Dressurvorführung außer Takt gerät.

Zu d) Ausschließlich Lipizzaner-Hengste führen die Dressur bei Hofe vor.

Zu e) Am Anfang müssen die Junghengste zugeritten also gezähmt werden. Außerdem müssen sie die Hohe Schule der Dressur erlernen.

Zu f) Kapriolen sind Standardfiguren bei der Dressur.

56. Stecker

Lösung: **Die Vanille**

Zu a) Die Spanier entdeckten die Vanillepflanze in Mexiko. Montezuma war ein Herrscher der Azteken in Zentralmexiko.

Zu b) Die Schotenfrüchte sind grün. Erst durch Hitzebehandlung und durch Dörren werden sie braun und schrumpelig. In Streifen geschnitten kommen sie in den Handel.

Zu c) Als die Vanillepflanze in Madagaskar unfruchtbar blieb, musste man die einzigen zur Bestäubung geeigneten Insekten, nämlich nur in Mexiko heimische Bienen und Kolibris, durch künstliche Befruchtung mit Hilfe einer Nadel ersetzen.

57. Stecker

Lösung: **Ernest Hemingway** (1899 - 1961)

Ernest Hemingway, der Arztsohn aus der Prärie von Illinois, wurde Mediziner und dann von Beruf Korrespondent, aus Berufung Literat. „Wem die Stunde schlägt", „Der alte Mann und das Meer", aber auch die Selbstbiographie „Verlorene Generation" sind seine Hauptwerke. Er erhielt 1954 den Literaturnobelpreis.

58.	**Stecker**
Lösung:	***Nikolaus Kopernikus*** (1473 - 1543)
	Der Domherr (Ordensmann) Nikolaus Kopernikus wurde 1473 in Thorn geboren, war universal gebildet und leitete eine weltweite Wende des Denkens ein. Sein Hauptwerk stellt die Lehre des heliozentrischen Planetensystems als gültig auf, obwohl er dieses Großwerk nur zögernd und mit schlechtem Gewissen als von der Kirche nicht anerkennbar, erst am Ende seines Lebens publizierte. Er war im Lauf seines 70jährigen Lebens Arzt, Baumeister, Kalenderreformer, Kirchenmann, Astronom, Mechaniker und Schriftsteller.
Zu a)	Aus drei Stäben konstruierte er astronomische Messgeräte.
Zu c) und e)	Sehr im Widerspruch mit sich selbst, sowohl freigeistig wie katholisch als auch gläubig und dabei aufrührerisch, wagte er erst spät, seine Hauptentdeckung, das heliozentrische Planetensystem, in seinem Hauptwerk „Von der Bewegung der Himmelskörper" 1543 zu publizieren. Erst nach seinem Tod wurde seine Lehre als weltweite Wende anerkannt („Kopernikanische Wende").
Zu d)	Obwohl deutschsprachig, trat er doch im Widerstreit zwischen den Staaten Preußen und Polen auf die Seite des Polenkönigs. In der polnischen Stadt „Thorn" steht ein großes Kopernikus-Denkmal.
Zu e)	Er war Arzt, Baumeister, Kirchenmann, lebte von den relativ kargen Einkünften als Domherr. Außerdem war er Verteidiger des Domkapitels von Frauenberg gegen den Deutschen Ritterorden, der seine Macht ausdehnen wollte. Er starb 1543 in Frauenberg.
59.	**Stecker**
Lösung:	***Die Pilgerväter*** (Pilgrim Fathers)
Zu a) und e)	Die „Pilgerväter" wanderten um 1620 nach Zwistigkeiten mit ihrer Kirche wegen ihres Puritanismus mit Erlaubnis des englischen Königs Jakob I. per Schiff nach Übersee aus. Dieses Schiff hieß „Mayflower". Die Auswanderer siedelten sich in dem heutigen Staat Virginia an, das sie so nach der jungfräulichen Königin Elizabeth I. von England (Amtszeit 1558-1603) nannten. Das Land wurde gut kultiviert, und als Dank für die ertragreichen Ernten erfanden sie den Thanksgivingsday, einen Feiertag, der heute noch in den USA gefeiert wird. Von den Pilgervätern abzustammen sind auch heutige Amerikaner stolz.
Zu b)	Die Pilgerväter waren zunächst von England nach Holland übergesiedelt.
Zu c)	Nach 10-jährigem Aufenthalt in Holland starteten sie von dort aus nach Übersee, zunächst mit zwei Schiffen, der „Speedwell" und der „Mayflower". Weil die „Speedwell" leckte, mussten die Pilgerväter zweimal umkehren. Zum Schluss luden sie alle Waren auf die „Mayflower" und starteten endgültig am 16. September 1620 nach Übersee.

60. Stecker

Lösung: Der **Apostel Paulus**, der ursprünglich Saulus geheißen hatte und sich erst nach seiner Bekehrung Paulus nannte. Hochgebildet, vielgereist, bekehrte er sich in Damaskus zu dem von ihm bis dahin schwer verfolgten Christusgedanken und wurde dessen eifrigster Verfechter.

Zu a) Er wurde in Tarsos bei Antiochia geboren, übte das Zeltmacherhandwerk aus und schrieb nach seiner Bekehrung zahlreiche Briefe an verschiedene Völkerschaften.

Zu b) „Heiraten ist gut, nicht heiraten ist besser", lautet einer seiner Aussprüche. Sein Name Paulus, den er nach seiner Bekehrung annahm, ist die verkürzte Form des lateinischen Wortes parvulus (Kleiner).

Zu c) Tarsos lag in Kleinasien, daher war Paulus Asiate. Weil die Stadt zum Römischen Reich gehörte, besaß Paulus das römische Bürgerrecht. Auf seiner Reise nach Rom strandete er in Malta.

Zu d) Er verfolgte vor seiner Bekehrung die Anhänger der Lehre Jesu Christi, denn er hielt Jesus Christus für einen Gesetzesabtrünnigen. Nach seiner Bekehrung und seinem Aufenthalt in Damaskus und Ephesos wurde er selbst verfolgt.

Zu e) Sein Gesinnungswechsel zum eifrigsten Förderer, ja zum Verfechter der Lehre Jesu Christi, machte ihn zum größten Apostel.

Zu f) In Ephesos, dem Hauptort des Artemisiakultes, hatte er durch sein Eintreten für das Christentum Auseinandersetzungen mit den dort lebenden Votivgaben- und Souvenirverkäufern und wurde sogar von Terroranschlägen bedroht. Römische Soldaten retteten ihn, da er als römischer Bürger ihren Schutz genoss.

61. Stecker

Lösung: **Der Polarstern**

Zu a) Der Polarstern bildet den „Griff" des Sternbildes „Kleiner Wagen". Seit altägyptischer Zeit hat der Polarstern, wie alle anderen Sterne, am Himmel einen weiten Weg zurückgelegt, daher sieht man ihn heute von der Erde aus nicht mehr an der damaligen Stelle.

Zu b) Der Polarstern gibt die Nordrichtung an. Daher kann mit seiner Hilfe freiäugig der Kurs eines Schiffes bestimmt werden.

Zu c) Auf der südlichen Halbkugel ist er nicht sichtbar.

Zu e) Die Sterne, die ihm am Firmament nahestehen (Zircumpolarsterne), umkreisen diesen Himmelsnordpol ganz, wie man nachts gut beobachten kann. Das gesamte Firmament scheint sich um diesen Stern zu drehen.

62. Stecker

Lösung: **Hans im Glück**

Zu a) - f) Beschrieben wird der Märchenheld, der seinen durch Arbeit erworbenen Goldklumpen auf der Heimwanderung zunächst für ein Ross eintauschte. Angeblich wertvoller, sollte als Nahrungslieferant der nächste Tauschgegenstand, eine Kuh sein, die Milch aus vier Zitzen gibt („vierfach sprudelnde Nahrungsquelle"). Obwohl er diese beiden Tauschgeschäfte zu seinen Ungunsten abgeschlossen hatte, ließ er von dieser Praktik nicht ab und erwarb für die Kuh das minder wertvolle Schwein. Dieses Tier wurde gegen eine Gans („anderer Vogel") eingetauscht. Schließlich überzeugte ihn ein Handwerksbursche, dass ein Wetzstein für seine künftige Karriere wichtiger sei als die dafür eingetauschte Gans. Beim Trinken aus einem tiefschachtigen Brunnen fiel der Wetzstein in diesen hinein. Unbeschwert (sowohl materiell als auch emotional) zog unser Hans nun fröhlich heim zu seiner Mutter.

63. Stecker

Lösung: **Lucius Licinius Lucullus** (117 bis 56 vor Chr.)

Zu a) Als römischer Feldherr im Dritten Mithridatischen Krieg (74 - 64 v. Chr.), der sein Heer weit nach Kleinasien hinein führte, war er siegreich und kulturbeflissen.

Zu b) Bei seinen Feldzügen erbeutete er große Reichtümer, doch nach einer Meuterei wurde er vom Senat nach Rom zurückgerufen. „Leben und leben lassen" war zeitlebens seine Maxime, auch was ihn als Beamten betraf.

Zu c) Tullius Cicero war mit ihm befreundet. Lucullus öffnete jedoch seine Bibliothek auch anderen Interessierten, denn er liebte es, zu repräsentieren.

Zu d) Man spricht noch heute von „lukullischen Genüssen" für üppige Gastmahle.

Zu e) Nicht sicher ist, dass er die Sauerkirschen nach Rom brachte, sicher ist jedoch, dass sie durch ihn populär wurden.

Zu f) Flamingohirne, Nachtigallenherzen und -zungen sollen zu seinen Lieblingsspeisen gezählt haben.

64. Stecker

Lösung: **Der Igel**

Zu a) Der Igel ist eines der ältesten Säugetiere.

Zu b) Er sticht auf Grund seiner Stacheln, gehört aber nicht zu den Insekten, sondern zu den Säugetieren.

Zu c) Schaben sind Kakerlaken, eine Insektenart, die für Igel ein Leckerbissen ist.

Zu d) Der junge Igel kommt mit weichen Stacheln zur Welt, weil er sonst die mütterlichen Geburtswege verletzen würde. Er wechselt in seiner Jugend dann auf ein bleibendes starres Stachelkleid.

Zu e) Da sich Igel noch immer nicht daran gewöhnt haben, heranrollende Feinde anders als durch Einziehen des Kopfes und Aufstellen des Stachelkleides am Angriff zu hindern, wenden sie diese Abwehrhaltung auch bei herannahenden Fahrzeugen an, jedoch leider vergeblich. Das Einrollen („Hauptrolle") schützt sie also nicht vor Kraftfahrzeugen. Die sich nur langsam fortbewegenden Igel gehören daher zu den zahlenmäßig am meisten betroffenen Opfern des Straßenverkehrs.

Zu f) Im Winter halten Igel Winterschlaf. Deshalb sind sie in dieser Zeit nicht in Gefahr, von Autos überfahren zu werden.

65. Stecker
Lösung: **Der Truthahn**

Zu a) und b) Der Truthahn kam um 1500 aus Amerika nach Spanien. Er wurde dort „Inder" genannt, da die Spanier immer noch der Meinung waren, in Amerika Indien entdeckt zu haben.

Zu c) Englisch: Turkey

Zu d) Italienisch: Pavo indico - indischer Pfau; französisch: d'Indon - Dindon.

Zu e) Der Maler Malskat restaurierte in Lübeck nach dem Zweiten Weltkrieg die Fresken an einer Kirche aus dem elften Jahrhundert. Dabei malte er auf einen Fries Truthähne, die es zur damaligen Zeit in Europa nicht gab; angeblich auf der alten Unterlage, die er somit fälschte.

66. Stecker
Lösung: **Die Augen**

Zu a) Das Mittelloch ist die Pupille, die Hülsenfrucht die Linse und das Gelee der Glaskörperinhalt. Der dunkle Hintergrund ist der Augenhintergrund, der von der Netzhaut gebildet wird.

Zu b) Brauen und Backen sind die benachbarten Gesichtsteile.

Zu c) Die salzhaltige Therme ist die Tränenflüssigkeit, mit „Scheiben" ist die Hornhaut des Auges gemeint.

67. Stecker

Lösung: **Der Inn**

Zu a) Er entspringt in der Schweiz und fließt durch das Engadin nach Tirol.

Zu b) „Höhepunkte" sind das Quellgebiet.

Zu c) Im Ausland, also nicht im Ursprungsland, also in Tirol, heißt die Hauptstadt Innsbruck. Bis dorthin heißt der Fluss immer der „Grüne Inn".

Zu d) Der „Grüne Inn" fließt nur bis Passau. Dort verbindet er sich mit der „Blauen Donau" aus dem Schwarzwald, die zwar weniger Wasser führt als der Inn, aber länger ist als er (Donau 647 km, Inn 510 km). Die „kleine Tochter" der Donau ist die Ilz, die im Bayerischen Wald entspringt.

Zu e) Die Donau behält ihre Richtung und ihren Namen bei, während der Inn seine Richtung ändert, indem sich seine Wasser mit der abwärts fließenden Donau verbinden.

Zu f) Die Erzbischofsstadt ist Passau. Am Zusammenfluss von Donau, Inn und Ilz vermischen sich das grüne Wasser des Inn mit dem blauen Wasser der Donau und dem dunklen Wasser der Ilz. Dabei drängt das grüne Innwasser das Donauwasser beiseite, der flache Inn (Tiefe 1,90 m) überfließt sozusagen die tiefe Donau (Tiefe 6,80 m).

zu g) Die Wassermassen des Inn, der Donau und ihrer vielen Nebenflüsse durchfließen auf ihrem Weg ins Schwarze Meer viele Länder Südosteuropas. Mit den „technischen Leistungen" sind Wasserkraftwerke und Häfen für die Schiffahrt gemeint. Treibende Kraft für das Abwärtsfließen von Gewässern ist die Erdanziehungskraft, also die Gravitationskraft.

68. Stecker

Lösung: **Napoleon Bonaparte** (1769 - 1821)

Zu a) Napoleons erste Gattin Josephine de Beauharnais stammte aus Martinique, einer Insel vor Mittelamerika, die seit 1664 französische Kolonie war.

Zu b) Er schlug aus diplomatischen Gründen und auch um seine Stellung in Europa zu untermauern, dem Habsburger Franz II. vor, dessen Tochter Marie Luise als zweite Gattin zu heiraten, da er sich aus dynastischen Gründen unbedingt einen Sohn wünschte, den ihm Josephine nicht mehr schenken konnte.

Zu c) Zunächst bezieht sich dieser Hinweis auf die Redensart „durch's Feuer gehen", also darauf, dass die Soldaten Napoleon durch alle Widrigkeiten hindurch folgten. Der Hinweis ist aber auch ganz wörtlich zu nehmen: Beim Russlandfeldzug verfolgte Napoleon das Prinzip der „verbrannten Erde", d. h. alle Orte, durch die die Armee auf Moskau hin marschierte, wurden in Brand gesteckt. Als Napoleon in Moskau ankam, stand diese Stadt ihrerseits jedoch bereits in Flammen. Sie war von den Einwohnern selbst in Brand gesteckt worden. Seine Geschwister wurden fast alle als Herrscher in europäischen Ländern eingesetzt. Napoleon krönte sich selbst in Paris. Dies versetzte die Häuser des Hochadels in Verlegenheit, da sie plötzlich nicht mehr von Ihresgleichen regiert wurden, sondern sich Menschen niedrigeren Ranges, wie der Familie Napoleons, unterordnen mussten.

Zu d) Dem Kosmopoliten Goethe nahm man seine Franzosenfreundlichkeit, Napoleon die Deutschenverehrung übel.

Zu e) Der Stein von Rosette, von Champollion beim Feldzug Napoleons nach Ägypten gefunden, ermöglichte die Entzifferung der Hieroglyphenschrift. Mit dem anderen „Stein" wird angespielt auf Charlotte, die Gattin des Staatsmannes und Freiherrn von Stein, eine langjährige Freundin Goethes.

69. Stecker
Lösung: **Der Apfel**

Zu a) Die erste „Miss Universe" ist die griechische Göttin Aphrodite, die von dem Königssohn Paris den Apfel als schönste Göttin gegen ihre zwei Konkurrentinnen Athene und Hera erhielt.

Zu b) Der erste Grundbesitzer ist Adam.

Zu c) Mit Mädchen sind junge Maden des Apfelblütenstecherkäfers gemeint. Auch junge Schmetterlingsraupen können sich im Apfel befinden.

Zu d) Der Reichsapfel.

Zu e) Sir Isaak Newton hatte beim Anblick eines fallenden Apfels seinen schöpferischen Gedanken, dass die Erde die Körper anziehe.

70. Stecker
Lösung: **Der Büffel**, eine Rinderart.

Zu b) Das asiatische Wort für „Büffel" bedeutet Gazelle.

Zu c) Der genannte Berufsjäger ist der bekannte Buffalo Bill, mit Zivilnamen William Cody, der 1917 starb. Richtig müsste er Bison Bill heißen, weil Bison der Name des amerikanischen Büffels ist.

Zu d) Paracelsus, der ja neben Latein auch deutsch schrieb und kein Blatt vor den Mund nahm, nannte einen klotzigen Tölpel „Büffel".

Zu e) „Büffeln" - in der Studentensprache für Lernen, auch „Ochsen" genannt.

71. Stecker

Lösung: ***Elektron***, das griechisches Wort für Bernstein.
Das Wort Bernstein leitet sich ab von „bornen", brennen, und bedeutet eigentlich Brennstein. Diese Bezeichnung nimmt Bezug auf die auffallende Eigenschaft des Bernsteins, brennbar zu sein.

Zu a) Bernstein ist ein festes, vor ca. 260 Millionen Jahren entstandenes nicht mineralisches Harz, in dem sich vor Urzeiten u. a. Gliederfüßer und Insekten verfangen haben wie in einer Falle. Sie blieben am klebrigen Harz hängen und wurden von weiterem Harz bedeckt. Anschließend wurde das Harz in den Waldboden eingebettet (wie in ein Verlies), woraus in Millionen von Jahren Bernstein mit Inklusen (eingebetteten Tieren) entstand.

Zu b) Die Bernsteinstraße ist ein Bündel antiker Handelswege, über die von der Nord- und Ostsee Bernstein nach Süden gebracht wurde. Man unterscheidet vier Routen: die Nordseeroute (über England), die östliche Landroute der Weichsel entlang, die mittlere Landroute an Oder und Elbe entlang und die westliche Route entlang von Rhein und Maas.

Zu c) Bernsteinketten werden um den Hals getragen. Sie enthalten manchmal sogenannte Inklusen (siehe oben).

Zu d) Bernstein ist ursprünglich eine pflanzliche Absonderung mit tierischen Einschlüssen.

Zu e) Als Elektron bezeichnete man in der Antike eine natürliche Gold-Silber-Mischung. Elektron besitzt eine hellere Gelbfärbung als reines Gold und verfärbt sich rasch an der Luft. Es ist das älteste Münzmetall. Möglicherweise wurde das Metall nach „Elektron", der griechischen Bezeichnung für Bernstein, benannt, der eine ähnliche Farbe aufweisen kann.
Heute bezeichnet man eine Legierung aus 90 % Magnesium und 10 % Aluminium als Elektron, eine Leichtmetalllegierung, die im Flugzeugbau Verwendung findet. Ein Elektron ist ein stabiles, negativ geladenes Elementarteilchen ohne räumliche Ausdehnung mit einer Masse von $9{,}1 \cdot 10^{-31}$ kg. An Bernstein, der sich leicht elektrostatisch aufladen lässt, konnte man Elektrizität schon früh erfahrbar machen. Daher kommt die Bezeichnung „Elektron" für dieses elektrisch geladene Elementarteilchen ebenfalls von der griechischen Bezeichnung für Bernstein.

72. Stecker

Lösung: ***Die Stadt Nürnberg***

Zu a) Peter Henlein erfand das „Nürnberger Ei", die Taschenuhr.

Zu b) In der Oper „Die Meistersinger von Nürnberg" besingt Hans Sachs zunftwidrig, d. h. gegen die Regeln der Meistersingerzunft, in einem derben Schusterlied Eva Pagner.

Zu c) Lebzelten sind ein anderer Ausdruck für Lebkuchen. Diese Lebkuchen können herzförmig und mit Honig „aus Nektar stammende Beimengung" gebacken sein.

Zu d) Mit dem „Nürnberger Trichter" soll Wissen dem Gehirn „eingetrichtert" werden.

Zu e) Hier ist die Nürnberger Spielwarenmesse gemeint.

Zu f) Die Rassengesetze des Dritten Reiches sind als Nürnberger Rassengesetze in die Geschichte eingegangen, ebenso die Nürnberger Prozesse nach dem Zweiten Weltkrieg.

73. Stecker
Lösung: **Die Kaffeebohne**

Zu a) Die Frucht des Kaffeebaumes heißt Kaffeekirsche.

Zu b) Cholamin ist ein organischer Farbstoff der bei der Fermentierung und Röstung der Kaffeebohne entsteht. Gemeint sind Kaffeekränzchen und die Steigerung der Herzfrequenz durch Coffein.

Zu c) Türkischer Kaffee wird aus geriebenen Kaffeebohnen zubereitet, die zusammen mit Wasser gekocht werden. Der Kaffeesatz setzt sich in der Tasse und am Boden des Kochtopfes ab.

Zu d) Mit „Mittelscheitel" ist der Einschnitt an der flachen Bohnenseite beschrieben. Fast immer finden sich in einer Frucht zwei Samenkerne, also zwei Kaffeebohnen.

Zu e) Um die Preise für Kaffee hoch halten zu können, hat besonders Brasilien, ein Hauptexporteur für Kaffee, sehr oft Rohkaffeebohnen ins Meer geworfen. Je mehr Milch man in den Kaffee gießt, umso weißer wird er, braun wird er mit wenig und schwarz ohne Milchzusatz. Unterschiedliche Kaffeesorten ergeben eine Kaffeemischung.

74. Stecker
Lösung: **Das Magnesium**

Zu a) Als Metall glänzt es silbern.

Zu b) Dichte Mg 1,74 g/ccm, Dichte Al 2,7g/ccm. Cäsium: Dichte 1,87g/ccm. An der Schnittfläche glänzt Magnesium zunächst silbrig. Es handelt sich um ein goldgelb glänzendes, wachsweiches Metall.

Zu c) Da Magnesium leichter ist als die meisten anderen Metalle, verwendet man es für Felgen von Wagenrädern oder auch andere Karosserieteile von Autos.

Zu i) Magnesium ist wichtiger Bestandteil des Blattgrüns (Chlorophyll) und ermöglicht die Photosynthese, durch welche Pflanzen aus CO_2 und Wasser Zucker und Sauerstoff aufbauen.

Weitere Hinweise:	Das Magnesium kommt in der Natur praktisch nur in Verbindungen vor. Als Silikat zum Beispiel im Meerschaum. Auch hitzeabwehrender Asbest ist eine Magnesiumverbindung.

75. Stecker
Lösung: **Das Streichhölzchen**

Zu a) Chancel erfand 1805 ein Tunkfeuerzeug aus Hölzchen, deren Ende mit Kaliumchlorat, Schwefel und Gummilösung bestrichen war und durch Eintauchen in konzentrierte Schwefelsäure (sehr gefährlicher Stoff) entflammte. Das eigentliche Reibzündholz mit Phosphor als wesentlichem Bestandteil wurde von verschiedenen Erfindern etwa zur gleichen Zeit zwischen 1820 und 1830 vorgestellt (z. B. Kammerer, Walker, Irinyi, Jones). Da weißer Phosphor gesundheitsschädlich ist, wurden seit Ende des 19. Jahrhunderts Schwefelphosphorverbindungen an seiner Stelle eingesetzt. Das Streichholz ist heute vielfach durch Benzin- oder Gasfeuerzeuge ersetzt, deren Mechanik metallisch ist.

Zu b) Streichhölzer gibt es mit verschieden farbigen Reibköpfchen.

Zu c) Das „Kleine Mädchen mit den Schwefelhölzchen" ist der Titel eines Andersen-Märchens (Hans-Christian Andersen, 1805-1875). Die erwähnten Schwefelhölzchen waren wohl Schwefeltunkhölzer.

Zu d) Streichhölzer werden durch Reibung in Brand gesetzt.

Zu e) Die seltene Erde ist Cer, als Zündstein einerseits und als Teil von Feuerzeugen andererseits von Auer v. Weisbach angegeben. Der Begriff „seltene Erde" bezeichnet Metalle der dritten Nebengruppe des Periodensystems und die Lanthanoide. Er stammt aus der Zeit der Entdeckung dieser Elemente, die zuerst in seltenen Mineralien gefunden wurden und als Oxide (alte Bezeichnung: „Erden") gewonnen werden konnten. Benzin- und Gasfeuerzeug, aber auch elektrische Zünder, sind seine nicht immer funktionierende Konkurrenz, weshalb mancher dann doch wieder zum Streichholz greift. Prometheus, Sohn der Gaia, Bruder des Atlas und damit Mitglied des Titanengeschlechts, brachte als Lehrmeister den Menschen das Feuer zurück, nachdem Zeus den Sterblichen das Feuer genommen hatte. Zur Strafe ließ Zeus Prometheus in Ketten an einen Fels schmieden. Ein Adler fraß täglich von seiner Leber, die sich bei dem Unsterblichen immer wieder erneuerte. Erst der Held Herakles, Sohn des Zeus und der Alkmene, erlöste ihn von seinen Leiden.

76. Stecker
Lösung: **Das Pferd**

Zu c) Wotans Ross hieß Sleipnir. Es besaß acht Beine. Auf ihm konnte Wotan durch alle Welten reiten.

Zu b)   Erst die Europäer brachten Pferde nach Mittelamerika.

Zu d)   Hier sind die weltberühmten weißen Lipizzanerhengste gemeint, die mit dunklem Fell zur Welt kommen, mit zunehmendem Lebensalter weiß werden und die "hohe Schule" der Pferdedressur absolvieren müssen.

Zu e)   Vier- und Achtspänner waren Prestigezeichen des Adels.

77. Stecker
Lösung: **Wolfgang Amadeus Mozart** (1756 - 1791)

Zu a)   Salzburg gehörte damals nicht zu Österreich. Es wurde von den Salzburger Erzbischöfen - auch weltlich - selbständig regiert.

Zu b)   Die Gattin des deutschen Kaisers Franz I. war Maria Theresia, das Töchterchen Marie Antoinette.

Zu c)   Mozart heiratete Konstanze Weber, eine Verwandte des Komponisten Karl Maria von Weber. Seine Schwester hieß Nanette, meist Nannerl genannt.

Zu e)   Das hier erwähnte Werkverzeichnis Mozarts ist das Köchelverzeichnis. Das Mozart-Requiem wurde von seinem Schüler Süßmayr vollendet.

78. Stecker
Lösung: **Das Kochsalz**

Zu a)   Lots Weib erstarrte zur Salzsäule, als sie entgegen Gottes Verbot bei der Flucht aus Sodom, das am heutigen Toten Meer lag, zurückblickte.

Zu b)   Hölzerne Schiffe wurden früher mit Salzlake imprägniert.

Zu c)   Die Häute werden geschmeidiger und sind leichter zu bearbeiten, wenn man sie in eine Salzlösung legt.

Zu d)   Salzstraßen nannte man jene Handelswege, auf denen vorwiegend Salz transportiert wurde, z. B. aus Europa in den Fernen Osten oder aus Meeresnähe ins Landesinnere. Spezielle Salzstraßen waren etwa Flüsse, auf denen Salz transportiert wurde. In Österreich und Bayern war das beispielsweise die Salzach oder die Traun.

Zu e)   Der Hinweis bezieht sich auf die Redensart: „Salz und Brot macht Wangen rot".

79. Stecker
Lösung: **Der Schornsteinfeger**

Zu a)   Essen sind Feuerstellen.

Zu b)   Um den Kamin zu reinigen, muss er öfter ein Stück hinein kriechen bzw. sich weit hinein biegen.

Zu c)	Wenn sich ein Schornsteinfeger abends umzieht und sich vom Ruß befreit, wird er heller.
Zu d)	Kaminfeuerstätten müssen jährlich vom Schornsteinfeger gereinigt und überprüft werden.
Zu e)	Eine Kugel wird zu Reinigungszwecken zusammen mit einer Bürste den Schornstein hinab gelassen und gestoßen.
Zu f)	Um in den Kamin zu gelangen, muss der Schornsteinfeger oft auf Leitern steigen. Dann schaut er von oben herab.
Zu g)	Der Schornsteinfeger reinigt den Rauchfang, in dem sich nach altem Aberglauben Geister aufhalten sollen. Man glaubte, dass nach der Reinigung die Geister verschwunden waren, was Glück bringen sollte.

80. Stecker

Lösung: **Der Kuckuck**

Zu a)	Prophet deshalb, weil nach Meinung vieler die Zahl seiner Schläge die Lebensjahre, die einem noch bevorstehen, anzeigen soll.
Zu b)	Kuckucksmütter legen bekanntlich ihre Eier in fremde Nester. Das Gefieder des Kuckucks ist graubraun und sehr unauffällig. Außer dem „Wort" Kuckuck, einer Lautmalerei, weiß er nichts zu sagen. - In manchen Ländern wird das amtliche Siegel, das auf Pfändungsobjekte aufgeklebt wird, um sie vor weiterem Zugriff oder Verkauf zu schützen, Kuckuck genannt. Das Ablösen des Siegels ist strafbar, da es ein Zeichen der Pfändnahme durch den Staat darstellt.
Zu c)	Im Zweiten Weltkrieg war der Kuckucksruf ein Vorwarnsignal für Bombenangriffe. Sirenen folgten erst eine Weile später, wenn Flugzeuge bereits unmittelbar über dem Gebiet flogen.
Zu d)	Terz ist hier musikalisch gemeint. Das Tonintervall seines Rufes ist eine Terz.
Zu e)	Der Kuckuck über der Uhr findet sich bei einer Schwarzwälder Kuckucksuhr.
Zu f)	Mit Appetit gesegnet und gar nicht heikel, frisst der Kuckuck besonders gerne haarige Raupen, die von anderen Vögeln gemieden werden.

81. Stecker

Lösung: **Rainer Maria Rilke** (1875 - 1926)

Zu a)	Aus Böhmen (das damals zu Österreich gehörte), ging Rilke nach Paris zu dem Bildhauer Rodin.
Zu b)	Rilke erlebte eine unfreiwillige Erziehungszeit beim Militär.

Zu e) Seine Lyrik ist wegweisend. Er übersetzte viele französische Dichter ins Deutsche. Rilke lebte zeitweise in der Toscana, in Russland und in Frankreich. Er starb in der Schweiz und liegt auch dort begraben.

82. Stecker
Lösung: **Gaius Julius Cäsar**, geb. 100 v. Chr., ermordet von Brutus und dessen Komplizen 44 v. Chr. (Hinweise siehe auch Stecker 44.)

Zu c) Seine große Liebe war die ägyptische Königin Kleopatra VII. (69 - 30 v. Chr.). Teile der Bibliothek von Alexandria brannten 48 v. Chr. ab. (380 n. Chr. zerstörten Christen die Bibliothek erneut.)

Zu d) Bis heute heißt die Operation, mit der Kinder aus dem Bauch der Mutter herausoperiert werden, „Sectio Caesarea", also der Schnitt Caesars oder auch „Kaiserschnitt".

83. Stecker
Lösung: **Das Hühnerei**

Zu a) Das Ei besitzt im rohen Zustand einen weichen Dotter, der erst beim Kochen hart wird.

Zu b) Mit dem Zahn der Zeit ist der Eizahn des Kükens gemeint, der die Eihülle sprengt. Das Hühnerei symbolisiert die Fruchtbarkeit, das Versprechen auf zukünftige Nachkommenschaft.

Zu c) „Punctum saliens" wurde seit dem Altertum jenes kleine rötliche Pünktchen auf dem Eidotter genannt, das schon mit einer schwachen Lupe als springendes, zitterndes Pünktchen zu erkennen ist. Es ist in Wirklichkeit das bereits schlagende Herz des Kükens auf der Keimscheibe genannt, punctum saliens, „der springende Punkt", also das Wesentliche.

Zu d) Hier wird das Eiklar beschrieben, in dem der Dotter mit beiden Hagelschnüren an den Polen des Eies aufgehängt ist.

Zu e) Wenn das Ei zerstört ist, flüchtet das Küken sofort, da Hühner Nestflüchter sind. Werden sie nicht vom Brutkasten gehindert, gehen Küken mit der Henne sogleich auf Nahrungssuche.

84. Stecker
Lösung: **Die Schachkönigin (Dame)**

Zu a) Gemeint ist hier die Schachkönigin bzw. Dame und der König.

Zu b) Die Königin darf über mehrere Felder diagonal, waage- und senkrecht ziehen, weshalb sie sich ausgezeichnet zum Schlagen anderer Schachfiguren eignet. Der König dagegen kann auf Grund seiner begrenzten Reichweite (Fortbewegung jeweils nur um ein Feld in alle Richtungen) nur fliehen, sich der Königin also nicht stellen.

Zu c) Nur bei der Rochade zieht der König über mehr als ein angrenzendes Feld. Bei einer Rochade zieht der König zum Turm, worauf dieser über den König auf das Nachbarfeld springt. Ziel dieses Zuges ist es, den König in eine geschützte Position zu bringen. Der König flieht also, umgangssprachlich „türmt", mit Hilfe des Turms.

Zu e) Schach wird angesagt, bevor der gegnerische König beim nächsten Zug geschlagen wird, sollte er nicht vom entsprechenden Feld weg bewegt werden.

Zu f) Der erste Zug in einem Schachspiel kann nur mit einem Bauern oder einem Pferd erfolgen.

85. Stecker

Lösung: **Die Wirbelsäule** bzw. das Rückgrat

Zu a) Die Wirbelsäule besteht aus 24 Wirbeln.

Zu b) Nerven und Blutgefäße durchziehen die Wirbelsäule längs und quer. Sie umfasst den Wirbelkanal, in dem das Rückenmark verläuft.

Zu c) Eine Schwangerschaft dauert 280 Tage. Eisen ist in den roten Blutkörperchen enthalten. Es übernimmt den Sauerstofftransport für die Energiegewinnung, die für den Knochenaufbau notwendig ist. Die knöchernen Wirbel bestehen aus einer Eiweißgrundsubstanz, in die Kalk und Calciumphosphate eingelagert sind.

Zu d) Der Atlas ist der oberste Wirbelknochen und der Grund, auf welchem das Haupt ruht („Hauptgrund").

Zu e) Der folgende Wirbelkörper, Epistropheus genannt, hat einen Fortsatz, der als „Zahn" (Dens) bezeichnet wird und steil in den Atlas hineinragt. Der Atlas verbindet auf diese Weise den Kopf und den Rest der Wirbelsäule.

Zu f) Wenn der Mensch einige Jahrzehnte alt ist, wird er etwas kleiner, da die Bandscheiben als Puffer zwischen den Wirbeln dünner werden.

Zu g) Dieser Hinweis bezieht sich auf das Foramen magnum - das große Schädelloch, durch welches das Rückenmark von der Wirbelsäule in den Schädel verläuft..

Zu h) Schwächlinge besitzen „kein Rückgrat".

86. Vierfach-Homonym-Stecker

Lösung: **Hornhaut**

Zu a) Die „Heldenhülle" ist Siegfrieds Hornhaut, die er sich durch das Baden im Blut des erschlagenen Drachens erwarb.

Zu b) Die beiden beschriebenen Wölbungen sind die Hornhäute der Augen.

Zu c) Die „Bildungslücke" ist jene Stelle an Siegfrieds Rücken, die der Sage nach wegen eines dorthin geglittenen Lindenblattes vom Drachenblut nicht berührt werden konnte, und daher verletzbar blieb.

Zu d) Die Hornhaut als Schwiele an den Füßen, aber auch an den Händen, ist schmerzhaft.

Zu e) Die Oberhaut des Menschen besteht als äußerste Schicht immer aus Hornzellen und wird daher Hornhaut genannt.

87. Fünffach-Homonym-Stecker

Lösung: **Stich**

Zu a) Ein Sonnenstich ist ein Hitzeschaden durch Schwellung der Hirnhaut, wenn der Kopf zu lange der Sonne ausgesetzt war.

Zu b) Ein Stahlstich wird vom Künstler mit dem Vermerk „Sculpsit", auf deutsch „gestochen von" mit seinem Namen signiert.

Zu c) Ein Stich im Kartenspiel trägt zum Gewinn bei.

Zu d) Ein in Handarbeit genähter Stich, z. B. Kreuzstich, verziert beispielsweise Tischdecken.

Zu e) Hier ist ein Bienenstich gemeint. Die Biene reißt sich den Stachel aus beim Stich in zähe Säugetierhaut, woran sie letztlich stirbt. Bienenstich als süßes Gebäck essen viele gern.

Spiele I - Zweierauswahl

88. Zweierauswahl

a) **Richtig.** Zimt besteht aus der Innenrinde des Ceylon-Zimtbaumes, einem Lorbeergewächs, die sich röhrenartig zusammenrollt (Stangenzimt).

b) **Falsch.** Kupfer wurde noch vor dem Eisen zur Herstellung metallischer Gegenstände verwendet.

c) **Falsch.** Diamanten waren in der Antike unbekannt.

89. Zweierauswahl

a) **Falsch.** Engelshaar wird meist aus Glasfasern hergestellt. Bereits im 18. Jahrhundert wurde Glasfaser von Glasbläsern im Thüringer Wald zur Herstellung von Engelshaar erzeugt. Dort wurden dann 1896 erstmals spinnbare Glasfasern produziert. Heute finden Glasfasern breite Anwendung bei der Herstellung von Textilien, aber auch als Verstärkungsfasern (Beton, Kunststoff) und in der Elektrotechnik, vor allem als Glasfaserkabel (Datenübertragung durch Totalreflexion).

b) **Richtig.** Außerdem enthält jedes Eiweiß auch Kohlenstoff, Wasserstoff, Sauerstoff und Elemente wie Schwefel und Selen. Der Stickstoff baut zusammen mit der Carboxylgruppe, die aus Kohlenstoff, zwei Sauerstoffatomen und einem Wasserstoffatom besteht, die Peptidbindung unter Wasserabspaltung auf. Diese Peptidbindung bestimmt die primäre Eiweißstruktur.

c) **Richtig.** „Hinten" und „vorne" wäre richtig. Die Nachsilbe -wärts gibt immer eine Richtung an.

90. Zweierauswahl

a) **Richtig.** Das Schwein lernt und merkt sich Situationen besser als die meisten anderen Haustiere.

b) **Richtig.** Durch Nachbeizen mit Eisensulfat ergibt sich die dunkelbraune Farbe. Rot allein wurde z. B. aus Krappgewächsen gewonnen, also aus den Wurzeln von Rötegewächsen.

c) **Falsch.** Im Atlantik heißen die Wirbelstürme Hurrikan. Taifun heißen sie im Indischen und im Pazifischen Ozean in der Nähe Südostasiens.

91. Zweierauswahl

a) **Falsch.** Der echte Seidenfaden besteht aus Fibroin, einem Eiweißstoff. Chitin ist ein Polysaccharid, also ein Vielfachzucker, Fibroin dagegen besteht aus Eiweiß. Chitin ist entgegen landläufiger Meinung für die Beweglichkeit des Chitinpanzers und nicht für seine Festigkeit verantwortlich. Die Festigkeit des Insektenpanzers wird durch Sklerotin, einem Eiweißstoff, bewirkt.

b) **Falsch.** Sie sind charakteristisch für Dämmertiere.

f) **Falsch.** Er heißt Intrigant. Inspizient ist beim Theater der mit der technischen Durchführung der Regieanordnungen Betraute.

92. Zweierauswahl

a) **Richtig.** Thales von Milet, ein ionischer Naturphilosoph, der 600 v. Chr. lebte, hatte lange vor Kopernikus diese Erkenntnis. Er nahm das Wasser als den Ursprung aller Dinge an.

b) *Falsch.* Er würde sich selbstverständlich unter dem Buchstaben „J" eintragen. Sein Name lautete: Gaius Julius, Cäsar ist nur ein Beiname.

c) *Richtig.* Haschisch ist das Harz einer ursprünglich in Indien beheimateten Hanfsorte, auch Cannabis genannt. Marihuana besteht aus getrockneten weiblichen Blüten der Hanfpflanze.

93. Zweierauswahl

a) *Falsch.* Misteln wachsen nicht auf Nadelbäumen, sondern nur auf Laub- und Obstbäumen.

b) *Richtig.* Hunde verschlingen deshalb die Brocken im Ganzen und erst der scharfe Magensaft macht das Nichtkauen wett.

c) *Falsch.* Sauerstoff ist dafür ungeeignet. Reizen läßt sich das Atemzentrum nur durch die Übersäuerung des Blutes mit Kohlendioxid. (Neugeborene atmen oft erst, wenn sie durch Kohlensäureansammlung im Blut schon beinahe blau sind.)

94. Zweierauswahl

a) *Richtig.* Kristalle enthalten stets Kristallwasser, das es auf der Mondoberfläche nach derzeitigem Wissen nicht gibt. Hinweise auf Wassereis von Kometenabstürzen konnten bis jetzt nicht bestätigt werden.

b) *Falsch.* Alle Fermente sind eiweißhaltig und daher hitzeempfindlich ab etwa 60 Grad Celsius.

c) *Falsch.* Die spanische Hochsprache ist das Kastilische, gesprochen in der Provinz Kastilien rund um Madrid.

95. Zweierauswahl

a) *Richtig.* Das Ei ist als Keim des Lebens ein weit verbreitetes Fruchtbarkeitssymbol. Das Osterei im Besonderen gilt im Christentum als Symbol für die Auferstehung, da Jesus aus dem Grab „herausbrach" wie ein Küken aus dem Ei.

b) *Richtig.* Bei jedem Wurf gilt völlig unabhängig davon, was vorher gewürfelt wurde: Die Wahrscheinlichkeit, dass eine bestimmte Zahl fällt, ist für alle sechs Zahlen immer 1 : 6.

c) *Richtig.* Die Cassiopeia ist ein Circumpolarstern, also einer jener Sterne, die den Süd- oder den Nordpol des Himmels so eng umkreisen, dass sie in einer Nacht den ganzen Kreis vollenden.

96. Zweierauswahl

a) *Falsch.* Maghreb heißt der arabisch-afrikanische Teil Nordafrikas.

b) *Falsch.* Bernstein ist in Alkohol unlöslich. Löslich ist er in Äther, Aceton und Schwefelsäure.

c) *Richtig.* Das radioaktive Isotop Strontium 90 ist ein Bestandteil des Atommülls. Es wurde bei Atomwaffenversuchen und bei der Katastrophe im Atomkraftwerk Tschernobyl in der damaligen UdSSR am 26.04.1986 in der Atmosphäre verbreitet. Seine Halbwertszeit beträgt ungefähr 29 Jahre. Es wird anstelle von Calcium in die Knochen eingebaut.

97. Zweierauswahl

a) *Richtig.* Nur der Diamant besteht ausschließlich aus nur einem Element, nämlich aus Kohlenstoff.

b) *Richtig.* Ihre Geschwindigkeit beträgt im Mittel 90 km/h.

c) *Richtig.* Mit dem Geruchssinn verbindet sich immer ein ganzer Komplex von Erlebtem. Das Riechhirn liegt direkt neben den Gedächtniszentren.

98. Zweierauswahl

a) *Richtig.* Fluchttiere geben mit dem weißen Fleck rund um den After in der Dämmerung ihrem Nachfolger die Wegrichtung an.

b) *Falsch.* Koffeinfreier Kaffee wird durch chemische Extraktion des Koffeins aus der Kaffeebohne gewonnen. Mutative Kreuzungen gibt es nicht.

c) *Richtig.* Kolumbus fand den Weg nach Westindien 1492, Vasco da Gama unabhängig davon den Weg nach Ostindien 1498.

99. Zweierauswahl

a) *Falsch.* Galaktose ist Zucker, Milchzucker. Die Milchstraßen heißen Galaxien.

b) *Richtig.* Der B-Vitamin-Komplex ist konzentrierter in der Bierhefe.

c) *Falsch.* St. Patrick ist ein Heiliger Irlands. In Irland gibt es keine Schlangen, nur Eidechsen. Irland war während der letzten Eiszeit von einem dicken Eispanzer bedeckt. Während des Abschmelzens stieg der Meeresspiegel so schnell, dass Irland vom restlichen Europa bereits wieder getrennt war, bevor Schlangen dort über Land hätten einwandern können.

100. Zweierauswahl

a) *Richtig.* Brom und Quecksilber sind die einzigen flüssigen Elemente, alle anderen (über hundert) sind entweder gasförmig oder fest. Unter normalen Bedingungen ist hier eine Temperatur von 0 bis 20 Grad Celsius gemeint, bei einem Barometerstand von 760 mm Quecksilbersäule. (Achtung: Wasser ist eine chemische Verbindung, kein Element).

b) *Falsch.* Die Zisterzienser haben den Namen nach dem ersten Kloster ihres Ordens in Citeaux (Mittelfrankreich) gewählt. Sie leben nach der reformierten Benediktinerregel. Wichtige Inhalte der Benediktinerregel sind die Ehelosigkeit und die Verpflichtung zu Armut, Gehorsam, Schweigen und Demut.

c) *Richtig.* Avicenna ist die lateinische Form von Ibn Sina. Der persische Arzt lebte im 10. und 11. Jahrhundert (980 - 1037 n. Chr.) und gilt als Vater der modernen Medizin. Das Kanun beinhaltet die Theorie der Medizin, eine alphabetische Auflistung von Medikamenten, Krankheiten spezieller Organe (Pathologie und Theorie), Krankheiten, die sich im Körper ausbreiten und ein Kapitel über die Produktion von Heilmitteln. Avicenna beschreibt bereits die Ansteckungsfähigkeit der Tuberkulose, die wissenschaftliche Diagnose von Hakenwurmerkrankungen oder auch Möglichkeiten zur Anästhesie mit Medikamenten. Chirurgen riet er, Krebs im frühesten Stadium zu behandeln und möglichst alles kranke Gewebe zu entfernen. Er empfahl Tierversuche zur Testung neuer Medikamente vor dem Einsatz beim Menschen.

101. Zweierauswahl

a) *Richtig.*

b) *Richtig.* Die meist im Handel erhältlichen Textilien mit Schlingen statt aufgeschnittenem Flor sind billiger und heißen Frottier.

c) *Falsch.* Man formte sie aus Ton.

102. Zweierauswahl

a) *Richtig.* Vögel haben keine Wimpern. Wimpern haben beispielsweise Säugetiere

b) *Richtig.* Die rote Beerenfrucht des Maiglöckchens ist giftig.

c) *Falsch.* Das Falkenmännchen heißt deshalb Terzel (lat. ein Drittel), weil es nur ein Drittel so groß ist wie das Weibchen.

103. Zweierauswahl

a) *Richtig.* Sie kommt in zahlreichen japanischen Gedichten vor. Auch die deutsche Dichtung kennt eine bestimmte Vorliebe für Farben in bestimmten Epochen. So findet sich in der deutschen Romantik häufig die Farbkombination Grün-Gold.

b) **Falsch.** Es hieß Skandalon, also ein Wort, das wir für „Skandal", „Anstoß erregend", verwenden. Ein Schamane ist ein heidnischer Priesterarzt.

c) **Richtig.** Goethe musste als Kind mit seiner Schwester die Seidenraupen betreuen und behielt für immer eine Abneigung gegen diese Tiere (siehe „Dichtung und Wahrheit").

Spiele I - Dreierauswahl

104. Dreierauswahl

a) **Antwort 2.** Nordstern ist der zweite Name für den Polarstern, der nahe am Nordpol steht. - Ein Kreuz des Nordens gibt es nicht. - Orion ist ein Sternbild auf dem Himmelsäquator.

b) **Antwort 2.** Krebse haben zehn Beine. - Spinnentiere (hierzu gehören auch Zecken) haben acht, Insekten haben sechs Beine.

c) **Antwort 2.** Der Regenwurm ist blind. - Maulwürfe besitzen wenige Millimeter große Augen mit nur schwacher Sehkraft. - Hirschkäfer haben seitlich am Kopf kleine Augen.

105. Dreierauswahl

a) **Antwort 1.** Das Balsaholz ist leichter als Linden- oder Ebenholz. Es eignet sich für Surfbretter, für Flöße und ist auch als Modellbauholz beliebt. Balsabäume sind Malvengewächse. Sie wachsen im tropischen Südamerika. Die Dichte von Balsaholz beträgt nur etwa ein Drittel anderer Holzarten. - Lindenholz ist weich und wird daher gerne als Schnitzholz verwendet. - Das tiefschwarze und sehr harte Ebenholz vom Dattelpflaumenbaum wird vor allem im Instrumentenbau (Klaviertasten, Klarinetten) und im Möbelbau für Intarsien verwendet.

b) **Antwort 2.** Wenn sich eineiige Zwillinge im Mutterleib nicht ganz trennen. - Überbefruchtung kommt ganz selten vor, wobei der Keim anschließend abstirbt. - Das Wieder-Zusammenwachsen im Mutterleib gibt es nicht.

c) **Antwort 3.** Der Eiffelturm ist eine Eisenkonstruktion (erbaut 1887 - 1889 zur Weltausstellung in Paris).

106. Dreierauswahl

a) **Antwort 3.** Die Diesellok. Der Dieselmotor ist ein Verbrennungsmotor. Verbrennungsmotoren verrichten durch innere Verbrennung von Treibstoff mechanische Arbeit. - Nicht zu den Verbrennungsmotoren im engeren Sinne gehört die Dampfmaschine, da hier die Verbrennung außerhalb des Zylinders stattfindet. - Bei einer Elektrolokomotive ist der Fahrantrieb elektrisch, Energiequelle ist der elektrische Strom.

b) *Antwort 3.* Meteorit. Der schwarze Meteor wird als vom Himmel stammend verehrt und steht eingemauert in einem würfelförmigen Gebäude bei Mekka in Saudi Arabien. Die Wallfahrt zu ihm heißt Haddsch. Jeder volljährige Mohammedaner sollte die Pilgerfahrt einmal in seinem Leben unternommen haben. - Obsidian ist ein zu glasartigem Schmelzfluss erstarrtes vulkanisches Gestein. - Marmor ist ein Kalkstein.

c) *Antwort 3.* Ein Guru ist ein Jogalehrer. Die Bezeichnung hat einen Anklang an Taubengurren sowie an Gora, slawisches Wort für Berg. - Die Walachei liegt in Rumänien, sie wird im Norden von den Südkarpaten und im Süden von der Donau begrenzt.

107. Dreierauswahl

a) *Antwort 2.* Ebenholz stammt vom Dattelpflaumenbaum.

b) *Antwort 2.* Die Serengeti ist eine afrikanische Landschaft (baumarme Savanne) in Tansania. Sie ist heute Naturschutzgebiet, wozu der frühere Direktor des Frankfurter Zoos, Prof. Bernhard Grzimek, als Autor des genannten Buches, wesentlich beigetragen hat. - 1 und 3 gibt es nicht.

c) *Antwort 3.* Saladin lebte von 1138 bis 1193. Er schlug 1187 die Kreuzfahrer, eroberte Jerusalem und Akkon. - Suleiman II. der Große, um 1494 bis 1566, eroberte Ungarn und belagerte 1529 Wien. Unter ihm war die Ausdehnung des Türkenreiches am größten. - Seldschuken sind ein kleinasiatisches sunnitisches Herrschergeschlecht des 11. und 12. Jahrhunderts. Sie brachten den Islam nach Anatolien.

108. Dreierauswahl

a) *Antwort 3.* Immanuel Kant schrieb 1795 „Vom ewigen Frieden". Nach der Schrift von Kant ist Frieden kein natürlicher Zustand für den Menschen. Ihn zu gewährleisten ist Aufgabe der Politik, die sich dem allgemein gültigen Rechtssystem unterordnen muss. Politik muss dabei vernünftig handeln und nach Gerechtigkeit streben. Kant definiert Ideen des Völkerrechts, welches u. a. fordert, dass Verträge zwischen Staaten verbindlich sein müssen. - In dem Werk „Über den Gottesstaat" entwickelte Augustinus 425 n. Chr. die Vorstellung vom irdischen Staat als eine teils gottgewollte zeitliche Ordnungsmacht, teils einem von widergöttlichen Kräften beherrschten Reich des Bösen.

Der Gottesstaat selbst wird in der Kirche sichtbar, ist jedoch nicht mit ihr identisch. - Von Papst Gregor gibt es kein Werk dieses Titels. - In seinem Roman „Utopia" stellte der Engländer Thomas Morus 1516 eine ideale Gesellschaft dar, die auf Vernunft begründeten Gleichheitssätzen, auf Arbeit und Streben nach Bildung und auf demokratischen Grundzügen beruht.

b) **Antwort 1.** Eine Stubenfliege wiegt rund ein Milligramm.

c) **Antwort 2.** Prag. Slata Praha bedeutet eigentlich „Goldene Schwelle". Nach der böhmischen Sage „Libussas Weissagungen" entstand Prag an der Stelle der Moldau, aus der ein Mann den Prah, die Schwelle eines Hauses, zimmerte. Libussa sah eine Stadt voraus, die Ehre, Lob und Berühmtheit gewinnen würde wie keine andere. Den Gründern von Prag weissagte Libussa auch die reichen Erzlager des Landes. Die goldene Stadt spiegelt sich bis heute wie Gold in den Fluten der Moldau wider.

109. Dreierauswahl

a) **Antwort 2.** Steuereinnehmer.

b) **Antwort 1.** Sisal, genannt nach der gleichnamigen mexikanischen Hafenstadt, wird aus den Blättern der Sisalagave gewonnen. Die cremeweißen bis gelblich glänzenden Blattfasern haben einen harten Griff und sind daher nahezu unangreifbar für Insekten. Außerdem sind sie leicht einzufärben.

c) **Antwort 1.** Die Eskimos gewinnen die notwendigen Kohlenhydrate aus dem Fleisch ihrer Haus- und Beutetiere, also aus dem Stärkeanteil der Muskelfasern, Glykogen genannt. Außerdem kann Eiweiß zu Kohlenhydraten umgebaut werden. - Die Stärkeanteile aus Pflanzen spielen in der Heimat der Eskimos bei der Ernährung nur eine geringe Rolle, da ihr Stärkegehalt gering ist. - Im Fett sind überhaupt keine Kohlenhydrate enthalten.

110. Dreierauswahl

a) **Antwort 2.** Mugeln. Die Steine der Kaiserkronen sind alle noch mit einem jeweils anderen, härteren Material, vornehmlich mit anderen Steinen, in halbkugeliger oder kugeliger Form abgeglättet, was man mugeln nennt. - Steinschneiden wurde hauptsächlich bei der Herstellung von Gemmen aus Halbedelsteinen eingesetzt. Gemme bedeutete früher geschnittener Edelstein. Heute werden als Gemmen kleinformatige Tiefschnitte bezeichnet, beispielsweise von Wappenringen. Erhöhte Steinschnittreliefs nennt man dagegen Kameen. - Schleifen, im Besonderen Facettenschleifen, kommt erst seit 1456 zur Anwendung, als der Flame Louis van Berquem aus Brügge entdeckte, dass man Diamanten mit Hilfe von Korund- (Rubin und Saphir) und Diamantstaub und Schleifscheiben schleifen kann. Vorher wurden Diamanten nur durch Abspalten bearbeitet.

b) *Antwort 3.* Weil das Eiweißhäutchen, das jedes Fettkügelchen umgibt, zerrissen wird und die Fettkügelchen zu Butter werden. - Die Restmolke bleibt in der Sahne.

c) *Antwort 2.* Die Schalmei ist eine Rohrflöte. - Das Xylophon ist ein Schlaginstrument mit Querhölzern oder Metallstäben verschiedener Länge und wird mit Klöppeln geschlagen. - Kastagnetten sind von spanischen Tänzern in der Hand gehaltene kastaniengroße Instrumente, mit denen der Rhythmus geschlagen wird.

111. Dreierauswahl

a) *Antwort 1.* In Japan. - Im alten Rom wurde die Toga getragen. - In Indien ist der Sari das übliche Kleidungsstück.

b) *Antwort 2.* Cäsar. - Lucullus brachte wahrscheinlich die Sauerkirsche nach Rom. - Sir Francis Drake brachte vermutlich die Kartoffel nach England (1581), 1537 brachte sie Kolumbus aus Südamerika nach Spanien, von wo aus sie sich in Europa verbreitete.

c) *Antwort 1.* Das Gewürz Safran besteht aus Staubgefäßen mit gelben Pollen einer Krokusart. - Vanille ist eine Orchidee, deren Schoten in Streifen geschnitten oder gemahlen verwendet werden. - Zimt ist gemahlene Baumrinde.

112. Dreierauswahl

a) *Antwort 1.* Die Pflanzen haben kein Nervengewebe. Wenn man von Blattnerven spricht, so ist das ein Missverständnis, da dies die Leitungsbahnen für Säfte sind. - Durch pflanzliche Hormone, also Stoffe, die vom Pflanzenkörper selbst hergestellt werden und mittels der Säfte an den Wirkort gebracht werden, entstehen Wachstumsbewegungen. - Durch Turgoränderung, also durch Änderung des osmotischen Druckes in den Zellen durch Wasserausstrom, wird eine rasche Volumenabnahme von Pflanzenzellen und damit eine Bewegung ermöglicht (z. B. Mimose).

b) *Antwort 3.* Rhone. - Die „Blaue" Donau und der „Grüne" Rhein werden in vielen Liedern besungen.

c) *Antwort 1.* Als Monopol wird die Alleinverwertung eines Stoffes, einer Ware oder einer Geschäftsidee durch eine einzige Institution bezeichnet. - 2) Gibt es nicht. - Athen bezeichnete sich zwar als „Monopolis", doch hat das mit dem gefragten Begriff nichts zu tun.

113. Dreierauswahl

a) **Antwort 1.** Rot. Junges Knochenmark, das noch rote Blutkörperchen bilden muss, ist immer rot. Später, bei erwachsenen Tieren (bei Menschen ist es genauso), wird das rote Knochenmark in den Röhrenknochen, wie den Oberschenkeln und den Unterschenkeln (beim Menschen in den Oberarmen), gelbgrau. Es wird zum Fettmark, das keine Blutkörperchen mehr erzeugt. Rotes Knochenmark findet sich beim erwachsenen Rind in den platten und in den kurzen Knochen wie dem Becken oder dem Brustbein. Bei großem Blutverlust kann das Fettmark wieder in rotes Knochenmark umgewandelt werden.

b) **Antwort 1.** Unterirdische Blätter. Die zahlreichen sogenannten Zwiebelschalen sind nichts anderes als eng aneinandergerückte Blätter ohne Blattgrün, weil sie nicht im Licht stehen, sondern unterirdisch wachsen. Sie speichern Nahrung für die nächste Generation. - Die Wurzeln finden sich an der Unterseite der Zwiebel als kleine härchenartige Fasern. - Zwiebelgewächse haben meist oberirdische Beerenfrüchte.

c) **Antwort 1.** Anthrazit ist die hochwertigste Steinkohle, die einen Heizwert von ca. 35 100 kJ/kg aufweist. - Braunkohle und Torf liefern nur Bruchteile der Energie davon. Abgestorbene Pflanzen werden zu Torf umgewandelt. Durch Ablagerungen, die sich über lange Zeiträume auf dem Torf ansammeln, wird der Druck im Torf so stark erhöht, dass das Wasser ausgepresst wird und der Torf sich in Braunkohle umwandelt. Unter noch höherem Druck entsteht Steinkohle. Der relative Kohlenstoffgehalt und damit der Brennwert nimmt bei diesem Prozess ständig zu.

114. Dreierauswahl

a) **Antwort 3.** Den Großglockner-Gletscher, den größten österreichischen Gletscher mit ca. 10 km Länge, nennt man Pasterze. - Anklang an Pizza. - Wortspiel: Pas-terze, Pas = Schritt, Terz = Intervall.

b) **Antwort 1.** Solveig wartete auf Peer Gynt. Der Nichtsnutz Peer Gynt entführte die Braut eines anderen, verliebte sich dann jedoch in Solveig. Er wanderte nach Marokko aus, wo er durch Sklavenhandel reich wurde. Peer Gynt verlor jedoch alles, wurde von seiner Geliebten bestohlen und kehrte alt und verarmt nach Norwegen zurück. Er wurde von Solveig erlöst, die ein Leben lang auf ihn gewartet hatte. - Penelope wartete auf Odysseus. Penelope war die Frau des Odysseus und Mutter des Telemachos. - Senta wartete auf den Fliegenden Holländer. Senta erlöste den Fliegenden Holländer, der so lange Kap Horn umrunden musste, bis er eine wahrhaft treue Frau fand. Da er befürchtete, dass Senta ihn nicht liebte, stürzte er sich von einem Felsen in den Tod. Senta folgte ihm nach. Beider Seelen stiegen erlöst zum Himmel auf.

c) **Antwort 2.** Melitta heißt auf Griechisch: Honigbiene. - Agathe - die Gute. - Irene - Friede.

115. Dreierauswahl

a) **Antwort 1.** Die Reblaus sitzt am Wurzelstock. Im 19. Jahrhundert führte die aus Nordamerika eingeführte Reblaus zur Verwüstung der europäischen Weinbaugebiete. Die Reblaus bohrt die Wurzeln der Reben an und entzieht ihnen auf diese Weise Nährstoffe. Durch amerikanische Unterlaubreben, die resistent gegenüber der Reblaus sind und auf die ein europäisches Edelreis aufgepfropft wird, konnte sich der Weinbau wieder erholen.

b) **Antwort 1.** Weiße Diamanten sind am Kostbarsten. - Rosarote Diamanten haben ihre Farbe aufgrund von Kristallunreinheiten. - Blaue Diamanten enthalten das Element Bor, das diese Farbe hervorruft.

c) **Antwort 2.** Honig ist Blütennektar, der mit Pollen und Sekreten vermengt, ausgewürgt wird. Eine Biene saugt pro Tag den Nektar aus ca. 4 000 Blüten, vermengt ihn mit ihrem Speichel, der den Nektar in Honig umwandelt. Der Nektar wird im Honigmagen zwischengespeichert, im Stock an die Stockbienen durch Auswürgen weitergegeben und von diesen dann durch wiederholtes Auswürgen und Aufsaugen entwässert. Dabei verdunstet Wasser. Der halbreife Honig wird in dünnen Schichten in die Honigwaben eingelagert und durch Fächeln getrocknet. Zur Reifung wird der Honig häufig von den Stockbienen aufgesaugt, mit Speichel und im Honigmagen mit Fermenten versetzt und wieder ausgewürgt. Erst wenn der Honig ganz reif ist, werden die Waben damit völlig aufgefüllt und mit Wachs verschlossen. - Aus Honig wird Wachs gewonnen, indem die Biene Wachs aus ihren Wachsdrüsen am Hinterleib ausscheidet („ausschwitzt"). - Honig wird weder ausgeschwitzt noch durch den Darm entleert.

116. Dreierauswahl

a) **Antwort 3.** Das Würfelspiel wird nach rein mathematischer Wahrscheinlichkeit entschieden. Die Wahrscheinlichkeit, dass eine bestimmte Zahl gewürfelt wird, beträgt bei jedem Wurf 1 : 6. - Bei Schach und Halma hängt die Chance zu gewinnen vom taktischen Geschick und Denken der Spieler ab.

b) **Antwort 2.** Ostern ist ein übernommenes Frühlingsfest. An Ostern feiern die Christen die Auferstehung Jesu. Es hat sich in Bezug zum jüdischen Passahfest entwickelt, welches die Juden zum Gedenken an ihre Befreiung aus Ägypten feiern. Das Passahfest beginnt am Abend des ersten Frühlingsvollmondes, Ostern am ersten Sonntag nach dem ersten Frühlingsvollmond. Das jüdische Passahfest war für Jesus Anlass, nach Jerusalem zu gehen, wo er gekreuzigt wurde. Das Abendmahl ist die christliche Form des Passahmahls. - Weihnachten wurde ursprünglich am 6. Januar, dem Fest Epiphanie, gefeiert, dann 354 von Rom auf den 25. Dezember verlegt. Das römische Fest des Geburtstages des Sol invictus (des nie besiegten Sonnengottes) wurde damit ersetzt und Jesus als Sol invictus gefeiert. - Pfingsten ist ein griechisches Wort, pentecoste, und bedeutet 50 Tage nach Ostern.

c) **Antwort 2.** Michelangelo hat nur sehr wenige Ölbilder gefertigt. Nur die „Madonna Doni", ein Rundbild (Tondo) mit einem Durchmesser von 120 cm, hat er 1503/04 in Tempera auf Holz gemalt (Florenz, Galleria degli Uffizi). Seine Fresken (z. B. in der Sixtinische Kapelle im Vatikan) und seine Skulpturen in Italien sind weltberühmt.

Spiele II - Logika

117. **Logika** - Der Würfelsechser
Lösung: **Man muss den Würfel präparieren.**

Der Sechser soll so oft wie möglich oben liegen, daher muss die Gegenseite, auf welcher der Einser steht, schwerer sein. Denn nur, wenn der Schwerpunkt des Würfels tiefer liegt als im Mittelpunkt des Würfels, wird diese Seite öfter unten, der Sechser also oben erscheinen. Sehen darf man die Präparation natürlich nicht. Man kann also beispielsweise ein kleines Stückchen Blei oder anderes schweres Metall so in die Nähe des Einserauges bringen, dass es von außen nicht zu erkennen ist.

118. **Logika** - Die Pullover
Lösung: **Viereinhalb Pullover.**

Eine solche Aufgabe löst man am besten schrittweise. Man beginnt, indem man sich auf einen Gesichtspunkt konzentriert und diesen analysiert. Wenn zwei Strickerinnen für zwei Pullover zwei Tage brauchen, so braucht eine Strickerin für einen Pullover zwei Tage.
Daraus folgt: Eine Strickerin strickt an einem Tag einen halben Pullover. Wenn eine Strickerin für einen Pullover zwei Tage braucht, dann strickt sie in drei Tagen eineinhalb Pullover. Drei Strickerinnen stricken in drei Tagen dreimal so viel, das sind viereinhalb Pullover.

119. Logika - Großstadtproblem

Lösung: In Europa sind West- und Südwestwinde die häufigsten, daher werden die Abgase und Rauchfahnen nach Osten abgetrieben, also von der Stadt weg.

120. Logika - Dänemark

Lösung: **Der höchste Berg Dänemarks ist nur 170 Meter hoch.**

Es handelt sich um den Mollehoj (170,86 m), und nicht wie oft dargestellt um den Ejer-Bavnehügel, der mit Mauerüberbleibseln 170,89 Meter aufweist, ohne Mauer nur 170,35 Meter. Mehr als eineinhalb Stunden Wegezeit entspricht einer Höhe von mehr als 150 Metern.

Das Wesentliche an diesem Logikum ist das Aha-Erlebnis, dass Dänemarks höchster Berg nur 170 Meter hoch ist. Daraus ergibt sich ein humorvolles Schmunzeln über die Geschichte, die um die reine Rechnung herumerzählt wird. Denn diese Geschichte im Stil einer Beschreibung einer ausgedehnten Bergtour steht im humorvollen Gegensatz zur tatsächlichen Mühe, die diese Berg- bzw. Hügelbesteigung darstellt.

121. Logika - Der Regenbogen

Lösung: Bekannt ist, dass ein Regenbogen nur dann sichtbar ist, wenn die Sonne hinter dem Rücken des Betrachters steht und die lichtbrechende Regenwand vor ihm bescheint. Der zweite Wanderer kann also nicht richtig beobachtet haben, denn vom Rücken her kann ihn die Sonne nicht blenden.

Jeder Regenbogen ist eigentlich ein Kreis. Je höher die Sonne über uns steht, desto kleiner ist der sichtbare Regenbogenteil. Befänden wir uns hoch genug, z. B. in einem Flugzeug oder auf einem Berggipfel, und damit genügend weit von der Erdoberfläche entfernt, so könnten wir den ganzen Kreis des sogenannten Regen„bogens" sehen.

Lila ist beim ersten, dem deutlichen und hochfarbigen Regenbogen immer innen und das Rot außen.

Wir wissen aus Beobachtungen, dass jeder Regenbogen fast immer einen schwächeren Nachbarn hat, manchmal sogar noch einen zweiten, beide konzentrisch zum ersten Regenbogen. Bei diesen Nebenregenbögen ist dann die Reihenfolge der Farben ausgetauscht (statt Blauviolett - Blau - Grün - Gelb - Orange - Rot, umgekehrt). Die Farben entstehen durch Brechung des Sonnenlichts an Wassertröpfchen, die wie Prismen wirken. Nebenregenbögen entstehen aus zwei- bzw. mehrfach reflektierten Sonnenstrahlen. Durch die zusätzliche Reflexion kehrt sich der Farbverlauf gegenüber dem Hauptregenbogen um.

122. **Logika** - Hero

Lösung: Sie geht an den Strand und lässt ein wenig Wasser neben dem Docht in das Lämpchen rinnen; dieses Wasser sinkt auf den Lampenboden, während das leichtere Öl auf dem Wasser schwimmt. Damit steht der Ölrest wieder hoch genug, so dass der Docht das Öl erreichen kann, die Lampe brennt weiter.

In der zugehörigen griechischen Sage erlosch Heros Lampe leider in einem Sturm, so dass sich Leander beim Schwimmen auf dem Meer verirrte und ertrank. Als Hero dessen Leichnam am nächsten Morgen entdeckte, stürzte sie sich verzweifelt von einer Klippe ins Meer. Schiller wob die Sage zu seinem Gedicht „Hero und Leander".

123. **Logika** - Die Jagdgesellschaft

Lösung: **Drei.**

Großvater, Vater und Sohn. Der Vater ist gleichzeitig Vater und Sohn.

124. **Logika** - Die Schwerter

Lösung: Er wiegt die verpackten Schwerter ab. Das rostige Schwert ist schwerer, weil Rost eine Verbindung aus Eisen mit Sauerstoff ist. Daher muss das Gewicht des verrosteten Schwertes größer sein, als das Gewicht des blanken Schwertes, denn es enthält zusätzlich im Rost Sauerstoff gebunden bei gleichem Eisengehalt.

125. **Logika** - Napoleon

Lösung: *„Gut, dass die Tage jetzt länger werden".*

St. Helena liegt nämlich auf der südlichen Halbkugel der Erde, so dass dort die Jahreszeiten spiegelbildlich zur Nordhalbkugel ablaufen: Während unseres Sommers sind auf der Südhalbkugel die Tage am kürzesten, und es herrscht dort Winter. Ist es auf der Nordhalbkugel Winter, sind die Tage auf der Südhalbkugel am längsten und es ist Sommer.

St. Helena ist eine britische Kronkolonie. Sie liegt im Südatlantik ca. 2000 Kilometer von der Küste Angolas entfernt. Die Insel war von 1815 - 1821 der zweite Verbannungsort Napoleons, der dort starb.

126. **Logika** - Der Detektiv

Lösung: *Weil die Fliegen am Fenster tot sind.*

Diese fliegen erst dorthin, wenn es schon hell wird.

127.   Logika - Lüge und Wahrheit
Lösung: **B hat recht.**
Da B immer die Wahrheit sagt, hat er auch jetzt die Wahrheit gesprochen. A sagt „Ich lüge immer" - daher müsste er auch jetzt gelogen haben.

128.   Logika - Söhne oder Väter
Lösung: **Mehr Söhne.**
Jeder Mann ist ein Sohn, aber nicht jeder ist Vater.

129.   Logika - Tombola
Lösung: **Er müsste mindestens einundsechzig Lose kaufen.**
Von 80 Losen sind 20 Preise. Kauft einer 60 Lose, könnte es das Missgeschick wollen, dass alle gekauften Lose Nieten sind. Erst das 61. Los wird dann ein Treffer sein.

130.   Logika - Diagonale
Lösung: Man veranschaulicht sich diese Möglichkeit, indem man das Netz des Würfels zeichnet, die beiden gesuchten Punkte verbindet und dann das Netz wieder zu einem Würfel zusammenlegt. Dann sieht man, dass es keineswegs etwa eine Gerade ist, die auf der Fläche von einer Ecke zur anderen führt, sondern die Linie geht über eine Seitenkante zum Zielpunkt, wobei der Weg die Hypotenuse eines rechtwinkligen Dreiecks mit den Seitenlängen

a: 1 cm + 1 cm = 2 cm (lange Seite des Dreiecks) und
b: 1 cm (kurze Seite des Dreiecks) darstellt.
Aus dem Satz des Pythagoras ergibt sich für den gesuchten kürzesten Weg c:
$c^2 = a^2 + b^2$,
$c^2 = 2^2 + 1^2$
$c = \sqrt{5}$, also rund 2,25 cm.

131.   Logika - und Osten?
Lösung: **Die Person steht bereits am nächstgelegenen Pol, am Nordpol,**
denn nur, wenn sie von dort ausgeht, kommt sie auf dem angegebenen Weg wieder zum Ausgangspunkt zurück.

132. **Logika** - Der Erdumfang

Lösung: Die Mehrkosten würden insgesamt nicht mehr als eintausend Dollar betragen, da die Länge des Platinstreifens sich lediglich um einen Meter vergrößerte. Die Befürchtung der Steuerzahler, dass sich das Projekt durch die Anhebung und Umfangsverlängerung des Platinstreifens um ein Vielfaches verteuern würde, kann logisch widerlegt werden.

Begründung: Der Umfang eines Kreises wird immer mit $2\pi r$ errechnet. Wenn der Radius um 16 cm größer wird, wird der Umfang um $2 \cdot 16$ cm $\cdot \pi$, also $2 \cdot 16$ cm $\cdot 3{,}14$ und damit ungefähr 1 m größer. (Rechnung: $2 \cdot \pi \cdot (r + 16\text{ cm}) = (2 \cdot \pi \cdot r) + (2 \cdot \pi \cdot 16\text{ cm})$.)

1 m Platinstreifen kostete 1/1000 von 1 Million Dollar, also 1000 Dollar bei Gesamtkosten des Projektes von 40 Milliarden Dollar.

133. **Logika** - Die Strümpfe

Lösung: **Drei ist das Minimum.**

Ein Strumpf ist in jedem Fall zu wenig. Nimmt eine Tänzerin zwei, so kann es passieren, dass diese nicht gleichfarbig sind, nimmt sie drei sind auf jeden Fall zwei Strümpfe der gleichen Farbe dabei.

134. **Logika** - Beide haben Recht

Lösung: **Der Anrufer hat wohl eine zweite Frau geheiratet.**

Der scheinbare Widerspruch, dass beide Sprechenden Recht haben und doch Entgegengesetztes zu sagen scheinen, wird dadurch gelöst, dass der Ausdruck „meine Frau" nicht die gleiche Person betrifft.

135. **Logika** - Der Nachtwächter

Lösung: **Ein Nachtwächter, der in der Nacht schläft, ist für seinen Dienst nicht geeignet.**

Er wird deshalb entlassen. Der Unfall mit dem Flugzeug steht damit in keinem Zusammenhang.

136. **Logika** - Spaziergang

Lösung: **Vier Menschen.**

Zwei Frauen vorne, zwei Männer hinten, im Gänsemarsch. Eine Skizze erleichtert die Lösung.

137. **Logika** - Im wilden Westen

Lösung: **Er legt sein Ohr auf die Schiene.**

Der Schall pflanzt sich im Eisen schneller fort als in der Luft.

138. **Logika** - Ein wenig übertrieben

Lösung: *Er geht in den Käfig.*

Spiele II - Unter- und Überordnung

139. Unterordnung
Mögliche Lösungen:

a)	Staubsauger	Besen	Eimer	Grill
b)	Schneider	Tischler	Uhrmacher	Installateur
c)	Apfel	Birne	Kirsche	Pflaume
d)	Italien	Griechenland	Tunesien	Israel
e)	Bier	Wein	Wasser	Fruchtsaft
f)	Hühner	Pferde	Ziegen	Hunde

140. Unterordnung
Mögliche Lösungen:

a)	Leber	Schilddrüse
	Hirnanhangsdrüse (Hypophyse)	Bauchspeicheldrüse (Pankreas)
b)	Gotik	Barock
	Rokoko	Jugendstil
c)	Hirschkäfer	Maikäfer
	Rosenkäfer	Pillendreher (Skarabäus)
d)	Römer	Sektkelch (Sekt ist ein Schaumwein)
	Tulpenglas	Stielgläser
e)	Torte	Obstschnitte
	Pudding	Eisbombe
f)	Elias	Mohammed
	Jeremias	Jesaja

141. Unterordnung
Mögliche Lösungen:

a)	Ebro	Elbe	Etsch	Ems
b)	Schatzinsel		Robinson Crusoe	
	Alice im Wunderland		Gullivers Reisen	
c)	Halali	Horrido	Zapfenstreich	SOS
d)	Rind	Ziege	Schaf	Steinbock
e)	Wäsche	Bekleidung	Strümpfe	Gardinen
f)	Kasseler Rippenspeer		Wiener Schnitzel	
	Bündner Fleisch		Cordon Bleu	

142. Unterordnung
Mögliche Lösungen:

a)	Pech	Harz	Obst	Bast
b)	Thomas	Paulus	Judas	Petrus
c)	Rubin	Smaragd	Diamant	Saphir
d)	Matthäus	Markus	Lukas	Johannes
e)	Jakob + Esau		Castor + Pollux	
	Brüder Montgolfier		Gebrüder Grimm	
f)	Bruno	Friedrich	Volker	Gernot

143. Überordnung

a) *Weibliche Operngestalten*
b) *Einheimische Getreideprodukte*
c) *Einheimische Baumsamen*
d) *Schmuckstücke aus gemischtem Material*
e) *Höchste Götter*
f) *Berühmte Ölgemälde*

144. Überordnung

a) *Gartengeräte*
b) *Flüsse, an denen Landeshauptstädte liegen*
c) *Zitrusfrüchte*
d) *Greifvögel*
e) *Berge aus der Bibel*
f) *Die vier großen Sundainseln* (Indonesien)

145. Überordnung

a) *Tierduftstoffe*
b) *Branntweine*
c) *Ausländische Gewürze*
d) *Blasinstrumente*
e) *Herkunftsorte von Orientteppichen*
f) *Tierfette*

146. Überordnung

a) *Heilige ägyptische Tiere*
b) *Atmungsorgane*
c) *Horngebilde*
d) *Friedensnobelpreisträger*
e) *UNO-Generalsekretäre*
   (U Thant, Birma (Myanmar); Dag Hammarskjöld, Schweden; Kurt Waldheim, Österreich; Kofi Annan, Ghana)

Spiele II - Unterschiede

147. Unterschiede

a) **Die Geburtsfolge:** Esau war der Erstgeborene.

b) **Der Wassergehalt:** Frischmilch besitzt den natürlichen Wassergehalt. Trockenmilch, also Milchpulver, wird durch Wasserentzug künstlich hergestellt.

c) **Die Rotmenge:** Orange enthält eine stärkere Rotkomponente als Dottergelb.

d) **Der Eiweißgehalt:** Weizenkeime enthalten mehr Eiweiß, aber weniger Stärke als das reife Weizenkorn.

e) **Die Vertretungsvollmacht:** Der Botschafter vertritt sein Land, der Gesandte dessen Regierung.

f) **Das Geschlecht:** Die Pflanzensamenanlage ist weiblich. Sie wird von männlichen Pollen befruchtet. - Der Tiersame dagegen ist männlich. Er befruchtet das weibliche Ei.

148. Unterschiede

a) **Die Zusammensetzung des Brotaufstriches:** Jam (engl.) wird aus nur einer Fruchtart (keine Zitrusfrüchte) hergestellt, Marmelade ist ein Obstmus aus mehreren Früchten.

b) **Die Herkunft:** Die Naturfaser kommt von Tieren oder Pflanzen, während die Kunstfaser aus mineralischen oder chemischen Verbindungen künstlich gefertigt wird. Synthese ist ein griechisches Wort, das „Zusammenfügen" bedeutet.

c) **Das Brennen** (wenn man von der Zuckermenge im Likör absieht): Liköre werden nicht gebrannt, sie bestehen aus Alkohol, Zucker und Aromastoffen. Der Alkohol wird also zu den Früchten und dem Zucker hinzugefügt. Das Ganze lässt man einige Zeit stehen. Likör enthält üblicherweise 18 - 30 % Vol. Alkohol. - Branntwein wird durch Brennen (also durch Destillation) alkoholisch vergärter Flüssigkeit hergestellt (z. B. aus Wein, Obstmaische, Getreidemaische).

d) **Die Florhöhe:** Samt hat niedrigeren, Plüsch höheren Flor. Velours unterscheidet sich von beiden durch seinen Strich, das heißt, die Haare lassen sich nach einer Richtung streichen.

e) **Das Alter:** Moore sind jünger, oft noch flüssig oder halbflüssig. Torf ist abgestorbenes Moor. Nach Millionen von Jahren geht Torf in Braunkohle über.

f) **Das Speisenangebot:** Kalte Speisen und kleine Imbisse gibt es im Bufettwagen, Menüs werden im Speisewagen serviert.

149. Unterschiede

a) Ballast sind die **unverdaulichen Nahrungsmittelreste** (Spelzen, Zellulose). - Schlacke sind die nicht mehr im Stoffwechsel verwendbaren **Restbestandteile der Lebensmittel**, z. B. Harnstoff.

b) **Das Material:** Geweih besteht aus Knochensubstanz, Gehörn aus Horn, also aus Eiweiß. - **Der Abwurf:** Das Geweih wird jährlich abgeworfen und neu gebildet, das Gehörn nicht.

c) **Der Schliff:** Der Brillant ist rund geschliffen mit 57 bzw. 58 Facetten. Diamant ist die Bezeichnung des Minerals, aus dem Brillanten hergestellt werden. Er ist noch ungeschliffen.

d) **Die Form:** Ruß ist staubförmiger Kohlenstoff, Graphit seine feste Form. Graphit ist ein natürlich vorkommendes Mineral aus Kohlenstoff, ebenso wie der Diamant.

e) **Der Fettgehalt:** Rinde hat kein Fett.

f) **Die Frisur:** Max hat Mittelscheitel, Moritz einen Spitzschopf.

Spiele II - Gegensätze

150. Gegensätze

Mögliche Lösungen (die Antworten sind hier selten eindeutig):

a) hell
b) traurig
c) hochgemut
d) zufrieden
e) fröhlich
f) sakral

151. Gegensätze

Mögliche Lösungen (die Antworten sind hier selten eindeutig):

a) wehklagen
b) frohlocken
c) Freude
d) Verzweiflung
e) Fliehkraft
f) Vogelschau

Spiele II - Außenseiter - Innenseiter

152. Außenseiter

a) **Der Gummiball.** Kolumbus sah bereits Indianer damit spielen. Gummi stammt vom mittelamerikanischen Kautschukbaum (Latex).

b) **Der Wasserstoff.** Wasserstoff verbrennt mit Sauerstoff zu Wasser (Knallgasreaktion). Das Zeppelin-Luftschiff „Hindenburg" brannte 1937 in Lankhurst/USA binnen weniger Minuten aus, weil es mit Wasserstoff gefüllt war (Wasserstoff ist das leichteste Gas, und daher für Luftschiffe geeignet). Seither wurde für die Luftschifffahrt das nächstschwerere Gas, Helium, verwendet, weil es nicht entflammbar ist. - Kohlendioxid ist nicht brennbar, Sauerstoff unterhält Verbrennungsvorgänge, brennt jedoch selbst nicht (sonst würde unsere Atmosphäre bei jedem Blitzschlag brennen).

c) **Der Eukalyptus.** Der Eukalyptus ist ein Myrthengewächs. Seine lanzettförmigen Blättchen stellen sich zum Schutz gegen zu starke Wasserverdunstung mit der Schmalseite (Rand) zur Sonne, so dass nahezu kein Schatten entsteht. Die Blätter des Eukalyptusbaumes stellen die einzige Nahrung des Koalabären (Beutelbär) dar. Der Eukalyptusbaum kommt aus Australien und Indonesien. - Die Eibe ist ein immergrüner Strauch und bildet rote, giftige Beeren. - Wacholder ist ein Zypressengewächs, gehört also ebenfalls zu den Nadelbäumen. Wacholderbeeren werden gerne zum Aromatisieren von Speisen verwendet. - Pinien sind Kieferngewächse und gedeihen im Mittelmeergebiet.

d) **Johannes Brahms** (1833-1897). Alle anderen Komponisten haben eine einzige Oper geschrieben: Beethoven (1770-1827) „Fidelio" - Schumann (1810-1856) „Genoveva" - Hugo Wolf (1860-1903) „Corregidor".

e) **Das Leberblümchen.** Das Leberblümchen ist ein Hahnenfußgewächs mit dreilappigen Blättern und blauen Blüten. Es steht unter Naturschutz und darf nicht gepflückt werden.

153. Außenseiter

a) **Masern** sind eine Viruserkrankung, Viren sind keine Bakterien. - Lepra wird vom Mycobacterium leprae verursacht und kann mit Antibiotika geheilt werden. - Diphtheriebakterien führen zu einem Krupp-Syndrom mit Erstickungsgefahr und zu Herzschwäche durch das Bakteriengift. Therapeutisch kann ein sogenanntes Antitoxin verabreicht werden. Bedeutend einfacher ist jedoch die vorbeugende Impfung gegen Diphtherie. - Milzbrand, schon seit der Antike bekannt, befällt meist Paarhufer. Haut-, Darm- und Lungenmilzbrand werden von Milzbrandbakterien bzw. deren Sporen verursacht. Haut- und Darmmilzbrand können mit Antibiotika behandelt werden, Lungenmilzbrand verläuft tödlich.

b) **Der Salamander.** Fleischwolf, Wasserleitungshahn, Kutschbock.

c) **Raffael (1483-1520).** Er starb mit 37 Jahren. Picasso (1881-1973) wurde über 90 Jahre alt - Tizian (um 1488/90-1576) über 80 - Tintoretto (1518-1594), Schüler Tizians, über 75.

d) **Goldene Schwelle.** Prag, die Hauptstadt der Tschechischen Republik, bedeutet „Goldene Schwelle". „Frühlingshügel" steht für Tel Aviv, Israel. Mit „Neue Blume" ist Addis Abeba, Äthiopien, Afrika gemeint und mit „Gute Luft" Buenos Aires, Argentinien, Südamerika.

e) **Clara Wieck und Robert Schumann** waren beide Deutsche. Maria Sklodowska/Curie war Polin, Pierre Curie Franzose. Grace Kelly Amerikanerin, Fürst Rainier Grimaldi Monegasse. Napoleon III. war Franzose, Eugenie Spanierin.

154. Außenseiter

a) **Götz von Berlichingen**, der schwäbische „Reichsritter mit der eisernen Hand" (1480-1563), war bekannt für seine Prothese der rechten Hand, die er durch einen Kanonenschuss verloren hatte. - Einäugig waren: Odin, der höchste Germanengott nach der nordischen Mythologie. - Polyphem, Sohn des Poseidon und der Nymphe Thoosa, nach der griechischen Mythologie ein menschenfressender Zyklop und Riese aus der Sage Odysee, der von Odysseus mit einem glühenden Pfahl geblendet wurde. - Nelson, ein berühmter englischer Admiral.

b) **Tasmanien.** Die Insel Tasmanien mit Regenwäldern und Moorlandschaften liegt im Pazifischen Ozean südöstlich von Australien. Dort sind viele Tiere erhalten geblieben, wie Beuteldachse und bestimmte Wallaby-Arten, die in Australien ausgestorben sind. Europäische Einwanderer haben nach Australien Tiere eingeschleppt, wie z. B. Kaninchen und Füchse, die dort vorher nicht lebten und die den Bestand bestimmter einheimischer Beuteltiere stark vermindert haben. - Hela ist eine Ostseehalbinsel in Polen. - Istrien, früher „Küstenland" genannt, ist eine zu Kroatien gehörende Halbinsel. - Kola ist eine sehr rohstoffreiche Halbinsel, die ins Weiße Meer hineinragt, einem Meeresarm der Barentssee und zu Russland gehört.

c) **Der Sonnengesang des heiligen Franziskus.** Eine Ballade ist ein erzählendes Gedicht. Der Sonnengesang des Franz von Assisi (1181-1226) ist ein Gebet, das die Schöpfung preist und Gott dankt. - „Das Glück von Edenhall" ist eine 1834 entstandene Ballade von Ludwig Uhland. Sie erzählt die tragische Geschichte des Lord von Edenhall, der das Feenglas „Das Glück von Edenhall", ein kunstvolles Trinkglas, leichtsinnig zerstört und auf diese Weise den Untergang seiner Familie bewirkt. - „Die Bürgschaft" von Friedrich Schiller, 1788 entstanden, ist eine in der antiken griechischen Stadt Syrakus (auf Sizilien, das damals griechisch war) spielende Ballade über Treue und Freundschaft. - Die Ballade „Erlkönig" wurde 1782 von Johann Wolfgang von Goethe verfasst. Vater und Sohn reiten im Sturm auf dem Weg nach Hause. Auf diesem Ritt findet der Knabe den Tod, weil ihn der Erlkönig (eigentlich Elfenkönig) in den Tod lockt.

d) **Malchus,** *war* **ein Knecht** des Kaiphas, des Hohepriesters Israels. Petrus hieb ihm das Ohr ab, als Jesus im Garten Gethsemane verhaftet wurde. - Der Apostel Simon verkündete nach der Kreuzigung Jesu das Evangelium in Babylonien und Persien, wo er den Märtyrertod erlitten haben soll. - Judas war der Jünger, der Jesus für 30 Silberlinge an die Hohepriester verriet. - Thaddäus war Sohn des Jakobus und soll in Vorderasien und an der östlichen Mittelmeerküste gewirkt haben.

e) **Holländer** nennt man eine Zerkleinerungsmaschine für Papier. Ein Werkzeug ist ein einzelner Gegenstand, der für bestimmte Zwecke geformt wurde und mit dessen Hilfe etwas bearbeitet oder hergestellt wird. - Fuchsschwanz ist eine kleine Handsäge. - Wolf ein Zerreißgerät. - Franzose, mancherorts auch Engländer genannt, bezeichnet einen Schraubenschlüssel mit verstellbarer Maulweite.

f) **Die Davidswache** ist ein Hamburger Polizeikommissariat. - „Letztes Aufgebot" ist ein Gemälde von Defregger. - „Guernica" wurde 1937 von Picasso geschaffen als Reaktion auf einen Bombenangriff, den deutsche Flugzeuge auf das Städtchen Gernika während des Spanischen Bürgerkrieges geflogen hatten. - „Die Nachtwache" ist ein Gemälde von Rembrandt.

155. Innenseiter

a) **Der Kaiserschnitt.** Ein Kaiserschnitt wird bei nicht normalem Geburtsverlauf durchgeführt. Der Bauch und die Gebärmutter werden durch chirurgischen Schnitt eröffnet und das Baby auf diese Weise zur Welt gebracht.

b) **Die Tomate.** Die Blaue Grotte befindet sich auf der Insel Capri, Italien. - Der Blaue Nil bildet nach Zusammenfluss mit dem Weißen Nil den Nil. Der Blaue Nil entspringt in Äthiopien und fließt durch den Sudan. - Die Blaue Blume ist ein Symbol der Romantik und steht für Sehnsucht, Liebe und das Streben nach dem Unendlichen.

c) **Der Ring.** In mechanischen Uhren werden Spiralfedern als Antrieb und als Schwingelement (Unruh) eingesetzt. - Der männliche Vogel Pfau schlägt mit seinen Schwanzfedern zur Balz ein wunderschönes Rad. - Eine Federwaage misst ein Gewicht oder eine Kraft mit Hilfe der Ausdehnung einer mechanischen Feder.

d) **Der Teller.**

e) **Das Uran.** Es ist ein chemisches Element, das zu den Actinoiden, den Nebengruppenelementen, zählt. Das Uranisotop ^{235}U kann durch Beschuss mit einem Neutron in ^{236}Uran umgewandelt werden, das in ^{139}Barium und ^{94}Krypton oder in ^{137}Cäsium und ^{96}Rubidium unter Abgabe von 3 schnellen Neutronen und Energie zerfällt. Dies ist die Grundreaktion für die Atombombenreaktion und die Energiegewinnung in Kernkraftwerken. Alle anderen Stoffe sind Gemische bzw. Verbindungen. - Luft ist ein Gasgemisch aus 78 % Stickstoff, 21 % Sauerstoff, 0,9 % Argon und 0,03 % Kohlendioxid. - Wasser ist eine Verbindung aus einem Atom Sauerstoff und zwei Atomen Wasserstoff. - Schwefelsäure als Verbindung besteht aus zwei Atomen Wasserstoff, einem Atom Schwefel und vier Atomen Sauerstoff.

Spiele II - Proportionen

156. Proportionen

a) **Reif.** Wasser in verschiedenen Aggregatzuständen und deren Bezeichnung nach dem Gefrieren.

b) **Storch.** Tiere und deren Beutetier.

c) **Hühnerei.** Muttertier und Ei.
Rogen sind die Eier von Fischen, die sich noch im Eierstock befinden. Fischeier nach dem Ablaichen werden als Laich bezeichnet.

d) **Alexander.** Lehrer und Schüler.
Aristoteles (384-322 v. Chr.), griechischer Philosoph und Naturforscher, unterrichtete 343-336 v. Chr. Alexander den Großen. - Der römische Philosoph, Dramatiker, Naturforscher und Staatsmann Seneca (4 v. Chr. - 65 n. Chr.) war von 48 - 65 n. Chr. Erzieher von Nero, der ihn durch Gerichtsurteil zum Selbstmord zwang. Seneca trank den Schierlingsbecher und tötete sich damit auf dieselbe Art, wie sich schon Sokrates selbst den Tot geben musste.

e) **Brennstoffzelle.** Kraftstoffe und die von Ihnen betriebenen Maschinen.

f) **Tran.** Tiere und ihr Fett.

157. **Proportionen**
a) **Pollux.** Zwillingsbrüder.
Kastor und Pollux waren Kinder des Zeus und der Leda. Als helfende Gottheiten rief man sie in Seenot an. - Jakob und Esau waren die Söhne von Isaak und Rebekka. Jakob erhielt von Esau im Tausch gegen ein Linsengericht das Erstgeburtsrecht.
b) **Hindin, Hirschkuh.** Männliche und weibliche Tiere einer Tierart.
c) **Griechisch.** Nationalepos und dessen Sprache
d) **Indigoblau.** Farbstoffe und ihre natürlichen Färbematerialien.
e) **Kehlkopf.** Körperorgane und ihre Funktion.
f) **Kalkwandputz.** Malarten und ihre Maluntergründe.

Spiele III - Summenrätsel

158. Summenrätsel

Mögliche Lösungen:

Sunset Boulevard (Hollywood), Champs Elysees (Paris), Kurfürstendamm (Berlin), Oxford Street (London), Kärntnerstraße (Wien), Via Appia (Rom), Wall Street (New York) . . .

159. Summenrätsel

Mögliche Lösungen:

Schnallen, Schleifen, Knöpfe, Reißverschlüsse, Druckknöpfe, Haken und Ösen, Klettverschlüsse . . .

160. Summenrätsel

Mögliche Lösungen:

Richard, Heinrich, Maria Stuart, Zar und Zimmermann, Antonius und Kleopatra, Alpenkönig und Menschenfeind, Boris Godunow, König Ödipus, Demetrius, Penthesilea, Kaiser von Amerika . . .

161. Summenrätsel

Mögliche Lösungen:

Staubsauger, Waschmaschine, Mixer, Spülmaschine, Druckkochtopf, Teflonpfanne, Mikrowelle . . .

162. Summenrätsel
Mögliche Lösungen:
Katafalk, Laufkatze, Rabenstein, Grubenhund . . .

163. Summenrätsel
Mögliche Lösungen:
Weißt du, wieviel Sternlein stehen . . . - Alle Vögel sind schon da . . . - Sah ein Knab' ein Röslein steh'n . . . - Ein Sträußchen am Hute . . . - Ein Männlein steht im Walde . . . - Wem Gott will rechte Gunst erweisen . . . - Es klappert die Mühle am rauschenden Bach . . . - Es tanzt ein Bi-Ba-Butzemann . . . - O, du lieber Augustin . . . - Schlaf' Kindlein, schlaf! . . . - Backe, backe Kuchen . . . - Wenn ich ein Vöglein wär'. . .

Spiele III - Zuordnen

164. Zuordnen
Tiere und ihre symbolischen Eigenschaften

1 / e	(Kuckuck - prophetisch)	6 / a	(Schwan - stolz)
2 / f	(Fuchs - schlau)	7 / b	(Katze - schmeichlerisch)
3 / h	(Eule - weise)	8 / c	(Esel - töricht)
4 / i	(Löwe - mutig)	9 / g	(Elster - diebisch)
5 / k	(Hund - treu)	10 / d	(Reh - scheu)

165. Zuordnen
Handwerker und ihre Tätigkeiten:

1 / g	(Tischler - leimen)	6 / h	(Schneider - anmessen)
2 / d	(Plakatierer - kleben)	7 / a	(Bügler - stärken)
3 / f	(Schmied - hämmern)	8 / e	(Köchin - blanchieren)
4 / i	(Schuster - pfriemen)	9 / c	(Weber - Schiffchen führen)
5 / b	(Anstreicher - schablonieren)		

Zu 4 / i: Pfriemen bedeutet: Ein Loch mit der Ahle bohren, um z. B. das Oberleder von Schuhen an die Sohle annähen zu können.

Zu 5 / b: Schablonieren bedeutet: Nach einer Schablone mit Farbe ein bestimmtes Muster auf die Wand malen.

Zu 8 / e: Blanchieren bedeutet: Z. B. Gemüse kurz mit heißem Wasser über- bzw. anbrühen.

166. Zuordnen

Gegenstände und ihre Teile:

1 / f	(Schiff - Schraube)	6 / d	(Webstuhl - Schiffchen)
2 / h	(Motor - Anlasser)	7 / e	(Leiter - Holm)
3 / i	(Orgel - Blasebalg)	8 / c	(Schlitten - Kufe)
4 / g	(Mikrophon - Membran)	9 / a	(Mikroskop - Linse)
5 / b	(Flasche - Hals)		

167. Zuordnen

Pflanzen und ihre Symbole:

1 / k	(Rose - Schweigen)	6 / e	(Immergrün - Ewigkeit)
2 / i	(Veilchen - Bescheidenheit)	7 / d	(Lilie - Reinheit)
3 / h	(Lorbeer - Ruhm)	8 / c	(Flachs - Häuslichkeit)
4 / f	(Kornblume - Treue)	9 / b	(Alraune - Zauber)
5 / g	(Mohn - Traum und Schlaf)	10 / a	(Vierblättriges Kleeblatt - Glück)

Zu 1 / k: Die Rose war schon in der Antike das Symbol der Verschwiegenheit. Eine geschlossene Rosenblüte symbolisierte ein göttliches Geheimnis. „Unter der Rose reden" (sub rosas) bedeutete, dass alles, was im Zeichen der Rose besprochen wurde, den Raum nicht verlassen sollte. So findet man Rosenabbildungen in Klöstern, über Beichtstühlen und in Sitzungszimmern oder auch auf mittelalterlichem Essbesteck und Geschirr.

Zu 3 / h: Lorbeer symbolisierte als immergrüne Pflanze zunächst Ewigkeit und Unsterblichkeit und galt als reinigend. Nach der Schlacht reinigte sich der Sieger damit symbolisch vom Blut der Feinde. Daraus entwickelte sich Lorbeer als Zeichen für Ruhm.

Zu 5 / g: Schlafmohn enthält Opium und wurde in der Antike Kindern als Schlafmittel verabreicht. Die Mohnkapsel war das Symbol für Morpheus (Gott des Traumes), für Myre (Göttin der Nacht) und für Thematos (Gott des Todes).

Zu 7 / d: Im Christentum gilt die weiße Lilie seit dem Mittelalter als Symbol der Unschuld. Die weiße Lilie wird Maria zugeordnet, was häufig auf Gemälden zu sehen ist.

Zu 9 / b: Die Alraune galt in der Antike aufgrund ihrer der menschlichen Gestalt ähnlichen Wurzelform als Zauberpflanze. Auch bei Harry Potter taucht die Alraune als zauberkräftige Pflanze wieder auf. Alraunen sind, wie auch Tollkirschen, Nachtschattengewächse. Sie enthalten die Stoffe Atropin und Scopolamin, die früher als Narkotika eingesetzt wurden.

168. Zuordnen

Vögel und ihre Laute:

1 / k	(Hähne - krähen)	6 / b	(Schwalben - zwitschern)
2 / f	(Hennen - gackern)	7 / c	(Raben - krächzen)
3 / h	(Nachtigallen - schlagen)	8 / a	(Störche - klappern)
4 / g	(Lerchen - trillern/singen)	9 / d	(Pfauen - schreien)
5 / i	(Spatzen - schilpen)	10 / e	(Truthähne - kollern)

169. Zuordnen

Künstler und ihre Tätigkeiten:

1 / k	(Schnitzer - kerben)	6 / c	(Dichter - reimen)
2 / d	(Radierer - stechen)	7 / b	(Sänger - modulieren)
3 / i	(Bildhauer - formen)	8 / f	(Geiger - stimmen)
4 / e	(Maler - grundieren)	9 / g	(Pantomime - wortlos agieren)
5 / h	(Schauspieler - darstellen)	10 / a	(Tänzer - pirouettieren)

Zu 2 / d: Eine Radierung ist ein Tiefdruckverfahren, bei dem eine glatte Oberfläche mit einer Nadel eingestochen und geritzt wird. In diesen Oberflächenvertiefungen bleibt Farbe haften, die auf ein aufgepresstes Papier übertragen wird.

Zu 7 / b: Modulieren bedeutet, in eine andere Tonart überzuleiten.

170. Zuordnen

Zeitgenossen:

1 / e   (18. Jh. - Napoleon - Beethoven)
2 / i   (1. Jh. v. Chr. - Cäsar - Kleopatra)
3 / d   (um 1000 v. Chr. Salomon - Königin von Saba)
4 / a   (20. Jh.) - Haille Selassie (1892-1975) war der letzte Kaiser Äthiopiens. Mussolini war von 1922 bis 1943 faschistischer Diktator Italiens.
5 / g   (17. Jh. - Moliere war Theaterchef in Paris unter Ludwig dem XIV.)
6 / k   (1. Jh. - Jesus - Kaiser Augustus)
7 / c   (15. Jh. - Leonardo da Vinci war Rivale und Vorbild Michelangelos. Die beiden waren die herausragenden Renaissance-Künstler Italiens.)
8 / f   (8. und 9. Jh. - Roland war Graf der bretonischen Mark unter Karl dem Großen. Er ist als Held des mittelalterlichen Rolandsliedes bekannt. Rolandstatuen wurden als Zeichen bürgerlicher Freiheit, der Eigenständigkeit, des Marktrechtes und der Gerichtsbarkeit einer Stadt im Mittelalter in vielen nord- und ostdeutschen Städten aufgestellt. Als Symbol der Freiheit verbreiteten sich Rolandstatuen von Bremen aus über ganz Europa.)

9 / h   (13. Jh. - Als Sohn von Wenzel I. von Böhmen und Kunigunde von Schwaben war Ottokar II. König von Böhmen, Herzog von Österreich und der Steiermark und Namensgeber von Königsberg. Als 1273 von den Kurfürsten ein neuer Deutscher König, der zugleich „Römischer Kaiser deutscher Nation" war, gewählt werden musste, wählten sie den „armen Grafen" Rudolf von Habsburg, denn Ottokar war ihnen wegen seiner Machtfülle suspekt.)

10 / b   (4. Jh. v. Chr. - Aristoteles unterrichtete Alexander den Großen.)

171. Zuordnen

Tiere und ihre Doppelnamen:

1 / h	(Hase - Rammler)	6 / d	(Spatz - Sperling)
2 / i	(Stier - Bulle)	7 / b	(Hirschkuh - Hindin)
3 / f	(Ameise - Emse)	8 / k	(Skunk - Stinktier)
4 / e	(Enterich - Erpel)	9 / g	(Widder - Schafbock)
5 / c	(Biene - Imme)	10 / a	(Seepferdchen - Ringelnatz)

Zu 10 / a: Ringelnatz ist die deutsche volkstümliche Bezeichnung für den Fisch Seepferdchen. Der Dichter Joachim Ringelnatz, eigentlich Hans Bötticher (1883-1934), Maler und Dichter, nahm dieses Pseudonym an.

172. Zuordnen

Autoren und ihre Zitate:

1 / i   (Liebeslied: Unter den Linden...

2 / g   (Psalm 139,9.)

3 / f   („Das Knie")

4 / d   („Karl VII", König von Frankreich, 1. Aufzug, 3. Auftritt. Die Franzosen stehen im Krieg gegen die Engländer. Die Franzosen scheinen schon besiegt, da erscheint das junge Bauernmädchen Johanna, das unter der Bedingung, dass sie Jungfrau bleibt, den göttlichen Beistand und Auftrag erhält, die Engländer zu besiegen. Sie führt die Franzosen zum Sieg, verliebt sich in der Schlacht in den Feind, und wird von ihrem Vater der Hexerei bezichtigt. Das französische Volk fordert ihren Kopf. Sie gerät in englische Gefangenschaft, befreit sich in der letzten, entscheidenden Schlacht und wendet diese Schlacht zu Gunsten der Franzosen. Sie wird so schwer verwundet, dass sie zu Füßen des Königs stirbt, der zu spät einräumt, sie fälschlich verurteilt zu haben. Das Zitat äußert der König am Anfang des Stückes, als er die Sache Frankreichs bereits verloren glaubt und an Kapitulation denkt.)

5 / h   (Nietzsche - Nicht fort ...)

6 / b   (1. Streich: Witwe Bolte beim Anblick ihrer toten Hühner im Baum)

7 / e   (Goethe - Der König von Thule warf seinen Becher ins Meer: ... Er sah ihn fallen...)

8 / c   (Schiller - Schillers Ballade basiert auf der Sage vom Tod des antiken Dichters Ibykus, der auf See ermordet worden war und dessen Mörder mit Hilfe der „Kraniche des Ibykus" gefunden und hingerichtet werden konnten.

9 / a   (Rilke - Rose oh' reiner Widerspruch...)

Spiele III - Wortpaare, Sprichwörter und Redensarten ergänzen

173. Wortpaare

a)   **Maus.**

b)   **Ruh.**

c)   **Sichel oder Amboss.** Hammer und Sichel sind Symbole für Arbeiter und Bauern, daher in der Flagge der ehemaligen Deutschen Demokratischen Republik (DDR) als Symbol für den Arbeiter- und Bauernstaat.

d)   **Eis oder Wind.**

e)   **Braus.** Dieses Wortpaar bedeutet: In Wohlstand leben, in Hülle und Fülle. Es bezieht sich eigentlich auf das Getöse des Windes und das Brausen der Wellen.

174. Wortpaare

a)   **Tat.**

b)   **Band.** Bezieht sich auf die Fachsprache des Böttchergewerbes: Ein Fass, das außer Rand (Fassrand) und Band (Fassband) geraten ist, fällt auseinander. Auf das Verhalten von Kindern übertragen heißt das, sie sind so ausgelassen, dass sie sich an keine Regeln mehr halten.

c)   **Stiel.** Bezieht sich auf das Roden eines Baumes mitsamt der Wurzel.

d)   **Hölle.**

e)   **Stein.**

f)   **Bogen.**

175. Sprichwörter und Redensarten

a)   Frisch gewagt, **ist halb gewonnen.**

b)   Morgenstund' **hat Gold im Mund.**

c)   Die Kastanien **aus dem Feuer holen.**
        Diese Redensart bedeutet, dass man einem anderen zuliebe unangenehme Dinge tut. Sie bezieht sich auf eine Fabel aus dem 16. Jahr-

hundert, in der ein Affe eine Katze schnappt und deren Tatzen dazu benutzt, heiße Kastanien aus der glühenden Asche zu holen.
d) **Lehrjahre** sind keine Herrenjahre.
e) **Die Puppen** tanzen lassen.
Diese Redewendung bezieht sich auf das Puppentheater.
f) **Hinter** Schloss und Riegel.

Spiele III - Dreieck

176. Dreieck
Mögliche Lösungen:
a) Wenn man Tee im Wasser zu lange ziehen lässt, wird er bitter.
b) Tiere mit großen Augen sind meist Jäger in der Dämmerung. - Oder: In der Dämmerung müssen Tieraugen wegen des geringen Lichteinfalls groß sein.
c) Bei Unfall oder Panne muss der Lenker eines Kraftfahrzeugs ein Pannendreieck aufstellen, um weitere Unfälle zu vermeiden.
d) Wenn es regnet und die Sonne im Rücken des Betrachters steht, sieht er manchmal einen Regenbogen.

177. Dreieck
Mögliche Lösungen:
a) Wenn der Mond die Sonne verdeckt, entsteht eine Sonnenfinsternis. Oder genauer: Wenn der Mond sich zwischen Sonne und Erde schiebt und dabei die Sonne verdeckt, entsteht eine Sonnenfinsternis.
b) Friederike, die mit Familiennamen Brion hieß, war eine Geliebte Goethes. - Oder: Goethe und Friederike Brion sind die Hauptfiguren einer Operette.
c) Pflanzen stellen mit Hilfe des Blattgrüns aus Wasser und Kohlendioxid Zucker und Sauerstoff her.
d) In Ländern mit Rechtsverkehr muss man beim Überqueren einer Straße zuerst nach links schauen, ob sich ein Auto nähert. Oder: In Ländern mit Rechtsverkehr ist das Lenkrad eines Autos im Allgemeinen links angebracht.

Spiele III - Anagramm

178. Anagramm
Gefundene Wörter aus „LAUS":
Las - lau - Au! - As - aus - Saul - Sau ...

179. Anagramm
Gefundene Wörter aus „BAUER":
Bar - bar - Bau - baue - Ar - Au! - Auer - Ur - er - EU - Rabe - rau - Ra ...

180. Anagramm
Gefundene Wörter aus „RIESE":
Ries - Re - Reis - Reise - Ire - Iser (Nebenfluss der Elbe) - Ei - ei! - Eis - sie - sei - Sir ...

181. Anagramm
Gefundene Wörter aus „ALRAUNE":
Aera - Alaun - Ar - Ara - Are - Aura - Laa (Österreichische Stadt) - Lara - Lau - Laune - Lena - Leuna - Luna - rau - raune - Re - Rune - neu - nur - Elan - Ena - er - Erna ...

182. Anagramm
Gefundene Wörter aus „WEINSTEIN":
ei - ein - eine - eins - einst - Einstein - eint - Eis - Eisen - Enns (Stadt und Fluss in Österreich) - Ente - Este - Esten - in - Ines - Inn - inne - ins - ist - Iwein (Ritter der Artussage) - nein - Nest - nie - Niete - Nieten - nisten - Noete - sei - sein - seine - seit - Seite - Set - Sten (Maschinenpistole der britischen Streitkräfte im 2. Weltkrieg) - sie - sine (lat. ohne) - Sinn - sinnt - Stew (Fleisch- und Gemüseeintopf, z. B. Irish Stew) - Stine - Tenne (befestigter Boden einer Scheune) - Tennis - Tine - Wein - weinst - weist - Weite - wenn - Wesen - West - Weste - wie - Wien - Wiese - Wiesent (Ort in Bayern), Wisent (europäischer Bison, schwerstes europäisches Landsäugetier) ...

Spiele III - Das Pseudoanagramm

183. Pseudoanagramm
Gefundene Wörter aus „EIDERENTENNESTERN":
Ei - ei! - Eid - Eide - Eider (Fluss in Schleswig-Holstein) - IDE (Bezeichnung für eine Computerschnittstelle, Integrated Drive Electronics) - der - deren - er - Ren - Rente - Renten - Ente - Enten - Entennest - Entennester - Entennestern - Tenne - Nest - Nester - Nestern - es - Este - Ester (chem. Verbindung) - Estern - Ster (Holzmaß) - Stern - er - Ern (fränkischer Hausflur) - Rn (Abk. für Radon)

184. **Pseudoanagramm - Falsche Teilung**
krank - **A**pfelsine - **S**taubsauger - **T**elegramm - **E**inwanderer - **N**asenspitze
Die Anfangsbuchstaben der sechs Begriffe ergeben das Wort „*Kasten*".

185. **Pseudoanagramm - Teilung**
Aus der Buchstabenfolge
BAUMATERIALTOMATENADELHEIDEROSION
ergeben sich folgende 7 Wörter:
Bau - Mate (Stechpalmengewächs) - Rial (iranische Münze) - Tomaten - Adelheid - Eros - Ion (elektrisch geladenes Teilchen)

Spiele III - Katagramm

186. **Katagramm**
Enthaltene Buchstaben: A - U - M - S.
Das Lösungswort heißt: *MAUS* bzw. *SAUM*.

187. **Katagramm**
Enthaltene Buchstaben: B - A - R - T.
Das Hüllenwort lautet *BART*, umgestellt: *TRAB*.

188. **Katagramm**
Enthaltene Buchstaben: A - R - T - U - B
Das Hüllenwort lautet *BRAUT*.

Spiele III - Homonym

189. **Homonym**
a) *Reif:* Gefrorener Tau - im Haar getragener Haarschmuck - Spielgerät - *erntefähig* - *erwachsen*
b) *Schnecke:* Weichtier - schneckenförmiger Teil der Geige - schneckenförmige Mehlspeise - Lockenfrisur - Gehörschnecke
c) *Strauß:* Kampf („Einen Strauß austragen!") - Blumengebinde - Vogelart
d) *Linse:* lichtbrechender Körper im Auge - Hülsenfrucht - optisches Gerät

190. Homonym

a) **Blatt:** Pflanzenorgan - Kartenspiel - Zeitung - Schreibblatt, also ein gleichmäßig zurechtgeschnittenes Stück Papier - Teile eines Werkzeuges - Körperteil des Schalenwildes - Schulterstück vom Rind
b) **Bart:** Haarwuchs im Gesicht - Schlüsselbart (Teil eines Türschlosses)
c) **Ton:** Klang der Musik - Töpfermaterial - Farbton
d) **Grillen:** Insektenfamilie - Launen - etwas schnell braten

191. Homonym

a) **Fächer:** Wissensgebiet / Berufszweig z. B. an Universitäten - Möbelteile - blattförmiger Gegenstand, der durch Hin- und Herbewegen einen Luftzug verursacht
b) **Stärke:** Kraft - Stärkemehl - Dicke eines Buches
c) **Stift:** Schreibgerät z. B. Bleistift - eine mit einer Stiftung ausgestattete Körperschaft in der christlichen Kirche, z. B. ein Damenstift - junger Laufbursche, Lehrling
d) **Stoß:** aufgeschichteter Stapel - verbotenes Kartenspiel - Angriffsart - Eigenname: Veit Stoß (Künstler)

192. Homonym

a) **Schöpfer:** Küchengerät - Kreativer Mensch
b) **Mandel:** Same - Halsorgan - alte Maßeinheit für 15 Stück (alte Bezeichnung)
c) **Abfall:** Loslösung - unbrauchbarer Rest, z. B. Küchenabfall
d) **Linie:** Verkehrsstrecke, z. B. der Straßenbahn - Strich, z. B. in der Geometrie - schlanke Silhouette, Umriss der Figur („schlanke Linie") - Abstammungsreihe

193. Homonymkurzstecker
Überholen

194. Homonymkurzstecker
Anhänger

195. Homonymkurzstecker
Den **Vorfahren vorfahren.**

196. Homonymstecker
Auftrieb, *Almauftrieb*

Auftrieb zu haben bedeutet Schwung und Elan zu besitzen. - Beim Almauftrieb wird das Vieh auf die Sommerweide getrieben, wo es von SennerInnen betreut wird. - Das Prinzip des physikalischen Auftriebs bedeutet: Die Auftriebskraft eines Körpers entspricht der Gewichtskraft der vom Körper verdrängten Flüssigkeit. Das Prinzip des Auftriebs wurde von dem Griechen, also Hellenen Archimedes (287-212 v. Chr.) der Überlieferung nach in der Badewanne entdeckt. Er erhielt von König Hieron II. von Syrakus den Auftrag, festzustellen, ob seine neue Krone tatsächlich aus reinem Gold bestand. Archimedes erkannte beim Baden, dass das überlaufende Wasser genau seinem Körpervolumen entsprach. Daraufhin soll er nackt durch die Straßen gerannt sein und ausgerufen haben: „Heureka!" „Ich habe es erkannt!". Archimedes nahm einen gleichschweren Barren Gold wie die Krone, maß die Menge des übergelaufenen Wassers und verglich diese mit der von der Krone verdrängten Wassermenge. Die von der Krone verdrängte Wassermenge war größer, daraus schloss Archimedes, dass diese nicht aus reinem Gold bestehen konnte, denn sonst hätte die verdrängte Wassermenge gleich sein müssen.

197. Homonymstecker
Auslagen (Schaufenster; Auslagen im Sinne von Ausgaben).

198. Homonymstecker
a) ***Kiel***
Zu 1.: Hauptstadt Schleswig-Holsteins.
Zu 2.: Wenn der Schiffskiel oben liegt, ist das Schiff gekentert.
Zu 3.: Federkiel.

b) ***Flügel***
Zu 1.: Ein Parlamentsflügel ist eine Partei, die nicht für die politische Mitte steht.
Zu 2.: Klavierflügel.
Zu 3.: Flugorgan eines Vogels.

c) ***Seele***
Zu 1.: Die Seele des Menschen.
Zu 2.: Der Stimmstock im Inneren einer Geige wird als Seele bezeichnet.
Zu 3.: Durchsichtiges Häutchen im Kiel der Vogelfeder.

d) ***Posen***
Zu 1.: Stadt in Polen.
Zu 2.: Posen sind gekünstelte Stellungen.
Zu 3.: Anderer Ausdruck für Federkiel.

e) ***Fahne***
Zu 1.: Landesfahne.
Zu 2.: Unangenehmer Atemgeruch nach Alkoholgenuss.
Zu 3.: Federfahne ist der Teil der Feder, der beidseits vom Kiel ausgeht.

Spiele III - Homophthong

199. Homophthong
a) **R - N:** Arena - Arno - Erna - Iran - Irina - Oran (algerische Küstenstadt) - raune - rein - Ren - Renée - Reni - Rune - Uran - Urin - Urne ...

b) **T - R:** Autor - Euter - Tara - Taro (tropisches Gemüse, auch als Wasserbrotwurzel bezeichnet, ein Aronstabgewächs) - Teer - Tiara - Tier - Tor - Tour - traue - treu - Treue - Trio ...

c) **S - N:** äsen - Asen (Göttergeschlecht der nordischen Mythologie) - Asien - Eisen - Ösen - säen - Saone - Sauna - Seen - seien - sein - Seine - seine - Seni - Siena - Sinai - Sion (Gemeinde im schweizerischen Kanton Wallis) ...

d) **M - M:** Amme - Emma - Imme - Mime - Miami - Mume - Mumie - Myom (Muskelgeschwulst) ...

200. Homophthong
a) **M - S:** Maas - Mais - Maos - Maus - mies - Moas (flugunfähige ausgestorbene Vögel Neuseelands) - Moos ...

b) **R - M:** Armee - Aroma - Räume - Reim - reime - Riem - Rom ...

c) **B - R - N:** Auburn (amerikanische Stadt, Automarke) - Bären - Baranyi - Baron - Baronie - Bauern - Bayern - Beeren - Bern - Birne - Born - Borneo - Bräune - braun - Bruno - Brion - Bryan - Burana - eburnea (lat. elfenbeinfarben) ...

d) **M - R - N:** Amarena - Amarna - Emiren - Marian - Marien - Marine - Marion - Marne - Maroni - Mauern - Mauren - Meeren - Meiereien - Meran - Merano - Merino - Mooren - Moräne (Gletscherschuttablagerungen) - Morene - Muräne (aalartiger Fisch) - Murano - Muren (Ströme aus Gestein und Schlamm im Gebirge) - Myron (antiker griechischer Bildhauer) ...

201. Homophthong
a) **P - R - S:** Epirus - Paris - Parias - Parse (Anhänger einer persischen Glaubensgemeinschaft, der Lehre des Zoroastrismus angehörend) - Persia - Piräus - porös - Preis - Prise - Prosa ...

b) **S - T - N:** Ästen (von äsen, fressen der Wildtiere) - Asiaten - Asten - Esten - Osten - Saaten - säten - Saiten - Satan - Satin - Seiten - staune - Stein ...

c) **L - T - N:** Aleuten - Altan - Eleaten (antike griechische Philosophenschule, Vorsokratiker) - lauten - läuten - Lauten - lauten - Litanei - Lotion - Lutein (gelber Farbstoff, Carotinoid) ...

d) **Sch - L - F:** Schelf (Festlandsockel) - Schilf - Schilauf - Schlaf - Schläfe - Schleife - Schlaufe ...

Spiele III - Wortakrobatik

202. Wortakrobatik

a) *löschen*
b) *schlagen*
c) *treiben*
d) *drücken*

203. Wortakrobatik

a) *ziehen*
b) *brechen*
c) *erheben*
d) *streichen*

204. Wortakrobatik

a) *schöpfen*
b) *tragen*
c) *scheren*
d) *machen*

205. Wortakrobatik

a) *scharf*
b) *rot*
c) *sauer*
d) *gelb*

206. Wortakrobatik

a) *spitz*
b) *trocken*
c) *leicht*
d) *klar*

207. Wortakrobatik

a) *frei*
b) *schwer*
c) *schön.* „Die schöne Magelone" ist ein französischer Prosaroman des 15. Jahrhunderts. Er schildert die Liebesgeschichte zwischen Magelone, der Tochter des Königs von Neapel und Graf Peter von Provence. Beide kommen erst nach einer jahrelangen Irrfahrt zusammen.
d) *eisern.* Die Eiserne Krone ist die mittelalterliche Kriegskrone der Langobarden aus dem 9. Jahrhundert, geschmiedet aus einem goldenen Reif, der mit Edelsteinen besetzt ist und einem eisernen Innenreif, der aus einem Nagel des Kreuzes Christi hergestellt sein soll. Die Langobarden waren ein Teil des germanischen Stammes der Sueben, die ursprünglich an der Elbe siedelten, im Zuge der Völkerwanderung jedoch bis zur Mitte Italiens vordrangen. Sie besetzten Italien (6. Jh. n. Chr.). Karl der Große übernahm die langobardische Königswürde und soll der Legende nach mit der eisernen Krone gekrönt worden sein (774 n. Chr.). Dies ist jedoch wohl ausgeschlossen, da nach derzeiti-

gem Wissen die Krone erst später entstanden ist. Auch die Stauferkönige, Karl V. und Napoleon ließen sich mit der eisernen Krone zum König von Italien krönen. - Otto von Bismarck (1815-1898) ging als „Eiserner Kanzler" in die Geschichte ein.

Spiele IV - Das Sinneskonzert

Sehen - das visuelle Gedächtnis

208. Bildspiel (Farbbild)
Das Nest von Störchen, aber auch von Greifvögeln nennt man **Horst**. Horste befinden sich meist auf Schornsteinen oder Türmen, weil Störche als Thermiksegler **schwer vom Boden auffliegen**. Der Storch in der Fabel heißt **Adebar**. Als Fabeltier, das einen bestimmten Charakterzug von Menschen verkörpert, stellt er den stolzen Charakter dar.

209. Bildspiel (Farbbild)
Es handelt sich um einen **Eisberg - 1/10 ist sichtbar, 9/10 treiben unter Wasser**, daher ist nur die „Spitze des Eisberges" sichtbar. - Vom salzigen Packeis in den Polarregionen lösen sich immer wieder Eisblöcke der verschiedensten Größen durch die jahreszeitlichen Klimaschwankungen. Auch von Süßwasser-Gletschern in den Polarzonen lösen sich („kalben") ständig riesige Eisblöcke. Diese Eisberge treiben mit den Meeresströmungen in den Meeren, im Nordatlantik bis zum 40. nördlichen Breitengrad, im Südatlantik bis zum 38 südlichen Breitengrad. Sie stellen für die Schiffahrt eine große Gefahr dar.

210. Bildspiel (Farbbild)
Der Turm heißt **Big Ben** nach dem britischen Politiker Sir Benjamin („Ben") Hall (1802 - 1867) und steht in **London.** In ihm schlägt die 13,5 Tonnen schwere Stundenglocke des englischen Parlamentes. Der Glockenturm selbst wurden 1858 vollendet.

211. Bildspiel (Farbbild)
Himbeeren sind **Strauchgewächse**. Die Himbeerfrüchte sind rote Sammelsteinfrüchte, die aus zahlreichen rundlichen Einzelfrüchten bestehen. Himbeersträucher haben zahlreiche Wurzelsprossen als aufrechte rutenförmige Ausläufer sowie bogig überhängenden zweijährigen Trieben, die oft als Himbeerstauden bezeichnet werden. Himbeersträucher sind im unteren Bereich mit Stacheln besetzt und werden 0,50 bis 1,50 Meter hoch. Kulturhimbeeren sind häufig mit nordamerikanischen Wildhimbeeren gekreuzt. - Staudengewächse sind mehr-

jährige Pflanzen, deren oberirdische Pflanzenteile nicht verholzen und nach jeder Vegetationsperiode absterben. - Bäume sind mehrjährige Pflanzen mit einem aufrechten, verholzten Stamm mit Ästen.

212. Bildspiel (Farbbild)

Es handelt sich um einen jungen **Fuchs**, der in der Fabel den Namen **Reineke** trägt. Die Jungen nennt man **Welpen**. Füchse besitzen eine **Lunte**, das ist der Schwanz des Tieres. Sie leben in einem **Bau**, der mehrere Ausgänge für die Flucht besitzt. Da Füchse offensichtlich bei der Anlage des Baus bereits eine Fluchtmöglichkeit berücksichtigen, werden Füchse als schlau und listig eingeschätzt. Füchse „*schnüren*", d. h. sie setzen die Pfoten schnurartig beim Laufen hintereinander, was besonders bei Spuren im Schnee gut zu sehen ist.

213. Bildspiel (Farbbild)

Die Menschen gehen auf der **Chinesischen Mauer** spazieren. Sie wurde unter dem Kaiser Qin Shihuangdi im **3. Jh. v. Chr. begonnen und bis ins 6. Jh. n. Chr.** weiter ausgebaut. Restaurierungsarbeiten brachten sie im 15. Jh. in die heutige Form. Die Mauer wurde **zur Abwehr von Nomadenangriffen der nördlichen Mongolenstämme** errichtet, also als **Schutzwall** gegen die Mongolen. Die „Große Mauer" (chin. Wanli changcheng - Mauer von 10 000 Li) hat eine Länge von **ca. 2 600 Kilometern, mit Verzweigungen sind es 5 000 bis 10 000 Kilometer.** Der westliche Teil besteht meist aus gestampfter Erde, der östliche aus Steinen. Nördlich von Peking wurde ein Teilstück der Großen Mauer restauriert. Dort ist sie 6,60 Meter hoch, am Boden 6,50 Meter und oben 5,50 Meter breit. Wachtürme mit einer Höhe von 11 - 12 Metern bestanden im Abstand von 100 bis 2 000 Metern. Die chinesische Mauer ist eines der wenigen Bauwerke von Menschenhand, die vom Weltraum aus gesehen werden können.

214. Bildspiel (Farbbild)

Es handelt sich um **Seerosen** oder auch **Teichrosen**. - Der Lotus gehört zu den Seerosengewächsen. Da Blätter und Blüten niemals verschmutzen, obwohl die Pflanze im Schlamm wurzelt, gilt der Lotus als **Symbol für Reinheit** in Hinduismus und Buddhismus. Im Buddhismus **symbolisiert die Lotusblüte den Weg der Seele**, die aus dem Schlamm des Materialismus durch das Wasser der Erfahrung wächst und über dem Wasser im hellen Sonnenlicht der Erleuchtung blüht. Die geöffnete Blüte ist auch ein **Sinnbild der Schöpfung,** als achtblättrige Blüte auch ein **Symbol aller Himmelsrichtungen** und damit **Sinnbild der kosmischen Harmonie**. Der rosa Lotus wird direkt mit **Buddha** in Verbindung gebracht. Er wird oft als auf einer Lotusblüte ruhend bzw. aus ihr hervorgehend dargestellt. - Auch die alten Ägypter sahen in der Lotusblüte ein Symbol für die Entstehung der Welt aus dem Feuchten. Sie war daher mit dem heiligen, lebensspendenden Nil verbunden. - Die **geringe Benetzbarkeit und große**

Selbstreinigungskraft der Lotuspflanzenblätter und -blüten haben zur Erforschung dieses „*Lotuseffekts*" geführt. Die Oberfläche der Pflanze weist winzige Noppen auf, denen eine Schutzschicht aus Cutin (wasserundurchlässige Schicht mit wasserabstoßenden Wachsen) aufgelagert ist. Auf diese Weise wird die Adhäsion zwischen Wassertropfen und Blattoberfläche stark herabgesetzt, so dass das Wasser leicht abperlt. Dieser Lotuseffekt durch die Schaffung von kleinststrukturierten superwasserabweisenden Oberflächen wird in der Industrie durch künstliche Nachbildung solcher Oberflächen imitiert und findet Einsatz bei selbstreinigenden Dachziegeln, Fassadenfarben oder auch bei selbstreinigendem Fensterglas.

215. Bildspiel (Farbbild)

Auf dem Bild ist eine *Galionsfigur* zu sehen. - Den verstärkten Vorbau am Bug alter griechischer, spanischer und niederländischer Schiffe zierte oftmals eine hölzerne Figur, meist eine Frauenfigur. Galionsfiguren waren *Schmuck und Zierde* eines Schiffes, sollten das Schiff auch *vor Sturm und Meeresgeistern schützen* und dem Schiff *den richtigen Weg weisen*.

216. Bildspiel (Farbbild)

Durch die *Schafschur*. - Wollfett ist ein *Wachs*, kein Fett, da Fette aus Glycerin und Fettsäuren bestehen, Wollwachs jedoch kein Glycerin enthält. Das rohe Wollwachs ist in der Wolle enthalten, geht beim Waschen der Wolle in das Waschwasser über und wird hieraus durch Säurezusatz gewonnen. Wollfett dient als Salbengrundlage und als Überfettungsmittel für medizinische Seifen. - Die Jungtiere der Schafe sind die *Lämmer*.

217. Bildspiel (Farbbild)

Der Busch heißt *Rhododendron*. Rhododendren gehören zur Familie der Heidekrautgewächse und sind immergrüne Sträucher. Der Begriff „Rosenbaum" stamm von Carl von Linné, dem schwedischen Naturwissenschaftler, der das moderne Pflanzenklassifikationssystem entwickelte. - *Alpenrosen* gehören zu den Rhododendren, wachsen in Höhenlagen zwischen 1500 und 3000 Metern und werden bis zu 100 Jahre alt. Die Blüten duften und blühen zwischen Juni und August.

218. Bildspiel (Farbbild)

Man sieht eine Klöpplerin beim *Klöppeln*. Diese Art der Handarbeit wird nach den hölzernen Klöppeln, den spindelförmigen Spulen so genannt. Mit Hilfe dieser Spulen werden verschiedenartige Spitzen gefertigt. Beim Klöppeln werden die Fäden von bis zu 200 Klöppeln durch Drehen und Kreuzen der Klöppel nach vorgegebenem Muster auf dem Klöppelbrief erzeugt oder auch frei. Die Klöppelarbeit wird mit Stecknadeln auf dem Klöppelkissen fixiert. Klöppelspitzen entstanden als dekorativer Abschluss von Rändern an Kleidungsstücken. Aus losen Fransen wurden geflochtene Klöppelspitzen. Die ersten Klöppelmusterbriefe kamen im 16. Jahrhundert aus Italien, wo das Klöppeln vermutlich erfunden wurde. Auch im Erzgebirge ist das Klöppeln seit dem 16. Jahrhundert nachgewiesen.

219. Bildspiel (Farbbild)

Es handelt sich um eine **Spinne.** Sie wartet darauf, dass sich in ihrem Netz ein Tier verfängt. Das Netz wurde aus Spinnenseide gewebt, die aus Eiweißmolekülen besteht. Die Spinnenseide wird beim Spinnen aus den Spinndrüsen am Hinterleib der Spinne ausgeschieden. Spinnenseide „klebt" am Beutetier durch Leimbeimengungen oder mikroskopisch feine Wolle. In gefangene und mit den Kieferklauen getötete Beutetiere spritzt die Spinne einen enzymhaltigen Verdauungssaft, der das Tier im Chitinpanzer verdaut. Anschließend wird das vorverdaute Beutetier ausgesaugt. - **Spinnen** haben **8 Beine** im Gegensatz zu **Insekten**, die **6 Beine** aufweisen. Außerdem sind bei Spinnen **Kopf und Brust verschmolzen**, während Insekten eine Gliederung des Körpers in Kopf, Brust und Hinterleib zeigen.

220. Bildspiel (Farbbild)

Die Samen der Pilze nennt man **Sporen**, das runde Oberteil der Pilze **Hut**. - Die Bezeichnung „Fliegenpilz" kommt wohl von seiner **Verwendung als Fliegenfänger**: Fliegenpilzstücke wurden in gezuckerter Milch aufgestellt, in der sich die Giftstoffe des Pilzes lösten. Fliegen, die von dieser giftigen Milch tranken, starben.

221. Bildspiel (Farbbild)

Es handelt sich um **Schmiedekunst**. - Der kunstvoll geschmiedete Türbeschlag entsteht, indem das **Schmiedestück erwärmt** wird (z., B. über dem Kohlefeuer) und das nun weiche Metall mit Hilfe von Amboss und verschiedensten Schmiedehämmern und -zangen durch **Hämmern, Biegen, Rundkneten, Stauchen, Treiben, Dengeln, Schweifen und Ziehen** in die richtige Form gebracht wird (**Freiformschmieden**).

222. Bildspiel (Farbbild)

Der höchste Berg Siziliens ist der **Ätna** (3323 m), der aktivste Vulkan Europas. - Man sieht durch ein Loch in erstarrter Lava einen Kanal mit **rotglühender, fließender Lava**, die aus dem Vulkankrater austritt und bergab fließt.

223. Bildspiel (Farbbild)

Es handelt sich um eine **Allee**, also einen von beiden Seiten von Bäumen begrenzten Weg oder eine Straße. Alleen **bieten Schutz vor Sonne, Wind, Regen und Schneeverwehungen** im Winter, ermöglichen ein **besseres Einschätzen von Entfernungen und des Wegverlaufes** (z.B. bei Nebel), **Befestigung** des Weges durch das Baumwurzelwerk, Schaffung von **Biotopen** und Bäume als **Lebensraum insektenfressender Vögel**. Außerdem erfährt die Landschaft durch Alleen eine **ästhetische Strukturierung**. Die Nachteile einer Allee sind die **Gefährdung durch Astbruch** bei Sturm oder durch Schneebruch und im Zeitalter der schnellen Kraftfahrzeuge das **Auffahren auf Bäume** durch nicht angepasste zu schnelle Fahrgeschwindigkeit.

224. Bildspiel (Schwarzweißbild Seite 27)

Kätzchen. Die im Vorjahr ausgebildeten 3 bis 8 cm langen, herabhängenden männlichen Blütenstände erscheinen lange vor dem Laubaustrieb an den meist recht breitwüchsigen Sträuchern. Sie sind eine wichtige Bienenweide. Die Befruchtung der der weiblichen Kätzchen (Knospen mit heraushängenden fädigen roten Narben) geschieht jedoch erst im Mai, ungefähr zwei Monate nach der Bestäubung. Die Nussfrüchte werden bis zu 2,5 cm lang und sind je nach Sorte oval bis rund, hellbraun bis rotbraun (Bluthaselstrauch). Hasselnüsse sind Vitamin-C-reich und enthalten ungefähr 60% Fett und 20% Eiweiß.

225. Bildspiel (Schwarzweißbild Seite 35)

Daumenrast. Der Daumen ruht dort auf dem offenen Deckel des **Bier-Seidels** oder Maßkruges. Gleichzeitig dient die Daumenrast auch als Hebel, um den Deckel des Bier-Seidels zu öffnen. Dies ist ein spezielles Schankgefäß für Bier, früher war es zugleich ein Hohlmaß in Bayern (0,535 Liter).

226. Bildspiel (Schwarzweißbild Seite 40)

Das aus dem Orient stammende Fabeltier in Form eines Pferdes mit dem langen Horn in der Mitte der Stirn, das **Einhorn**, symbolisiert die **Jungfräulichkeit** und die **Reinheit**. Der Sage nach kann es nur durch eine reine Jungfrau gefangen werden und nur im Schoß einer Jungfrau Schlaf finden. Das Horn als eigentlich phallisches Symbol entspringt aus der Stirn, dem Ort des Geistes. Daher steht das Einhorn auch für die sublimierte sexuelle Kraft. Einhörner können auch in Esel-, Rhinozeros-, Stier- oder Ziegengestalt vorkommen. Das Einhorn ist im christlichen Kulturkreis das Attribut der Jungfrau Maria und symbolisiert Stärke, Reinheit und die unbefleckte Empfängnis.

227. Bildspiel (Schwarzweißbild Seite 50)

Die Aufgabe ist unlösbar. Die Zeichnung stellt ein Raumgebilde dar, das es in der Realität nicht geben kann.

228. Bildspiel (Schwarzweißbild Seite 55)

Es handelt sich um **Nymphen für Angler**, die damit Fliegenfischerei betreiben. Echte Nymphen sind letzte Entwicklungsstadien bestimmter Insekten (vergleichbar mit Larven), die bereits Flügelanlagen aufweisen und ähnlich wie das fertig entwickelte Insekt aussehen. Beispiele für Insekten mit Nymphenbildung sind Eintagsfliegen, Libellen, Steinfliegen usw. Die Nymphen werden mit der Angel auf die Wasseroberfläche hinausgeworfen, schwimmen dort und werden von Fischen für echte Insektennymphen gehalten. Sie dienen als Köder für das Angeln auf größere Entfernungen (10 - 18 Meter), was spezielle Flugschnüre, Flugrollen u. ä. erforderlich macht. Beim Fliegenfischen werden vor allem Forellen, Äschen, Lachse u. a. geangelt.

229. Bildspiel (Schwarzweißbild Seite 67)

a) Das Grundmaterial des Porzellans, Kaolin, wurde zuerst **in China** entdeckt am Berg Kaoling. Porzellan ist ein Gemisch aus Kaolin (Tonart ohne Eisen), Feldspat und Quarz. Porzellan wird bei hohen Brenntemperaturen zwischen 1300 und 1410 Grad Celsius in oxidierender Atmosphäre gebrannt. In China wird es seit dem 7. Jh. für Keramik verwendet, möglicherweise auch schon seit vorchristlicher Zeit. Seit dem 16. Jh. wurde Porzellan auch in Europa bekannt und beliebt und von China eingeführt.

b) In Europa gelang erstmals 1708 **Ehrenfried Walther von Tschirnhaus** die Erfindung des europäischen Hartporzellans, weiterentwickelt von J. F. Böttger. Die erste europäische Porzellanmanufaktur entstand 1710 auf der Albrechtsburg in Meißen/Sachsen. Erst später wurde im Ausland Porzellan hergestellt: ab 1718 in Wien (Brennmeister S. Stölzel und C. C. Hunger waren von Meißen abgeworben worden), ab 1746 in Höchst, Fürstenberg, 1747 in Nymphenburg, 1755 in Frankenthal und 1758 in Ludwigsburg, ab 1763 in Berlin.

230. Bildspiel (Schwarzweißbild Seite 78)

Die **Gripzange** dient dem sicheren und exakten Festhalten der verschiedensten Materialien beim Bohren, Schleifen, Schweißen usw. Auch als Schraubenschlüssel, Rohrzange oder Feilkolben zu gebrauchen. Sie arbeitet wie eine Kombizange mit der Besonderheit, dass die beiden Backen beweglich sind und sich in einer bestimmten Position mit Hilfe der Stellschraube arretieren und mit Hilfe des Lösehebels auch rasch wieder lösen lassen. Sie kann mit einer Hand bedient werden.

231. Bildspiel (Schwarzweißbild Seite 91)

a) **Ameisenhaufen - Affe**
b) **Kakadu - Kalb**
c) **Orang-Utan - Ochs**

232. Bildspiel (Schwarzweißbild Seite 102)

Es sind **Steinfrüchte** abgebildet, bei denen nur die innere Fruchtwand, also die Wand des Steinkerns, verholzt ist und die außen von einer weichen Hülle, dem Fruchtfleisch, das bei den abgebildeten Steinfrüchten jedoch nicht gegessen wird, umgeben sind. Die reifen Früchte platzen auf und der Steinkern mit dem Samen im Innern fällt heraus. Es handelt sich also nicht um Nüsse. Nüsse sind Schalenfrüchte (Schließfrüchte), bei denen alle Schichten der Fruchtwand verholzen - also nicht nur die innere - und die meist nur einen einzelnen Samen enthalten.

a) **Mandeln.** Der Mandelbaum aus der Familie der Rosengewächse, der in mediterranen Zonen wächst, liefert länglich-eiförmigen Steinfrüchte. Mandeln sind eng mit Pflaumen, Aprikosen und Kirschen verwandt. Je nach Samen erhält man süße Mandeln (für die Süßwarenherstellung oder „Krachmandeln") und bittere Mandeln, aus denen das Bittermandelöl gewonnen wird. Bittere Mandeln sind äußerlich kaum von normalen Mandeln zu unterscheiden. Sie enthalten das Glykosid Amygdalin, aus dem beim Verdauungsprozess hochgiftige Blausäure und Benzaldehyd abgespalten werden (aus einer einzigen Bittermandel kann ungefähr ein Milligramm Blausäure freigesetzt werden!). Da Blausäure hitzeempfindlich ist, sollten Mandelgerichte vorsichtshalber erhitzt werden.

b) **Pekannüsse.** Die glattschaligen Pekannüsse werden vom Hickorynussbaum, einem Walnussgewächs gewonnen. Auch hier handelt es sich um Steinfrüchte, deren Fruchtfleisch nicht gegessen wird. Pekannüsse schmecken süßlich. Hickoryarten wachsen in Nordamerika und Ostasien, wuchsen jedoch im Tertiär auch in Europa.

233. Bildspiel (Schwarzweißbild Seite 109)

a) **Wien.** Das Schild als Porzellanmarke steht für die Wiener Manufaktur ab 1744, gegründet 1718. Bekannt ist das Dekor Maria Theresia: ein grünes Blumendekor auf weißem, goldgerändertem Porzellan.

b) **Ludwigsburg** (Baden-Württemberg). Diese Marke wird wohl seit 1759/60 benutzt und zeigt das verspiegelte Doppel-C Herzog Karl-Eugens sowie die Krone des Hauses Württemberg. Die Manufaktur in Ludwigsburg ist für ihre Landschaftsmalereien auf Porzellan berühmt und für ihr „Schuppenmuster"-Porzellan, ein weißes, voll reliefiertes Porzellan.

c) **Meißen.** Die Meißner Porzellanmarke (Schwertermarke) entstand 1720 und wird bis heute verwendet. Die gekreuzten Schwerter sind das Monogramm August des Starken (AR), des damaligen Kurfürsten von Sachsen und Königs von Polen. Er gründete die erste europäische Porzellanmanufaktur in Meißen 1710 auf der Albrechtsburg, da dieser

Ort gute Voraussetzungen zum Schutz des Porzellanherstellungsgeheimnisses bot. Sehr bekannt ist das blaue Zwiebelmusterdekor, das als Unterglasurmalerei ausgeführt wird, d. h. nach dem ersten Brand wird die extrem hitzebeständige Farbe aufgetragen und das Porzellan ein zweites Mal gebrannt.

d) **Nymphenburg** (München). Mit dem Rautenschild wird seit 1754 das Nymphenburger Porzellan gekennzeichnet.

e) **Höchst.** Das Mainzer Rad als Marke dient seit ungefähr 1756 zur Kennzeichnung des Höchster Porzellans. die Höchster Manufaktur wurde 1746 vom Kurfürsten von Mainz, Johann Friedrich Carl von Ostein, gegründet.

f) **Berlin KPM** (Königliche Porzellan-Manufaktur). Mit der kobaltblauen Zeptermarke wird seit 1763 das Porzellan aus dieser Manufaktur versehen. die Manufaktur wurde 1763 von Friedrich dem Großen gegründet. Berühmt ist die Form Kurland mit glatten klassizistischen Formen, deren Ränder plastisch ornamentartig mit Fahne, Eierstab, Tuchgehänge und Perlenstab verziert sind.

234. Bildspiel (Schwarzweißbild Seite 117)

Diese russischen Puppen heißen **Matroschkas**, die Bezeichnung „Babuschkas" ist nur bei uns gebräuchlich. Der Name leitet sich vom russischen Wort Matrjona ab (von lat. Matrone). Andere nicht in Russland verwendete Bezeichnungen sind Matrioschkas, Bubutschkas, Maroschkas, oder auch Piroschkas. Matroschkas sind aus Lindenholz geschnitzt und gedrechselt und bunt bemalt. Matroschkas wurden erstmals Ende des 19. Jahrhunderts gefertigt und verbreiteten sich rasch. Zunächst wird die kleinste Puppe gefertigt, danach jeweils angepasst die nächstgrößere gedrechselt. Am Ende folgt die kunstfertige Bemalung. Ursprünglich gab es die Puppen 3- bis 10-teilig, heute bis zu 20-teilig.

235. Bildspiel (Schwarzweißbild Seite 127)

Dieses Küchengerät wird zum **Reiben** von Äpfeln, Karotten, zum **Raspeln** von Rettichen, Gurken, Kartoffeln oder zum **Scheiben Schneiden**, z. B. für Rohkost oder Salate verwendet.

236. Bildspiel (Schwarzweißbild Seite 135)

Die Honigbiene lebt 35 bis 60 Tage. Sie übt während dieser Zeit mehrere Berufe aus: **Maurer** (Wabenbau, Wachsausschwitzen), **Stubenmädchen** (Stockreinigung), **Wächterdienst** am Flugloch, **Rohstoffbeschaffer** (Pollen sammeln), **Arbeiterin** in der Produktion und Weiterverarbeitung (Honigauswürgen).

237. Bildspiel (Schwarzweißbild Seite 140)
Das Fett ist **Walnussöl**, ein hochwertiges **Speiseöl** aus reifen oder auch gerösteten Walnüssen. Es besitzt einen intensiv nussigen Geschmack und weist einen hohen Gehalt an mehrfach ungesättigten Fettsäuren auf. Walnussöl sollte daher nicht erhitzt werden und wird bevorzugt als **Salatöl** verwendet. Gerne wird Walnussöl auch in der **Ölmalerei** eingesetzt, da es dünnflüssig ist, Farbpigmente gut aufnimmt, schnell trocknet und kaum vergilbt.

238. Bildspiel (Schwarzweißbild Seite 150)
Die männlichen Tiere dieser Tierart nennt man **Erpel**. Die abgebildete Ente als Zierfigur besteht aus **Holz,** das zunächst **geschnitzt**, dann **bemalt** und **lackiert** wurde.

239. Bildspiel (Schwarzweißbild Seite 158)
Beide Deutungen sind möglich. Einige sehen zuerst im Linksprofil die junge Dame mit der Stupsnase, Schleier und der schwungvollen Feder im Haar, andere eine alte Frau mit großer Nase und vorstehendem Kinn, das bei der jungen Frau das Dekolleté bildet.

240. Bildspiel (Schwarzweißbild Seite 158)
Die **Eintagsfliege lebt einen bis wenige Tage**. Sie wird wegen ihrer Kurzlebigkeit Eintagsfliege genannt. Ihre Larven leben allerdings länger als ein Jahr in Süßwasser. Eintagsfliegen haben sechs Beine.

241. Bildspiel (Schwarzweißbild Seite 205)
Dübel werden in der Befestigungstechnik als **Verbindungselemente** verwendet. Dübel dienen der **Sicherung** und **Befestigung** der vorgesehenen Lage eines nachträglich eingebrachten Bauteils mit Nägeln, Haken oder Schrauben in den unterschiedlichsten Materialien. Von der Mechanik her handelt es sich um eine **Klemmvorrichtung.** Es gibt für alle möglichen Befestigungsansprüche die passenden Dübel (Stabdübel aus Stahl oder Holz, Spreiz- oder Pilzdübel aus Kunststoff, Kippdübel für Hohldecken u. a.). Der erste Dübel aus Hanfschnur in einer Blechhülse wurde 1926 von Upat aus Hamburg geliefert. Artur Fischer erfand 1957 den Kunststoff-Dübel.

Spiele IV - Hören, das auditive Gedächtnis

Die beschriebenen Hörübungen befinden sich auf der beiliegenden CD (hintere Umschlagsseite)

242.   Hörübungen - Tierlaute-Raten
Tiere auf dem Bauernhof
1   **Kuh** - muhen
2   **Kalb** - blöken
3   **Hund** - bellen
4   **Hühner** - gackern
5   **Hahn** - krähen
6   **Pferd** - wiehern

243.   Hörübungen - Lieder-Raten
1   Der Mai ist gekommen, die Bäume schlagen aus.
     Da bleibe, wer Lust hat, mit Sorgen zu Haus.
     Wie die Wolken dort wandern am himmlischen Zelt,
     so steht auch mir der Sinn in die weite, weite Welt.
     Volkslied (Österreich - E. Geibel, 1841)
2   Muss i denn, muss i denn zum Städtele 'naus,
     Städtele 'naus, und du, mein Schatz, bleibst hier!
     Wenn i komm, wenn i komm,
     wenn i wiedrum komm, wiedrum komm,
     kehr i ein, mein Schatz bei dir.
     Kann i gleich net allweil bei dir sein
     han i doch mein Freud an dir. . . .
     Volkslied (Schwaben)
3   Sah ein Knab' ein Röslein stehn,
     Röslein auf der Heiden,
     war so jung und morgenschön;
     lief er schnell, es nah zu sehn,
     sah's mit vielen Freuden.
     Röslein, Röslein, Röslein rot, Röslein auf der Heiden.
     Franz Schubert (J. W. v. Goethe, 1771)
4   Üb immer Treu' und Redlichkeit, bis an dein kühles Grab
     und weiche keinen Finger breit von Gottes Wegen ab!
     W. A. Mozart (L. Hölty), („Ein Mädchen oder Weibchen")

5   Weißt du, wieviel Sternlein stehen
     an dem blauen Himmelszelt?
     Weißt du, wieviel Wolken gehen, weithin über alle Welt?
     Gott, der Herr, hat sie gezählet,
     dass ihm auch nicht eines fehlet an der ganzen großen Zahl.
     Volkslied (W. Hey, 1837)

Die zweiten Strophen der jeweiligen Lieder lauten:

1   Herr Vater, Frau Mutter, dass Gott euch behüt`;
     wer weiß, wo in der Ferne mein Glück mir noch blüt?
     Es gibt so manche Straße, die nimmer ich marschiert,
     es gibt so manchen Wein, den ich nimmer noch probiert.

2   Wie du weinst, wie du weinst,
     Dass i wandere muss, wandere muss,
     wie wenn d`Lieb jetzt wäre vorbei.
     Sind au`drauß, sind au drauß
     der Mädele viel, Mädele viel,
     lieber Schatz, i bleib dir treu.

3   Knabe sprach: Ich breche dich,
     Röslein auf der Heiden!
     Röslein sprach: Ich steche dich,
     dass du ewig denkst an mich,
     und ich will`s nicht leiden.
     Röslein, Röslein, Röslein rot, Röslein auf der Heiden.

4   Dann wirst du, wie auf grünen Au`n, durchs Pilgerleben gehn;
     dann kannst du, sonder Furcht und Graun, dem Tod ins Auge sehn.

5   Weißt du, wieviel Mücklein spielen
     in der heißen Sonnenglut?
     Wie viel Fischlein auch sich kühlen
     in der hellen Wasserflut?
     Gott, der Herr, rief sie mit Namen,
     dass sie all ins Leben kamen,
     dass sie nun so fröhlich sind.

244. Hörübungen - Geräusche-Raten

1	**Kirchenglocken**	4	**Wassertropfen**
2	**Rätsche**	5	**Dampflok**
3	**Babylachen**	6	**Schnarchen**

245.   Hörübungen - Musikinstrumente-Raten
1   *Hörner* („Lützows wilde Jagd" von Karl Maria v. Weber).
2   *Geige* („Eine kleine Nachtmusik" von W. A. Mozart).
3   *Klavier* („Frühlingsstimmenwalzer" von Joh. Strauß).
4   *Flöte* (Ständchen „Leise fliehen meine Lieder" v. Schubert).
5   *Cello* („Träumerei" von Robert Schumann).

246.   Hörübungen - Tierlaute-Raten
Tiere in Wald und Flur
1   *Kuckuck* - rufen
2   *Frösche* - quaken
3   *Störche* - klappern
4   *Junger Fuchs* - bellen
5   *Alter Fuchs* - bellen
6   *Grillen* - zirpen

247.   Hörübungen - Geräusche-Raten
1   *Kuckucksuhr*
2   *Schritte auf Holzboden*
3   *Meeresbrandung*
4   *Spieldose*
5   *Wasserstrahl*
6   *Nägel einschlagen*

248.   Hörübungen - Tierlaute-Raten
1   *Möwen* - schreien - leben am Meer
2   *Elefant* - trompeten - leben in Afrika und in Indien
3   *Tiger* - brüllen - leben z. B. in Indien
4   *Papagei* - kreischen - leben auf allen außereuropäischen Kontinenten
5   *Löwe* - brüllen - leben in Afrika und in Indien
6   *Kakadu* - pfeifen, sprechen - leben in Australien und Indonesien

Spiele IV - Tasten, das Tastgedächtnis

249. Tastübung
(Lösung entsprechend den Vorgaben durch den Außenstehenden)

Spiele IV - Riechen, das Geruchsgedächtnis

250. Geruchsübung
(Lösung entsprechend den Vorgaben durch den Außenstehenden)

Spiele IV - Schmecken, das Geschmacksgedächtnis

251. Geschmacksübung
(Lösung entsprechend den Vorgaben durch den Außenstehenden)

Spiele V - Aufträge

252. Auftrag
Sieg', Linde! - **Sieglinde**

253. Auftrag
Tauge nichts! - **Taugenichts**

254. Auftrag
Wachs', Tube! - **Wachstube**

255. Auftrag
Sei D! - **Seide**

256. Auftrag
Hut, weide! - **Hutweide**
Eine Hutweide ist eine gemeindeeigene Weide, auf die das Vieh täglich getrieben werden kann.

257. Auftrag
Schrei', Tender! - **Schreitender**

258. Auftrag
Lebe, Regel! - **Leberegel**

259. Auftrag
Kurier' Gepäck! - **Kuriergepäck**

260. Auftrag
Stutz' Flügel! - **Stutzflügel**

261. Auftrag
Regent, raufe!- **Regentraufe**

262. Auftrag
Mutter, mal'! - **Muttermal**

263. Auftrag
Zer, spring! - **zerspring**

264. Auftrag
Los, gewinn'! - **Losgewinn**

265. Auftrag
Fahr' plan! - **Fahrplan**

266. Auftrag
Schrei', Hals! - **Schreihals**

267. Auftrag
Öl' Bremsen! - **Ölbremsen**

268. Auftrag
Komm', A! - **Komma**

269. Auftrag
Bausch' Aden! - **Bauschaden**

270. Auftrag
Bleich' Gesicht! - **Bleichgesicht**

271. Auftrag
Bach, stelze! - **Bachstelze**

272. Auftrag
Lauf', Bahn! - **Laufbahn**

273. Auftrag
Au, Tomaten! - **Automaten**

274. Auftrag
Sied' Lungen! - **Siedlungen**

275. Auftrag
Turn', Vater! - **Turnvater**

276. Auftrag
Komm', Ode! - **Kommode**

277. Auftrag
Lauf', Katze! - **Laufkatze**
Eine Laufkatze ist ein Wagen, der an Seilen oder auf Schienen läuft, mit einer Winde bewegt wird und dem Transport von Lasten dient.

Spiele V - Mach's richtig!

278. Mach's richtig
Falscher Begriff: Mitrailleuse. Eine Mitrailleuse ist ein Geschütz.
Richtiges Wort: **Marseillaise.** Nationalhymne Frankreichs.

279. Mach's richtig
Falscher Begriff: Kotaue. Kotau nennt man die Ehrerbietungsgeste im Fernen Osten, bei der man sich vor den anderen verbeugt.
Richtiges Wort: **Kothurn.** Kothurne sind Bühnenschuhe mit hoher Sohle, die in der Antike von Schauspielern getragen wurden, um für die Zuschauer besser sichtbar zu sein.

280. Mach's richtig
Falscher Begriff: Retirade. Retirade ist ein Rückzugsmanöver.
Richtiges Wort: **Tirade.**

281. Mach's richtig
Falscher Begriff: Egozentrisch. Egozentrisch bedeutet: das Ich als Mittelpunkt des Seins sehen.
Richtiges Wort: **Geozentrisch.**

282. Mach's richtig
Falscher Begriff: Kalfaktor. Ein Kalfaktor ist ein Gefängnishelfer oder ein Schmeichler.
Richtiges Wort: **Katafalk.**

283. Mach's richtig
Falscher Begriff: Triumvirat. Triumvirat bedeutet: Dreimännerbündnis. Julius Cäsar, Gnaeus Pompeius Magnus und Mareus Licinius Crassus schlossen sich zum ersten Triumvirat (60 v. Chr.) zusammen, „damit nichts im Staate geschehen solle, was auch nur einem der Dreien missfiele" (Sueton). Faktisch regierten die drei Männer dadurch am Staat vorbei.
Richtiges Wort: **Triumphzug.**

284. Mach's richtig
Falscher Begriff: Mormonen. Die Mormonen sind eine religiöse Sekte, die vor allem in den USA vertreten ist.
Richtiges Wort: **Myrmidonen.** Die Myrmidonen waren die dem Achilles in der Schlacht um Troja unterstellten Soldaten.

285. Mach's richtig
Falscher Begriff: Gondoliere. Gondoliere sind venezianische Fährleute.
Richtiges Wort: **Girandole.**

Spiele V - Sprichwörter und Redensarten richtig stellen

286. Sprichwörter und Redensarten richtig stellen
a) *Reden ist Silber, Schweigen ist Gold.*
b) *Jung gefreit hat nie gereut.*
c) *Wer zuerst kommt, mahlt zuerst.*

287. **Sprichwörter und Redensarten richtig stellen**
a) *Spare in der Zeit, dann hast du in der Not* (mehr als ein Stückchen Brot).
b) *Der Apfel fällt nicht weit vom Stamm.*
c) *Was man in der Jugend ersehnt, hat man im Alter in Fülle.*

Spiele V - Sprichwörter- und Phrasensalat

288. Sprichwörter- und Phrasensalat
Sprichwort 1: Wer einmal lügt, dem glaubt man nicht.
(und wenn er gleich die Wahrheit spricht).
Sprichwort 2: Wer Pech berührt, besudelt sich.

289. Sprichwörter- und Phrasensalat
Sprichwort 1: Wie man sich bettet, so liegt man.
Sprichwort 2: Wie man in den Wald hineinruft, so schallt es heraus.

290. Sprichwörter- und Phrasensalat
Sprichwort 1: Ohne Gottes Willen fällt kein Sperling vom Dach.
Sprichwort 2: Besser ein Sperling in der Hand, als eine Taube auf dem Dach.
Sprichwort 3: Man soll nicht mit Kanonen auf Spatzen schießen.

291. Sprichwörter- und Phrasensalat
Sprichwort 1: In der Not frisst der Teufel Fliegen.
Redensart 1: Alle Fünfe gerade sein lassen.
Redensart 2: Sich nach der Decke strecken.

292. Sprichwörter- und Phrasensalat
Sprichwort 1: Wie man in den Wald hineinruft, so schallt es heraus.
Sprichwort 2: Wer einmal lügt, dem glaubt man nicht.
(und wenn er gleich die Wahrheit spricht).

293. Sprichwörter- und Phrasensalat
Sprichwort: Die schlechtesten Früchte sind es nicht, woran die Wespen nagen.
Redensart: Man nagt am Hungertuch.
Diese Redensart bezieht sich auf den Brauch, den Altar während der Fastenzeit mit einem Tuch zu verhüllen.

294. Sprichwörter- und Phrasensalat
Sprichwort 1: Es ist noch kein Meister vom Himmel gefallen.
Sprichwort 2: Was ein Häkchen werden will, krümmt sich beizeiten.

295. Sprichwörter- und Phrasensalat
Sprichwort 1: Der Krug geht so lange zum Brunnen, bis er bricht.
Sprichwort 2: Wer den Kreuzer nicht ehrt, ist des Gulden nicht wert.

296. Sprichwörter- und Phrasensalat
Redensart 1: Neapel sehen und sterben.
Redensart 2: Das Kind mit dem Bade ausschütten.

297. Sprichwörter- und Phrasensalat
Sprichwort: Es ist nicht alles Gold was glänzt.
Redensart 1: Auf Rosen gebettet sein.
Redensart 2: Honig um den Mund schmieren.

298. Sprichwörter- und Phrasensalat
Sprichwort 1: Auch der Wurm krümmt sich, wenn er getreten wird.
Sprichwort 2: Was ein Häkchen werden will, krümmt sich beizeiten.
Redensart: Mit jemandem ein Hühnchen rupfen.

299. Sprichwörter- und Phrasensalat
(R) = Redensarten, **(S)** = Sprichwörter

Den Balken im eigenen Auge nicht sehen, aber den Splitter im Auge des anderen (Bibel). (R) - Mit einem blauen Auge davonkommen. (R) - Die Axt im Haus erspart den Zimmermann. (S) - Hauptsache glücklich! (Zitat aus der Filmwelt). (R) - Jemandem den „Roten Hahn" aufs Dach setzen (das Haus in Brand stecken). (R) - Das Seine unter Dach und Fach bringen. (R) - Wer im Glashaus sitzt, soll nicht mit Steinen werfen. (S) - Mit der Tür ins Haus fallen. (R) - Was man nicht im Kopf hat, muss man in den Beinen haben. (S) - Sich auf den Kopf machen lassen. (R) - Hahn im Korb sein. (R) - Mit allen Salben geschmiert. (R) - Mit allen Wassern gewaschen. (R) - Im Trüben fischen. (R) - Eine Schwalbe macht noch keinen Sommer. (S) - Es ist ihm noch kein Stein aus der Krone gefallen. (S) - „Mir ist so kannibalisch wohl als wie fünfhundert Säuen". (Goethe-Zitat). (R) - Die Perlen vor die Säue werfen (Bibel). (R) - Mariechen saß auf einem Stein (Volkslied). - Kind und Kegel. (R) - Kind, Mariechen mit Gretchen (Faust I) verwechselt, die das Kind als Kegel (uneheliches Kind) getötet hatte und deshalb im Gefängnis saß. - Das Kind mit dem Bade ausschütten. (R) - Einen Floh ins Ohr setzen. (R) - Polenta statt Polente (volkstümliches Wort für Polizei). - Die Laus im Pelz. (R) - Ein blindes Huhn findet auch einmal ein Korn. (S) - „Ich wünsche, dass sonntags jeder Bauer sein Huhn im Topfe hat" (Ausspruch Heinrich IV. von Frankreich). - Sein Mütchen an jemandem kühlen. (R)

Spiele V - Allzuwörtlich

300. Allzuwörtlich
Nacht-Falter - **Nachtfalter**
Synonym für „Lichtpause": Nacht.
Synonym für „plissieren": falten.
Lösung: Nacht-Falter - Nachtfalter, ein Schmetterling und damit ein Rüsseltier.

301. Allzuwörtlich
Au-Tomaten - **Automaten**
Nachtschattengewächse: Tomaten, Kartoffeln, . . .
Feuchte Gegenden: Auen, Sumpf, . . .
Synonym für „selbsttätige Apparate": Automaten, Maschinen, . . .
Lösung: Au-Tomaten - Automaten.

302. Allzuwörtlich
Ball-Ade! - **Ballade**
Synonym für „Lebewohl": Ade!
Kinderspielzeug: Ball
Synonym für „Handlungsgedicht": Ballade.
Lösung: Ball-Ade! - Ballade

303. Allzuwörtlich
Abt-Eile - **Abteile**
Synonym für „Mönch": Abt
Synonym für „Hast": Eile.
Synonym für „Zugabschnitte": Abteile.
Lösung: Abt-Eile - Abteile

304. Allzuwörtlich
Wald-Meister - **Waldmeister**

305. Allzuwörtlich
Wetter-Umschlag - **Wetterumschlag**

306. Allzuwörtlich
Adel-E - **Adele**

307. Allzuwörtlich
Ara-Rat - **Ararat**

308. Allzuwörtlich
Laden-Hüter - **Ladenhüter**

309. Allzuwörtlich
Stahl Stich? - **Stahlstich**

310. Allzuwörtlich
Hab ich T? - **Habicht**

311. Allzuwörtlich
Ein Unglück kommt selten allein.

312. Allzuwörtlich
Viele Köche verderben den Brei.

313. Allzuwörtlich
Wer zuerst kommt, mahlt zuerst.

314. Allzuwörtlich
Eigener Herd ist Goldes wert.

315. Allzuwörtlich
Was ich nicht weiß, macht mich nicht heiß.

316. Allzuwörtlich
Auf Regen folgt Sonnenschein.

317. Allzuwörtlich
Müßiggang ist aller Laster Anfang.

318. Allzuwörtlich
Aller Anfang ist schwer.
Die Aller ist ein Fluss in Sachsen-Anhalt und Niedersachsen und der wasserreichste Zufluss der Weser.

319. Allzuwörtlich
Der Krug geht zum Brunnen bis er bricht.
Brechen ist ein Homonym. (Zerbrechen und Erbrechen.)

320. Allzuwörtlich
Eine Krähe hackt der anderen kein Auge aus.

321. Allzuwörtlich
In der Not frisst der Teufel Fliegen.
Fliegen gehören zu den Dipteren, also zur Ordnung der Zweiflügler.

322. Allzuwörtlich
Morgenstund' hat Gold im Mund.
Eos ist die griechische Göttin der Morgenröte.

323. Allzuwörtlich
Viele Köche verderben den Brei.

324. Allzuwörtlich
Auch ein blindes Huhn findet manchmal ein Korn.

325. Allzuwörtlich
Wer A sagt, muss auch B sagen!
Der kategorische Imperativ (Kant) gebietet, nur so zu handeln, dass diese Handlung als Gesetz für andere gelten kann. Die im Sprichwort gemachte Aussage gilt sicher nicht immer und muss der ethischen Kritik unterworfen werden.

326. Allzuwörtlich
Den Teufel nicht an die Wand malen.
In Goethes Faust stellt sich Mephisto, also der Teufel, vor als Teil von jener Kraft, „die stets das Böse will und stets das Gute schafft" und als „... Geist, der stets verneint". Auf dieses Zitat spielt die Umschreibung an.
Ein Fresko ist eine Wandmalerei, bei der die Farben auf den Putz aufgetragen werden. Bei der al fresco-Malerei wird auf den frischen, noch feuchten Putz gemalt. Hierbei sind keine Korrekturen mehr möglich. Al secco bedeutet: Malerei auf trockenen Putz aufgetragen.

327. Allzuwörtlich
Wenn es dem Esel zu gut geht, geht er aufs Eis tanzen.
Der Esel sagt „I-A!", also Ja.

Spiele VI - Mnemotechnik

328. Mnemotechnik
Für den Tierkreis könnte die Auflösung lauten:
Der **W**idder **s**tiert den **Z**willing an und **k**riecht zur **L**öwen**J**ungfrau dann; die **w**agt es den **S**korpion zu **s**chützen; den **S**tein im **W**asser **F**ische nützen.
Widder, **S**tier, **Z**willing, **K**rebs, **L**öwe, **J**ungfrau, **W**aage, **S**korpion, **S**chütze, **S**teinbock, **W**assermann, **F**ische.

329. Mnemotechnik
Für die Apostel wäre folgender Merksatz möglich:
Am **B**esten **J**agen **J**unge **J**äger **J**aguare.
Mit **M**ilder **S**timme **S**echsmal **P**ro **P**erson **T**alaus **T**alein.
Andreas **B**artholomäus **J**akobus d. Ä. **J**akobus d. J. **J**ohannes **J**udas **M**atthäus **M**atthias **S**imon **S**imon-Petrus **P**aulus **P**hilippus **T**homas **T**haddäus.

330. Mnemotechnik
Der Merkvers für die sieben freien Künste, artes liberae, könnte lauten:
Die **A**cht **G**ramm **M**us **G**eben **A**rges **R**heuma.
Die Anfangsbuchstaben zeigen die Kunstarten an:
Dialektik **A**stronomie **G**rammatik **M**usik **G**eometrie **A**rithmetik **R**hetorik
Dieser Satz könnte auch heißen:
Meide **A**m **A**bend **G**ern **D**ie **G**roßen **R**eden.
Musik **A**rithmetik **A**stronomie **G**rammatik **D**ialektik **G**eometrie **R**hetorik.

Spiele VI - Einwortdefinition

331. Einwortdefinition
Lösungsvorschlag: Erdtrabantenerstbegehung

332. Einwortdefinition
Lösungsvorschlag: Vielvölkerfriedenshandelsvereinigung

333. Einwortdefinition
Lösungsvorschlag: Chemiebefreiungsernährung

Die Autorinnen

Dr. med. Franziska Stengel studierte Medizin, Psychologie und Soziologie und war lange Jahre Primaria (Chefärztin) am größten städtischen Altenzentrum in Wien-Lainz (damals 6000 Bewohner).
Neben rund 120 wissenschaftlichen Aufsätzen zur Gerontologie und Geriatrie in Fachzeitschriften verfasste sie 12 populärwissenschaftliche Bücher (siehe Buchprogramm des memo verlages) und mehr als 1500 Artikel in Zeitschriften und Zeitungen. Eine umfangreiche Vortragstätigkeit führte sie ins In- und Ausland.
Franziska Stengel wurden viele Ehrungen zuteil. So erhielt sie z.B. das Goldene Ehrenzeichen für Verdienste um das Land Wien und die Elisabeth-Medaille des Caritas-Verbandes Österreich.
Die „Pionierin" des Gedächtnistrainings lebte in Wien und erweiterte bis kurz vor Ihrem Tod im August 1997 aktiv ihr Programm zum Gedächtnistraining / Kognitiven Training, das sie bereits 1974 erstmals veröffentlichte.

Dr. med. Sabine Ladner-Merz studierte Medizin an den Universitäten Tübingen und Winnipeg in Kanada. Sie war Stipendiatin der Studienstiftung des Deutschen Volkes und ist Ärztliche Leiterin der Akademie für Gedächtnistraining nach Dr. med. Franziska Stengel. Als Fachärztin für Allgemeinmedizin ist sie in eigener Praxis niedergelassen.
Sabine Ladner-Merz verfügt über jahrelange Erfahrung in der praktischen und therapeutischen Anwendung des Stengel-Trainings sowie in der Ausbildung von Therapeuten, Pflegekräften und Dozenten in der Erwachsenenbildung im gesamten deutschsprachigen Raum.
Sie veröffentlichte eine Vielzahl von Fachartikeln in den verschiedensten, auch internationalen Fachzeitschriften. Ihre Werke zum gehirngerechten Lernen und Kognitiven Training erscheinen im memo verlag.
Bereits früh kam sie mit den Werken Dr. Stengels in Berührung und erarbeitete seit Anfang der neunziger Jahre gemeinsam mit Franziska Stengel die neueren Werke zum Kognitiven Training nach Dr. med. Franziska Stengel® für Therapie, Pflege und Erwachsenenbildung.
Die ausgewiesene Fachfrau für das Hirnleistungstraining wurde von Dr. med. Franziska Stengel persönlich autorisiert, ihr Werk zu pflegen und Trainings- und Therapiematerialien für das geistige Training nach der Stengel-Methode® zu veröffentlichen.

Dr. med. Franziska Stengel
Dr. med. Sabine Ladner-Merz

Denk Dich Fit!

198 Seiten, zahlr. Abb., DIN A 5-Format, Broschur, ISBN 3-929317-05-2

Ein systematisch aufgebautes, abwechslungsreiches und gesundheitsorientiertes Training aller Hirnfunktionen, dessen Wirksamkeit wissenschaftlich überprüft ist.

„Nichts regt besser zum Denken an als täglich 10 Minuten Gehirngymnastik mit der nach Dr. med. Franziska Stengel benannten Stengel-Methode®. Ganz individuell können Sie Ihre grauen Zellen auf Trab bringen und dabei noch manches „Aha-Erlebnis" genießen. In 12 Runden finden Sie viele spannende Denkanregungen, die Merkfähigkeit und Konzentration trainieren. Zahlreiche Gedächtnistipps helfen dabei, den Anforderungen des Alltags effektiver gerecht zu werden. Der Theorieteil mit interessanten Fakten zum Lernen, zur Denkfähigkeit sowie zum Einfluss von Ernährung, Krankheiten und Medikamenten auf das Gedächtnis runden das Buch ab."

(Rezension Buchjournal)

memo verlag, Stuttgart - www.memoverlag.de